武汉大学教育研究

Wuhan University Educational Research

2017年卷第2辑（总第6辑）

武汉大学　主办

WUHAN UNIVERSITY PRESS
武汉大学出版社

图书在版编目(CIP)数据

武汉大学教育研究. 2017年卷. 第2辑:总第6辑/武汉大学主办. —武汉:武汉大学出版社, 2018.1
ISBN 978-7-307-19998-9

Ⅰ.武… Ⅱ.武… Ⅲ.教育—文集 Ⅳ.G4-53

中国版本图书馆CIP数据核字(2018)第020181号

责任编辑:唐 伟　　责任校对:李孟潇　　版式设计:马 佳

出版发行:**武汉大学出版社**　(430072 武昌 珞珈山)
(电子邮件:cbs22@whu.edu.cn 网址:www.wdp.com.cn)
印刷:湖北金海印务有限公司
开本:880×1230 1/16　印张:12.5　字数:364千字　插页:1
版次:2018年1月第1版　2018年1月第1次印刷
ISBN 978-7-307-19998-9　定价:30.00元

目　录

·教育调查·

CONTENTS

·高端论坛·

中外合作大学国际化人才培养模式研究与实践

刘经南　常晓林　陈闻晋　王　郢　李　玥

（武汉大学　教育科学研究院，湖北　武汉　430072）

摘　要： 中国教育的对外开放水平越来越高，对中国高等教育人才培养国际化提出了更高的要求。中外合作办学作为中国高等教育国际化的重要形式，在实践发展中日趋成熟，值得从人才培养模式方面进行深入研究。本文对具有独立法人地位的中外合作大学——上海纽约大学、宁波诺丁汉大学、西交利物浦大学、温州肯恩大学和昆山杜克大学等校国际化人才培养的经验，进行了初步探索。

关键词： 中外合作大学；国际化人才；培养模式

Research and Practice on Training Mode of International Talents in Sino-Foreign Universities

Liu Jingnan，Chang Xiaolin，Chen Wenjin，Wang Ying，Li Yue

（Research Institute of Educational Science，Wuhan University，Wuhan，Hubei，430072）

Abstract： With the increasing opening up level of China education，it has raised higher requirements for the internationalization of Chinese higher education personnel training. Sino-foreign universities，as an important form of internationalization of Chinese higher education，is becoming increasingly mature in practice and deserves further study in terms of the international talents cultivation pattern. Based on the training mode and school-running experiences of New York University Shanghai，University of Nottingham Ningbo China，Xi'an Jiaotong-Liverpool University，Wenzhou-Kean University and Duke Kunshan University，this paper has made a preliminary exploration of the international talents training mode in Sino-Foreign universities.

Key words： Sino-foreign university；International talents；Training mode

---

收稿时期： 2017-10-20

基金项目： 本文受到江苏省高等教育教学改革重点项目“中外合作大学国际化人才培养模式研究与实践”的资助，项目编号：2015JSJG053。

作者简介： 刘经南（1943—　），男，湖南人，中国工程院院士，武汉大学教授，博士生导师，昆山杜克大学校长，主要从事高等教育管理研究、卫星大地测量与导航研究。常晓林（1963—　），男，湖北人，武汉大学教授，博士生导师，昆山杜克大学副校长，主要从事高等教育管理研究、水工结构工程研究。陈闻晋（1963—　），男，河南人，武汉大学教育科学研究院副教授，主要从事教育人力资源管理、教育名著研究。王郢（1982—　），女，四川人，武汉大学教育科学研究院副教授，主要从事课程资源开发与管理和课程实施与评价研究。李玥（1993—　），女，河南人，武汉大学教育科学研究院硕士研究生，主要从事教育经济与管理研究。

中外合作大学是中国高等教育国际化的新形式。传统意义上的高等教育国际化主要表现为“人员交流”，通常由政府主导并与外交政策密切相关。20 世纪 90 年代之后，高校成为国际化的推动主体，这使得高等教育国际化的表现形式也从单纯的人员交流扩展到诸多领域。其中，以“教育项目和教育机构的跨国流动”为特征的跨国高等教育成为国际化的重要表现形式。“中外合作大学”便是跨国高等教育在中国的特殊表现，具有浓厚的中国色彩。

中外合作大学顺应经济社会发展需求以及高等教育变革、人才培养模式变革的需要，整合全球教育资源，利用自己独特的模式和优势，以新型育人模式的探索为己任，力图通过自身的深度探索和有效实践，推动我国世界一流大学建设，培养适应时代要求的国际化人才。

1　中外合作大学与国际化人才

中外合作办学从历史渊源上，可以追溯到民国时期开办的各类教会大学，如圣约翰大学、燕京大学、东吴大学等。中华人民共和国成立伊始，开展了全国范围的“院系调整”。在这一背景下，教会大学的办学被终止，原本的院系经过调整被并入各个公立大学之中。20 世纪 60 年代之后，中苏关系破裂，中苏合作办学宣告结束。近代意义上的中外合作办学的发展进入全面停滞状态。改革开放以来，中外合作办学活动在民间逐渐开展起来，数量和类型与日俱增。2001 年，中国正式加入 WTO，中外合作办学机构和项目得到更大的发展。①

1.1　中外合作大学的内涵

中外合作大学是中外合作办学的一个重要组成部分。中外合作办学属于跨国高等教育的范畴，是跨国高等教育在中国的具体实践形式。中国第一部关于中外合作办学的法律文件是 1995 年颁布的《中外合作办学暂行规定》，其中指出“中外合作办学是外国法人组织、个人及有关国际组织同中国具有法人资格的教育机构及其他社会组织，在中国境内以招收中国公民为主要对象的教育机构实施教育教学的活动”。② 这个定义没有对外国合作方的性质做出明确解释。2003 年颁布的《中外合作办学条例》对此进行了完善，将中外合作办学表述为“外国教育机构同中国教育机构在中国境内举办以中国公民为主要招生对象的活动”。③ 随后，教育部出台的《中外合作办学条例实施办法》对中外合作办学的形式、性质、目的和层次给出了更为详细和深入的说明：中外合作办学的形式包括“项目”和“机构”两类，其中中外合作办学项目是指中国教育机构与外国教育机构以不设立教育机构的方式，在学科、专业、课程等方面，合作开展的以中国公民为主要招生对象的教育教学活动；中外合作办学机构包括独立设置具有法人资格的办学机构和非独立设置的办学机构。④ 据此，可以将中外合作大学定义为“外国教育机构同中国教育机构在中国境内合作设置的具有独立法人资格和高等学历教育资格的非营利性高等教育机构”。根据办学机构的性质以及国家是否承认其学历，可以将中外合作办学的形式归纳为图 1。

中外合作大学是在经济全球化、高等教育国际化的背景下，由中外教育机构在中国境内共同设立、独立设置、联合举办的实施本科及以上高等学历教育，具有独立法人资格和独立校区的一种特殊类型的高等学校。

---

① 赵璐．中外合作大学的人才培养模式研究[D]．上海：华东师范大学，2016.

② 中华人民共和国教育部．中外合作办学暂行规定[Z]．1995.

③ 中华人民共和国国务院．中外合作办学条例[Z]．2003.

④ 中华人民共和国教育部．中外合作办学条例实施办法[Z]．2004.

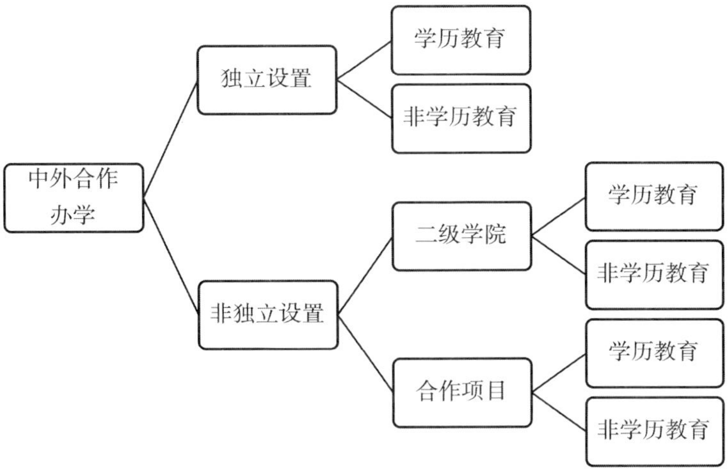

图 1　中外合作办学示意图

目前，我国中外合作大学共有 7 所，分别是：浙江万里学院和英国诺丁汉大学在宁波创办的宁波诺丁汉大学、北京师范大学和香港浸会大学在珠海设置的北京师范大学-香港浸会大学联合国际学院、西安交通大学和英国利物浦大学在苏州建立的西交利物浦大学、华东师范大学和美国纽约大学在上海设立的上海纽约大学、武汉大学和美国杜克大学在昆山建立的昆山杜克大学、温州大学和美国肯恩大学在温州建立的温州肯恩大学、深圳大学和香港中文大学在深圳设置的香港中文大学(深圳)。除此之外，北京理工大学和俄罗斯莫斯科大学在深圳设置的深圳北理莫斯科大学、汕头大学和以色列理工学院在汕头设置的广东以色列理工学院也在筹建中。

1.2　人才培养模式

人才培养模式是高等教育办学的重要的实践问题和理论问题。人才培养模式关乎中外合作大学培养国际化人才的质量。这里简要回顾关于人才培养模式与构成要素。

1994 年，原国家教委在《高等教育面向 21 世纪教学内容和课程体系改革计划》中提出“未来社会的人才素质和培养模式”问题。① 1998 年，教育部在《关于深化教学改革，培养适应 21 世纪需要的高质量人才的意见》中提出人才培养模式是学校为学生构建的知识、能力、素质结构以及实现这种结构的方式，它从根本上规定了人才特征并集中地体现了教育思想和教育观念。这就是说，人才培养模式是在一定的教育理念指导下，为实现一定的人才培养目标而形成的较为稳定的实施结构和运行机制，包括教育理念、培养目标、培养制度、培养过程、培养评价，分别对人才培养活动进行了相应的规定、约束和支撑。②

教育部原副部长周远清(1998)对“人才培养模式”这一概念也进行了阐述，“所谓人才培养模式，实际上就是人才培养目标、培养规格和基本培养方式，它集中体现了高等教育的教育思想和教育观念，规定着所培养人才的基本特征”③。

龚怡祖教授(1999)指出：“所谓人才培养模式，就是在一定的教育思想和教育理论指导下，为实现培养目标(含培养规格)而采取的培养过程的某种标准构造式样和运行方式，它们在实践中形成了一定的风

① 刘英，高广君．高校人才培养模式的改革及其策略[J]．黑龙江高教研究，2011(1)：127-129.

② 盛欣．新建地方本科院校人才培养质量及保障机制研究[D]．湖南师范大学，2015.

③ 胡玲琳．我国高校研究生培养模式研究——从单一走向双元模式[M]．上海：复旦大学出版社，2010：26.

格或特征，具有明显的系统性和规范性。”①

姜士伟(2008)在《人才培养模式的概念、内涵及构成》一文中对人才培养模式的过程说、方式说、方案说、要素说、机制说进行了归纳总结，并且提出：所谓人才培养模式是指在一定的教育理念(思想)的指导下，为实现一定的培养目标而形成的较为稳定的结构状态和运行机制，它是一系列构成要素的有机组合，表现为持续和不断再现的人才培养活动。②

蒋爱军等(2009)提出了一种简练又比较符合实际的定义：“在一定的教育理念指导下，高等学校为实现培养目标而采取的培养体系、培养途径和培养机制的定型化范式。”③

刘英和高广军(2011)在《高校人才培养模式的改革及其策略》一文中将人才培养模式定义为：在一定的教育理念指导下，高等学校为完成人才培养任务而确定的培养目标、培养体系、培养过程和培养机制的系统化、定型化范型和式样。也就是说，人才培养模式是一种关于人才培养的四大要素——人才培养目标、人才培养体系、人才培养过程和人才培养机制的“范型”和“式样”。④

简言之，“人才培养模式”是为了实现人才培养目标、达到人才培养规格要求，在一定教育理念指导和培养制度保障下，实施人才教育过程的总和，它集中反映了培养过程中各环节的最优化设计及各个因素的最佳组合，并从根本上规定了人才特征。

人才培养模式的要素有广义和狭义之分。狭义层面上，龚怡祖教授指出：“所谓人才培养模式，是一种对于培养过程的设计，一种对于培养过程的建构，一种对于培养过程的管理，它是关于人才培养过程质态的总体性表述”。⑤ 刘明浚认为人才培养模式的要素应包括“课程体系、教育途径、教学方法、教学手段、教学组织手段等”，其中“课程体系是人才培养的核心要素，而其他要素则是为了使课程体系正确而有效地安排和施教，从而使培养目标得以落到实处”。⑥

在广义层面，钟秉林认为，人才培养模式包括人才培养目标和规格、专业设置和建设、课程体系和教学内容、教学方法和教学手段、教学评价和质量监控等内容，涵盖了包括培养目标、培养内容、培养方式和培养条件在内的人才培养诸要素。⑦

总结上述，人才培养模式的要素包括以下三个环节——培养目标、培养过程、培养评价，六个方面——培养目标、学科设置、课程体系、教学组织形式、教学管理体制以及培养评价(见图2)。

1.3 国际化人才

国际化人才已成为新时代最核心的竞争力。人才培养必须放在国际化的背景下进行。高校要强化学生国际化的竞争力，使学生真正能够跨文化交流，在与国际人才同台竞争中，彰显强有力的核心竞争力。高等教育国际化的核心价值体现在国际化人才的培养上，国际化人才除了要具备多重的综合能力，还要具有国际化的眼光。高等教育国际化也是实现“中国梦”的重要渠道。

1.3.1 国际化人才的内涵

国际化人才的内涵是对国际化人才本质特征的高度抽象的概括。外延则是通过属、种、差的方式来

---

① 龚怡祖．论大学人才培养模式[M]．南京：江苏教育出版社，1999：16.

② 姜士伟．人才培养模式的概念、内涵及构成[J]．广东广播电视大学学报，2008(2)：66-70.

③ 蒋爱军，许宁，韩卫东，高慧敏．独立学院本科应用型人才培养模式研究[M]．保定：河北大学出版社，2009：20.

④ 刘英，高广君．高校人才培养模式的改革及其策略[J]．黑龙江高教研究，2011(1)：127-129.

⑤ 龚怡祖．略论大学人才培养模式[J]．高等教育研究，1998(1)：43-46

⑥ 刘明浚．大学教育环境论要[M]．北京：航空工业出版社，1993.

⑦ 钟秉林．人才培养模式改革是高等学校内涵建设的核心[J]．高等教育研究，2013(11)：71-76.

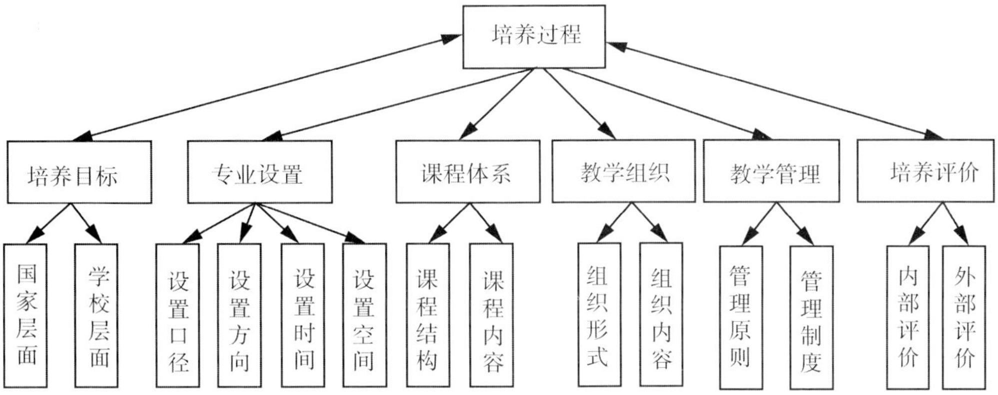

图 2　人才培养模式的三环节、六方面

对国际化人才概念的具体化，是对国际化人才具体素养结构的衡量和把握。

沈荣华(2001)在我国第一个国际化人才的专项研究“上海构筑国际化人才资源高地”的报告中，把国际化人才定义为具有较高学历(本科及本科以上)、懂得国际通行规则、熟悉现代管理理念，同时具有丰富的专业知识和较强的创新能力以及跨文化沟通能力的人才。①

张华英(2003)从人才内部素质的角度指出，国际化人才指的是具有国际化的意识、观念、眼光、战略，并熟知国际通用的语言文字和国际市场经济游戏规则的人士。同时应该具备两大主干能力和四大基本能力。两大主干能力是指具有和国际对接、交流和沟通的能力，以及终身学习的能力，四大基本能力包含主动应变和挑战能力，敏锐的洞察能力，高度的创新和务实能力，前瞻的引领能力。②

北京市国际化人才培养计划研究课题组认为，国际化人才是指“具有国际化理念及跨文化体验，通晓国际惯例与规则，具有国际交往能力，掌握国际核心业务专长，并能够满足企业和相关组织开展国际化业务的现实需要的人才”。③

李秋生(2006)认为，国际化人才应该素质国际化、能力国际化、学问国际化。国际化人才应具备全球视野、先进知识、创新能力、国际竞争能力，熟悉国际规则和多元文化，具有良好的跨文化沟通能力与国际交流合作能力。④

宋薇(2007)认为国际化人才应具有参与国际竞争与合作所必备的知识与技能；高层次国际人才应具有宽广的国际视野、懂得国际惯例和规则、熟悉现代管理理念、丰富的专业知识和技能、较强的创新能力以及跨文化沟通能力。⑤

冯刚(2011) 认为国际化人才是把国家和民族利益放在首位，能适应国际化的战略目标与趋势，促进国际化组织整体效能，具有国际化理念、能力、知识、心理素质，以及特定的思想性格行为特质和魅力，能在国际化竞争中把握规律进而创新的高层次人才。⑥

智库百科对国际化人才的定义是：具有国际化意识和胸怀以及国际一流的知识结构，视野和能力达

---

① 沈荣华．十五期间上海人才国际化对策[J]．上海经济研究，2001(12)．

② 张华英．人才国际化与国际化人才的培养[J]．福建农林大学学报(哲学社会科学版)，2003，6(4)．

③ 孟秀勤，史绍洁．国际化人才战略与开发——首都国际化人才发展论坛文集[M]．北京：中国人民大学出版社，2006．

④ 李秋生．国际化人才“化”在哪里[J]．人才开发，2006(2)．

⑤ 宋薇．区域性国际化人才发展战略评价体系研究[D]．河海大学，2007．

⑥ 冯刚．国际化视野下高校德育的创新发展[J] 中国高等教育，2011(1)．

到国际化水准，在全球化竞争中善于把握机遇和争取主动的高层次人才。或者是指那些通晓专业国际惯例，能够熟练使用外语，具有较强的不同文化适应能力，具备国际视野，通过一定程度的专业教育，获得专门技能知识和资格的专业人才。①

1.3.2 国际化人才的素养结构

国际化人才的素质结构，国内有较多研究。

夏惠贤在《国际教育和国际人的素质》中提到国际化人才应具备五个方面的素质：一是国际态度。关心地球、关心人类；适应变化、创造未来；公平竞争、友爱合作；自尊自爱、自信自强。二是国际意识。包括国际理解意识、相互依存意识、和平发展意识和国际正义意识，国际人必须保持广阔的视野，加强对不同文化的理解，养成尊重不同文化的态度。三是国际活动能力。包括独立思考能力、竞争参与能力、信息处理能力、终身学习能力；经受挫折能力和国际交往能力。四是国际知识。包括了解国际时事、世界发展的历史与趋势、东西方文化的精华、本民族在国际社会中的地位和作用以及建设祖国、服务人类的理念和使命等。五是掌握外语知识。②

徐国祥等(2006)指出，国际化人才应该具有全球视界和开放性的思维模式；掌握了解国际前沿的知识技术和信息动态；具有较强的创新开拓能力和国际竞争能力；熟悉国际运作规则，具有较高的国际化运作能力和管理水平；具有开放包容的文化心态，能够进行良好的跨文化沟通，具有国际交流与合作能力；具有在海外学习工作的经验体会。③

丁岑(2014)认为国际化人才应具备：第一，扎实的人文素养，宽广的知识面；第二，具有较强的外语应用能力和跨文化交流能力，具有国际化的视野和创新意识；第三，具有较高的信息素养，运用现代科技对信息进行分析和处理；第四，民族责任感，传承优秀的民族文化；第五，具有良好的心理状态和与人合作沟通的能力。④

智库百科中指出国际化人才应具备以下7种素质：宽广的国际化视野和强烈的创新意识；熟悉掌握本专业的国际化知识；熟悉掌握国际惯例；较强的跨文化沟通能力；独立的国际活动能力；较强的运用和处理信息的能力；较高的政治思想素质和健康的心理素质，能经受多元文化的冲击，在做国际人的同时不丧失本民族的人格和国格。

关于国际化人才的标准。周蓓(2009)认为国际化人才有三个标准：首先，必须为人才，一定是人群中较为优秀的那一部分，具有充分潜能，能够带来较大经济和社会效益的那一部分人群。其次，具备适宜在不同国家生存的素质和能力。最后，具备能够在不同国家良好发展的素质和能力。⑤

李媚等(2013)⑥、贾文键(2015)⑦对 Globalization 中英文字母的赋义进行部分调整，对国际化人才提出了9条标准：国际化思维、外语能力、专业知识与技能、海外经历背景、跨文化交际能力、创新精神、抗挫折能力、七巧板精神、世界眼光中国立场。

关于国际化人才的培养目标。杨德广(2002)指出国际化人才应该：第一，具有国际观念、国际意识，

---

① 智库百科——国际化人才[EB/OL].[2010-02-03]. http://wiki.mbalib.com/wiki/%E5%9B%BD%E9%99%85%E5%8C%96%E4%BA%BA%E6%89%8D.

② 夏惠贤.论国际教育和国际人的素质[J].全球教育展望，1998(4).

③ 徐国祥，马俊玲，于颖.人才国际化指标体系及其比较研究[J].上海财经大学学报，2006(8).

④ 丁岑.国际化人才培养中的通识教育研究——兼论涉外高校思想政治教育的拓展[D].上海外国语大学，2014.

⑤ 周蓓.IT行业国际化人才思政素质及其培养研究[D].上海外国语大学，2009.

⑥ 李媚，朱志良，于瑞云.国际化人才标准及高等教育国际化发展要求分析[J].计算机教育，2013(22).

⑦ 贾文键.外语专业国际化人才培养的内涵与标准——北京外国语大学国际化人才培养的理念与实践[J].中国大学教学，2015(3).

克服狭隘的民族主义，树立为全球服务，向全球开放的观点；第二，具有国际交往能力，能与外国人和谐相处，尊重外国的风俗和宗教信仰，维护中国的民族尊严和法律权威；第三，至少熟练地掌握一门外语；第四，具有一定的国际知识，了解外国的历史、政治、地理、风土人情等。①

陈尤文(2004)认为国际化人才应具备三个具体目标：一是知识结构国际化，即懂得国际游戏规则、具有较强创新能力和信息交流运用能力；二是人才流动国际化，即人才的交流和流动是世界性的，是全球共有的资源；三是人才影响的国际化，即人才在一定领域中所处的世界先进水平程度及其国际影响力。②

顾明远和薛理银(2006)把对国际化人才的理解分为两种：一是从理想主义的维度出发，即主要培养学生的全球相互依赖的意识，增进国际理解；二是从实用主义的维度出发，即主要培养学生将来在国际社会环境中工作所需要的知识和技能。③

总之，国际化人才的构成，学界已经形成较大的共识。重要的是中外合作大学如何在办学实践中，切实培养不忘本民族文化初心、具有世界眼光和全球责任、担当建设人类命运共同体历史使命的人才。

2　中外合作大学国际化人才培养的案例分析

中国的国际化人才培养，近年来集中体现在中外合作大学的办学实践中。这里集中介绍上海纽约大学、宁波诺丁汉大学的办学实践。

2.1　上海纽约大学

2.1.1　招生

(1)招生对象。

能适应国际大都市竞争环境、向往走向世界、渴求新知识、勇于挑战新事物、学习成绩优异的高中毕业生。

符合 2017 年高考报名条件并参加 2017 年高考的学生均可申请报考。对申请材料进行审核后，将邀请其中部分优秀的申请学生参加“校园日活动”，并在“校园日活动”基础上，结合高考、高中学业水平考试、综合素质评价等，通过高校招生综合评价体系录取学生。

(2)招生方案。

学校融合中美两国教育精华，为优秀学生提供在全球化背景下全新的、全英语的高等教育模式。跨文化交流是求学体验的显著特点。每一届都由 51%的中国学生和 49%来自世界各国的学生组成。

学生前两年均在上海学习，大三起可前往纽约大学全球教育体系中的其他校园和学习中心学习，大四再回到上海完成学业。实行通识教育，学生入学后不分专业，在大一、大二阶段学习涵盖不同学科的核心课程，大二结束前确定专业，将扎实的基础学习和深入的专业学习相结合，以培养宽广的知识面和有效的跨学科能力。

根据教育部有关规定，借鉴纽约大学招生特色和经验，在全面审视每位申请学生的综合素质基础上，通过“校园日活动”选拔一批具备强烈的求知欲以及开拓创新精神、热爱尝试新事物、拥有“世界公民”素质的优秀学生，而非采用仅仅基于高考成绩的招生录取模式。

---

① 杨德广．经济全球化与教育国际化[J]．中国高教研究，2002 (3).

② 陈尤文．国际化大都市进程中的政府能力建设——以上海为例的分析[J]．中国行政管理，2004. 07.

③ 顾明远．世界高等教育发展的基本趋势和经验[J]．北京师范大学学报，2006(5).

（3）招生计划。

2017年面向全国招收176名学生，招生计划不做分省安排，各省（自治区、直辖市）招生名额不设上下限，在所有申请学生中择优录取。各省招生主管部门编印的《2017年普通高等学校招生专业和计划》中的上海纽约大学招生计划，仅用于学生高考志愿填报，与各省（自治区、直辖市）最终录取人数无关。

（4）录取政策。

招生委员会根据学生“校园日活动”表现，对每位学生进行严格的评价和讨论，并给予符合上海纽约大学要求的学生相应录取政策：

A. 预录取：学生需参加2017年普通高考，高考成绩达到生源所在省本科第一批录取控制线（一二本录取批次合并的省为自主招生控制分数线），上海纽约大学即予以录取。

B. 待录取：学生需参加2017年普通高考，高考成绩达到生源所在省本科第一批录取控制线（一二本录取批次合并的省为自主招生控制分数线），将结合学生申请过程中的各项因素，包括高考成绩、综合评定，择优录取。如考生所在省级招生办公室另有规定，则按省招办规定办理。

申请上海纽约大学，优秀的学业成绩必不可少，但这还远远不够。学校还将全面评价每一位学生的综合素质。学生必须具备良好的沟通能力和较强的英语听说读写能力（教学语言为英语）。在个性方面，学生要乐于接受新体验、探索新知识，在倾听和提问中寻求前进的动力；要有强烈的好奇心、社会责任感和共鸣感。上海纽约大学培养的是未来的发明家、企业家、学者、领袖。

2.1.2 专业

本科阶段实行通识教育，学生在大一阶段学习涵盖不同学科的核心课程，大二结束前确定专业。目前开设的本科专业包括：金融学（商业与金融）、经济学、生物科学、神经科学、物理学、化学、计算机科学与技术（计算机科学、计算机工程）、电子信息工程（电子工程）、数字媒体艺术（互动创意和技术）、数学与应用数学（数学）、综合人文。

2.1.3 课程设置

本科课程目标是为学生提供扎实的全球化文理基础教育，培养学生批判性思维能力、阅读和高效写作、创造性地解决问题的能力，培养学生对不同观点和思想的尊重。课程体系涵盖核心课程和专业课程，专业课程包含必修课和选修课。

核心课程包括五部分：社会与文化基础、写作、语言、数学、自然科学。学生在入学初就上述五门课程进行能力评估，因材施教制订课程计划。

社会和文化基础课程包括全球视野中的社会、社会科学视角下的中国、全球视角下的文化和中国艺术，旨在为学生介绍涵盖不用时代、国度、文化、学科的经典作品。其中包括“社会基础”和“文化基础”两大模块，每一模块各综合课程和中国课程两部分；要求学生具有较高的写作素养，并能在国际化的环境中进行有效交流，运用“学科写作”把写作教学有机结合到核心课程中。语言学习包括一系列初级、中级、高级、古代汉语课程。语言教学对全球教育体系至关重要，上海纽约大学的地理位置及其都市化的学生群体使学生更需要创新、灵活、有效的方法开展语言学习；数学包括数学函数、微积分、多变量微积分、系统和动力学综合数学和线性代数。核心自然科学类课程包括“科学基础”系列课程、“通过实验发现自然世界”系列课程和“科学、社会和历史”系列课程，科学为设想和验证答案都提供了一个系统的框架体系，学生将能够将使用现代科学的思维方法作为重要的能力。

多元的课程体系凸显了其人才培养的时代性和全面化，强调批判能力、问题意识等，旨在培养学生的综合能力、基础能力和公民写作等可持续发展能力。①

---

① 封鸽．浅谈上海纽约大学本科人才培养模式[J]．中国电子教育，2015（1）：18-21.

2.1.4　教学特色和要求

从周课时的分配上来说，大部分课程采取一周多次制，即一周要上好几次课，每次一节课(75 分钟)。如微观经济学这门课程每周要上三次课，其中两次是讲座性的，另外一次则是习题讨论课。又如另外一门全校必修课“全球视角下的社会”，是每周四次课，前三次是小班(包括一次内容梳理课和两次写作课)，最后一堂是讲座性的大课。显然，从具体某一门课程的学习来说，这种课时分配方式，让学生一周都保持持续的学习状态，课程密度和强度更大。

课程有一个共同的特征，就是要学生深度卷入或投入课堂中来。一个直观表现就是，课堂讨论多、互动多。他们的课程一般每周都有 1~2 次的研讨或者练习，即使在大班讲座课中，教师经常要求学生回答问题，互动频繁。

在学生的学习过程中，学校在注册、选课、学习进程调整、学校资源使用等方面，为每个学生都配置了学术顾问(academic advisor)，还有学业辅导(tutorial)制度，聘请了一批被称作“全球学术辅导员”(Global Academic Fellows，GAPs)的专业人士，专门为学生提供写作、语言以及相关课程的课业辅导。提供的课程辅导包括写作、科学基础、数学、经济、计算机科学、会计、金融等，基本全部覆盖所开设的专业。学生可以很方便地在网上预约这些“全球学术辅导员”进行一对一的辅导。①

2.1.5　人才培养

致力于为学生和社会提供优质的教学、卓越的科研和杰出的公共服务。在教学方面，将伴随学生踏上一段充满发现、满足与贡献的人生旅程。在科研方面，致力于以创新而严谨的学术态度，在广博的学术领域里，从事那些对促进人类知识的进步具有重要意义和深远影响的研究工作。研究绝不仅仅满足于沿着可见的轨迹去延展现有的知识，更注重的是通过独有的、创新的视角去探索全新的领域，让人们对周遭的事物能有焕然一新的认识。在公共服务方面也非常注重与周边环境的和谐、健康发展。上海纽约大学所奉行的价值观是好奇而严谨，厚德而敬业，以世界为课堂，以天下为己任。

2.1.6　小结

上海纽约大学的办学可以统括为表 1。

表 1

	上海纽约大学
创建时间	2012 年
办学模式	国内外高校直接合作办学模式
招生人数	176 人（2017 年）
招生比例	51 : 49（中 : 外）
招生方式	结合高考、高中学业水平考试、综合素质评价等，通过高校招生综合评价体系录取学生
培养目标	培养具有国际视野，通晓国际规则，能够参与国际事务与国际竞争的国际化人才
专业设置	金融学(商业与金融)、经济学、生物科学、神经科学、物理学、化学、计算机科学与技术(计算机科学、计算机工程)、电子信息工程(电子工程)、数字媒体艺术(互动创意和技术)、数学与应用数学(数学)、综合人文
评价标准	课程委员会

① 柯政．“双一流”中的课程建设：上海纽约大学的启示[J]．中国高等教育，2016(Z2)：53-56.

2.2 宁波诺丁汉大学

2.2.1 招生

(1)本科。

宁波诺丁汉大学在全国一本(重点)批次招生，报考考生高考英语成绩达到115分(满分150分)以上，江苏省考生要求达到80分(满分120分)以上，海南省考生要求达到630分(满分900)分以上。

(2)研究生。

基于申请者的学术表现来作出相应的录取决定。申请者需具有二等上荣誉学士学位或与此相对应的良好成绩。国内大学的毕业需凭大学期间的全部年级成绩申请。全日制一年制硕士申请者需具备2:1以上学士学位(其他与之等同的级别的文凭也被认可)，通常需递交总分6.5分以上(且写作部分不低于6.0分)的雅思成绩(若申请者母语不为英语)。

2.2.2 专业

本科：商学院有金融财务与管理、国际商务管理、国际商务与国际传播学、国际商务与法语/德语/西班牙语/日语/汉语、国际商务经济学；经济系有国际经济与贸易、经济学；国际事务与国际关系学系有国际关系学、欧洲学、国际关系学与法语/德语/西班牙语/日语/汉语；国际传播系有国际传播学；英语语言学与文学系有英语与应用语言学、英语语言文学、英语研究与国际商务；计算机科学系有计算机科学、计算机科学与人工智能；土木工程系有土木工程专业；化学与环境工程系有环境工程、化学工程与工艺；机械、材料与制造工程系有材料成型及控制工程、工业设计；电气与电子工程系有电气工程及其自动化、机械电子工程；建筑和建筑环境系有建筑环境与能源应用工程、建筑学；地理科学系有环境科学；化学系有化学专业；数学科学系有数学与应用数学、统计学。

硕士：创业与创新管理学、金融与投资学、国际商务、国际管理、专业会计、当代中国商业经济与社会、当代中国学、国际高等教育、对外英语教学、应用语言学、应用语言学与英语语言教学、工程测量和大地测量学、BIM应用与地理信息工程、电子通信及计算机工程、国际传播学、英语翻译、国际关系与世界历史学、国际关系与国际商务、国际关系与世界历史中的中国、可持续建筑技术。

2.2.3 课程设置

(1)本科阶段。

英国大学的本科学制是三年。为帮助中国学生提高英语语言技能，为全英文教学打好基础，宁波诺丁汉大学特别增设了第一学年项目。

一年级，即第一学年项目，教学形式主要是20人左右的小班课，学习学术英语(EAP)课程和专业入门课程。虽然大一各科成绩并不计入最后的学位等级划分，但是如果不能通过考试，学生将无法升入二年级。二年级，英国大学中称作资格年(Qualifying Year)，课程设置开始与英国诺丁汉大学一致。大二学年的各科成绩仍不影响最终的学位等级划分，只要达到课程要求，学生便可升入三年级。所有的语言课程学分必须为同一种语言；学生只能选择之前从未学习过的语言。三年级，英国大学中称作第一部分(Part I)。学生在此期间获得的成绩，将用于最终的学位等级划分。四年级，英国大学中称作第二部分(Part II)。学生在此期间获得的成绩，将用于最终的学位等级划分。

(2)研究生阶段。

研究生分全职和在职两种学习方式，全日制分一年制和两年制两种类型，两年制的第一学年主要学习学术英语课程。大致为每门课每周3小时，共12周。每门课程15个学分，总共要求学生修完180个学分，每个学分要求10小时的学习，15个学分的课程则共要求150小时的学习，包括正式课堂教学、自学、复习以及备考。课程打分和评级标准与英国和马来西亚诺丁汉大学商学院一致，所有考试卷均要在通过英国本部审核修改之后送英国校外独立主考人的审核。

2.2.4 教学特色和要求

宁波诺丁汉大学区别于其他中外合作大学之处主要有：建有独立的校园；它是中国第一所经教育部批准具有独立法人资格的中外合作大学；将国际先进的教学方式引入国内，是中国第一所普及小班化全英文课堂和导师制度的大学，也是中国唯一一所千人规模上却能够保证教学大纲内所有课程采用全英文教学的大学。教材由英国诺丁汉大学引进，师资全部由英国诺丁汉大学选聘，采用英国诺丁汉大学教学质量保障体系，共享英国诺丁汉大学教学图书资源，颁发英国诺丁汉大学学位证书，所有学生均有机会参加不同类型的海外学习项目，毕业生高质量升学就业，受到全球知名企业和顶尖学府的青睐。

作为新型的符合中国21世纪经济发展需要的办学模式，该校区别于其他中外课程合作办学项目。尤其注重通过课内外的各种措施促进学生的"自主学习"。为了促进学生的"自主学习"，在借鉴英国教学经验的基础上创造了一种新型教学模式，它有五大特色：课程设置注重发挥学生的主体作用、以课堂互动促进学生学习的主动性、培养过程为学生提供多样化的指导、课程作业促进课余时间的有效利用、自主学习平台营造支持性学习环境。①

2.2.5 评价标准

出台了对大学自身进行内部评估的质量手册(quality manual)，其质量标准包括基本学术标准和具体保障措施，旨在确保大学的优质教学质量，这也是英国高等教育质量保障署(Quality Assurance Agency for Higher Education，QAA)近些年来对英国大学开展质量评估和审查的关键内容。英国诺丁汉大学的质量标准包括对学生学业评价的具体细则，宁波诺丁汉大学严格执行这一评价机制。

英国诺丁汉大学制定的《质量手册》对课程监控架构进行了明确说明。宁波诺丁汉大学严格遵守这一质量手册，如各系每学年都会根据英国诺丁汉大学的质量手册，开发制定出适合本系的质量保障文本。一方面，在学校层面，校区教学委员会（Campus Teaching Committee）负责实施学校的学、教和评价方面的战略，测量教学的有效性，调节课程和评估、保持师生比等议题；另一方面，就校区关系而言，各院系还会定期接受英国诺丁汉大学各院系的质量检查和监督，旨在确保以院系为单位的教学质量的高水平。此外还接受外部机构"英国高等教学质量保障署"的评审，涉及教学、评价实施以及学术支持和管理政策等。

就课程实施的内部管理而言，宁波诺丁汉大学实行了"学科负责人"的岗位负责制，即各院系的学科负责人(Convenor)全面负责课程设置事宜。在学科负责人职责（Guide to Convener's Duties)制度中明确规定，学科负责人对课程的设计、分发以及评价等方面承担主要的责任，学科负责人一般是某门课程的教学人员或是其他相关的学术教师，其中包括确保批阅试卷的教师对学业成绩进行科学打分等方面的规定。

并且，任课教师负责教学的监督体系，每位教师会在每个学年接受院系负责人或同事的听课观察(Observations)，同行的这些反馈将会有助于教师专业教学的持续改善。同时，教师还会接受学校层面人力资源部统一组织的年度考核(Annual Performance Review)，这种考核敦促教师认真完成指定的教学任务，并鼓励他们每年为自己的专业发展设立新的目标。具体而言，教师考核的指标不是单纯的撰写论文，而是更为关注教师的行为能力，如在实现目标(Achieving and Delivery)、个体效率、团体合作、思想和创新、管理和领导等方面的能力表现。在新教师培训文本中明确指出，该校教师的考核途径是多元的，不仅仅是上课和会议，还会采用如下方法进行：(1)诊断性评价（Diagnostic Methods)，包括利用测验和工具、同辈评价，学生反馈；(2)正式培训(Formal Training)、汇报、工作坊、上课；(3)结构化的交互式的方法(偏向非正式)，如作业、指导学生、学习小组、项目、研究、监督、工作组等。这些措施和方法在一定

① 孙珂．宁波诺丁汉大学促进"自主学习"的教学模式探析[J]．教育与教学研究，2015(1)：69-72+92.

程度上敦促和引领着任课教师开展负责的、认真的教学。

除上述学业评价机制和课程实施机制外，基于英国诺丁汉大学的质量标准还开发出一套适宜的师生互动实施机制。主要包括导师的课外辅导制、学生参与评价制度和学习社区论坛。①

2.2.6 人才培养

诺丁汉大学以 A City is Built on Wisdom（城市建于智慧之上）为校训，认为智慧是最宝贵的东西，是人成长和成功的根基，强调一个富有智慧的人才是真正的勇者，以此激励学子们追求真理以及运用真理的能力。

作为国际研究型大学 U21 成员之一，宁波诺丁汉大学现与遍布 20 个国家和地区的 55 所海外一流院校建立密切交流合作关系，保证每一位学生都有国际体验的机会。在为中国的学生走向世界开辟了一条通道的同时，也为各国人民了解中国开启了一扇窗，是名副其实的“地球村”，有来自全球 70 多个国家和地区的 7000 余名学生和 700 余名教职员工。各种文化在这里和谐交融，相得益彰。如今，在校学生中有 11%的注册攻读学位的留学生（非语言类），在中国千人规模上的高校里也算首屈一指。

宁波诺丁汉大学积极探索符合本地实际情况的实践，为学生提供真正的国际化教育——诺丁汉体验。坚持其办学宗旨——一流学术成就一流国际化人才，以“集全球智慧，解决地方难题”为己任，培养有责任的国际公民。培育中国未来的领导人才和企业家，以解决当今和未来国际社会面临的挑战；培养有责任感的国际公民，关心他人、社会和环境的和谐发展。

2.2.7 小结

宁波诺丁汉大学的办学可统括为表 2。

表 2

	宁波诺丁汉大学
创建时间	2004 年
办学模式	国外高校全盘移植模式
招生人数	本科 1806 人（2017 年）
招生方式	在全国一本（重点）批次招生；“三位一体”综合评价招生
培养目标	培养熟悉中英两国文化并具有跨文化交流合作能力的国际化人才
院系/专业设置	本科：商学院、经济系、国际事务与国际关系学系、国际传播系、英语语言学与文学系、计算机科学系、土木工程系、化学与环境工程系、机械、材料与制造工程系、电气与电子工程系、建筑和建筑环境系、地理科学系、化学系、数学科学系。 研究生：创业与创新管理学、金融与投资学、国际商务、国际管理、专业会计、当代中国商业经济与社会、当代中国学、国际高等教育、对外英语教学、应用语言学、应用语言学与英语语言教学、工程测量和大地测量学、BIM 应用与地理信息工程、电子通讯及计算机工程、国际传播学、英语翻译、国际关系与世界历史学、国际关系与国际商务、国际关系与世界历史中的中国、可持续建筑技术
评价标准	内部评估质量手册

① 赵风波．中外合作大学的教学质量保障机制探析——基于宁波诺丁汉大学的分析[J]．中国高教研究，2014(6)：79-84.

3 中外合作大学的特色与未来展望

通过上述两所中外合作大学的办学实践，我们能够对中外合作大学国际化人才的培养有所了解。中外合作大学的办学特色，还需要更久的时间方能够显现。毋庸置疑，中外合作办学已成为国内高等教育创新的一大热点。《国家中长期教育改革和发展规划纲要(2010—2020)》发布实施以来，各高校中外合作办学积极性高涨，中外合作办学机构和项目申报数量不断加大。中外合作大学、中外合作办学学院以及中外合作办学项目等多种形式的中外合作办学模式不断出现，并得到家长、学子、高校甚至地方政府的追捧。中外合作办学之所以会受到如此追捧，是因为“一国性的质量保障体系不能反映跨国界、跨文化以及跨司法体系的教育流动的复杂性，通过合作的方式共同工作，以建立一个制度来确保跨国教育的质量和完整性，并维持社会对高等教育的信心是十分重要的”。“本土留学”，不出国门也能上境外的大学甚至世界名校，渐成一种时尚。宁波诺丁汉大学、上海纽约大学、西交利物浦大学、昆山杜克大学、香港中文大学（深圳）、北京师范大学-香港浸会大学联合国际学院等具有独立法人资格的中外合作办学机构如雨后春笋般纷纷出现，并在当前得到国家和社会的认可。《中华人民共和国中外合作办学条例》在“总则”中规定，“国家鼓励引进外国优质教育资源的中外合作办学”；《中华人民共和国中外合作办学条例实施办法》也指出，“国家鼓励在中国西部地区、边远贫困地区开展中外合作办学”。中外高等教育特别是国内外优质高等教育资源的联动与合作是我国高等教育质量提升的重要组成部分，中外合作办学的科学和可持续发展将在推动我国高等教育国际化的过程中发挥巨大作用。引进国外优质教育资源是中外合作办学的核心和事业成功的决定性因素。认识当前我国中外合作大学的办学现状，科学分析我国中外合作大学的办学模式，理清当前中外合作大学的特点，准确预测未来中外合作大学的轨迹和走向是保证我国中外合作大学因时因地实施，科学、快速和可持续发展的重要理论基础和支撑力。

3.1 中外合作大学的特色

中外合作大学与国内一般大学有很多不同，其表现在方方面面，最显著的区别就在于它的举办者是中外双方两所高校，且基本按照西方大学的教育和管理模式对学校进行运作。

3.1.1 中外合作大学的“三高”特点

现有中外合作大学具有高起点、高标准、高成本的“三高”特点。现有中外合作大学往往采取高起点招生和办学，首先从硕士研究生教育办起，而后再招收本科生，开展本科生教育。如上海纽约大学 2011 年首先启动招收硕士生，昆山杜克大学也是首先实施全球健康、管理学等研究生项目，待学校发展到一定阶段，再开展本科生教育。所有中外合作大学的运作模式几乎都是采取董事会管理体制和运作模式，如昆山杜克大学采取现代大学通行的管理制度即理事会领导下的校长负责制，理事会成员中，杜克大学出三名、昆山出两名、武汉大学出两名。西交利物浦大学也是实行董事会领导下的执行校长负责制，两所合作学校选派代表共同组成学校董事会。另外，具有独立法人的中外合作大学的初衷是国内高校进行大学教育的创新和改革，主要以创建与国际接轨的现代化大学制度和运作模式为办学归宿。如上海纽约大学就是要进行高端定位，建立世界一流的研究型大学，探索体制内创新。同时，所有中外合作办学机构的办学成本都极高，如宁波诺丁汉大学的教师将以英方为主，首批到宁波任教的 72 位教授的收入不比英国本土差，每位教授的年薪为 80 万元人民币。当然，所有中外合作大学都得到了地方政府巨大的财力支撑，且具有办学经费来源多元化的特点。如宁波诺丁汉大学在筹建之初，当地政府给予了大力支持，自成立之后的 7 年间，浙江省政府和宁波市政府累计投资已达人民币 7 亿元。可以说，我国高等教育质量保障活动在很大程度上处于国家层面，是政府主导的有计划、有目的、自上而下开展的官方行为。西交利物浦大学努力打造“五根支柱”的财务支撑体系，即学费收入、研究经费、教育发展基金会、地方政府支持和国家支持五个方面。设立中外合作大学，对于办学规模、学科专业设置、师资规模、基础设施建设、办学经费筹措等都有较高要求。也正因为如此，当前中外合作大学数量还是很少的。

3.1.2　中外合作大学的“四化”特点

现有中外合作大学具有本土化、特色化、全球化和市场化的“四化”特点。所有具有独立法人资格的中外合作大学都直接引进西方大学的教学模式、教学经验以及管理模式，教学资源来自中西双方合作的大学且国外高校的教学资源占绝对比重。中外合作机构采用的教材、开设的课程以及师资队伍基本都是从国外大学引进，或者至少80%以上的教学内容和师资队伍都是来自国外合作的大学，而像宁波诺丁汉大学的师资和教学资源则是100% 全盘来自英国诺丁汉大学。但是，所有中外合作大学的招生生源都必须参加高考，并达到所在省本科第一批录取控制线，方能采取一些特殊的考量标准来选拔学生，也就是说所有的中外合作大学不可能完全脱离中国的考试选拔制度，这也就意味着其无法完全摆脱教育部有关办学和治学的规定。另外，中外合作大学基本面向全球招生，在校学生可以享受全球范围内的交换学生体系或短期去西方合作大学学习的体验，并在毕业时获得和西方合作大学完全一致的学位证书。中外合作大学在跨境教育中被视为商业存在形式，无论是外方进入中国教育市场看重的经济利益和投资回报，还是办学的专业选择、费用收取、财务运作等方面，市场主导性明显。为保证办学的正常运行，几乎所有的中外合作办学机构都收取高额的学费并以此作为学校办学经费的一大支撑点。

3.1.3　中外合作大学的“高门槛”特点

目前，我国中外合作办学现状成“梯形”，中外合作大学在中外合作办学中处于最高位置，是中外合作办学内涵不断丰富、层次逐步上升、国际化办学水平更加凸显的重要组成部分。所有中外合作办学模式的基本前提是申办者必须首先是具有独立法人的本科院校，在具有独立法人的中外合作办学机构、中外合作办学学院和中外合作办学项目中，具有独立法人的中外合作办学机构无疑是要求最高的。申办具有独立法人资格的中外合作大学办学机构的主体几乎都是高起点、高水平大学，宁波诺丁汉大学除外。申办中外合作大学的国内高校基本都是“985 工程”或“211 工程”大学，对外合作的高校也基本都是世界名校，如英国的利物浦大学、美国的杜克大学和纽约大学等。关于中外合作办学的二级学院，其对外籍师资和教学资源的比例要求相对于具有独立法人资格的中外合作办学机构要低些。而高校申办中外合作办学项目的条件则最低，如师资、学科专业、课程及其他教学资源的设置只要求1/3 以上引自国外高校。申办中外合作项目的院校只要是具有独立法人资格的本科院校，即可在申办中外合作办学项目时申请一个本科专业的项目。如江苏师范大学中俄学院申办了中俄合作办学的金融工程项目，中央财经大学也申办了与澳大利亚维多利亚大学合作设立的国际经济与贸易本科教育项目。中外合作大学将在中外合作办学中起着引领模范作用，在高等教育国际化进程中起重要的推动作用。

3.2　中外合作大学的未来展望

目前，我国高等教育采用中外合作大学这种办学模式培养高水平国际化人才的事业发展得如火如荼。在此基础上，我们应不断开阔视野，与时俱进，根据我国的发展需要，着眼中外合作大学的未来发展方向，在合作模式上进行科学规划和大胆创新，使中外合作大学沿着良性发展的道路不断走下去，为培养更多国际化高端人才创造有利条件。

关于中外合作办学的政策条例有：1993 年 6 月的《关于境外机构和个人来华合作办学问题的通知》，和 2013 年 12 月教育部发布《教育部关于进一步加强高等学校中外合作办学质量保障工作的意见》等。国家颁布并实施的中外合作办学政策密集、频率较高，中外合作办学规范发展的政策体系逐步形成。

中外合作办学经过起步探索、快速发展、调整中发展三个阶段之后，已逐步进入“高水平示范性”发展新阶段。在这个新阶段，中外合作大学必须切实从规模扩张转入内涵建设，实现人才培养的高水平，实现中外合作办学内部的示范性建设以及对整个教育改革的示范辐射。在这个高度衡量中外合作大学人才培养模式，它存在“五个不适应”，即培养目标的不适应、专业设置的不适应、课程体系的不适应、培养途径的不适应和质量评价的不适应。

中外合作大学是推动中国教育改革与发展的重要力量，当前的国家战略与国际形势也为中外合作大学的转型发展提供了新的历史机遇。中外合作大学的办学者需要努力整合国际、国内资源，提升办学层次与办学质量，增强合作办学对高等教育国际化的带动作用，以此共同把握新的历史机遇，顺应中外合作办学发展的新趋势。

一是注重质量提升内涵式建设。未来要更加充分地发挥中外合作大学在提升学校教学实力和国际化水平等方面的作用，加强中外合作大学质量保障体系建设，定期开展质量评估工作，规范办学秩序，加大处罚和引退机制建设。

二是发展重点从模仿学习转向创新引领。当前，中国社会进入创新驱动、转型发展的新阶段，要求中外合作大学必须有领先一步的意识、基础与能力，必须克服各种办学短期行为，聚焦学科建设，着眼创建扎根中国土地的现代一流教育，为创新驱动作出现实的贡献。通过发挥中外合作大学的创新引领作用，发挥“鲶鱼效应”，形成倒逼机制，促进国内教育改革发展。

三是境外资源从批量引进转向聚焦优质，严把资源入口关。利用国际国内两种教育资源，面向国际国内两个市场，指导高校要强强联合，典型示范，真正引进强校名校；要优化学科专业结构，重点支持高校在理工农医等自然科学领域及先进制造现代农业和新兴产业等领域开展合作；要严格控制外国高校连锁办学，防止低成本重复性学科建设。

四是管理思路从注重行政许可转向加强过程监督，加强顶层设计和政策制定，优化管理手段。中国政府正在积极推进转变政府职能，提高治理能力，实现依法治国。教育管理体制改革也在不断深入，未来将进一步推进制度建设和政策制定，施行精细管理，实现管办评分离。

五是扩大合作对象国的范围及创新合作模式。现有的中外合作大学的合作高校都是英语国家，从就业角度来看，从英语国家获得文凭可以给学生带来更多的就业机会，但从中国教育的长远利益出发，这样会存在合作范围狭窄的弊端。所以，为了满足我国经济社会发展的需要，各高校除了发展与英语国家的合作外，今后还有待于进一步加强与欧洲及亚洲先进国家高校的合作和交流。

面对新形势，我们将进一步依托现代信息技术，掌握办学信息，规范办学秩序，保障学生的权益；将中央统筹、地方监管、社会组织评估、办学者自律等手段有机结合，探索中外合作办学管理体制机制的完善和创新；注重通过专业机构和专家团队开展专业管理和服务，进一步发挥专家的咨询决策作用，加强理论研究，为中外合作办学的可持续发展提供理论支撑和智力支持；在继续适时开展动态应急监管的同时，更加注重依法管理和法规建设。

中外合作大学是我国高等教育体系的一个重要补充，是我国教育改革的一项重要内容，也是我国培养新时期高素质国际化、应对国际竞争的全球化国际化人才的重要手段。中外合作大学实质上是一种能力建设战略，是我国目前引进外国优质教育资源以提升高等教育人才培养能力的重要方式和途径。我们要根据经济发展的需求和高等教育改革的需要对中外合作大学进行有效规划和不断创新，从而使得中外合作大学在未来能够健康有序地发展，在我国高校培养国际化高端人才方面发挥更大的作用。

可以预见，中外合作大学国际化人才培养之路，将会越走越宽。

◎ 参考文献

[1] 林金辉．中外合作办学与国际化人才培养[M]．厦门：厦门大学出版社，2015.

[2] 胡玲琳．我国高校研究生培养模式研究——从单一走向双元模式[M]．上海：复旦大学出版社，2010：26.

[3] 龚怡祖．论大学人才培养模式[M]．南京：江苏教育出版社，1999：16.

[4] 魏所康．培养模式论[M]．南京：东南大学出版社，2004：22.

[5] 刘明浚．大学教育环境论要[M]．北京：航空工业出版社，1993.

[6] 蒋爱军，许宁，韩卫东，高慧敏．独立学院本科应用型人才培养模式研究[M]．保定：河北大学出版社，2009：20.

[7] 孟秀勤，史绍洁．国际化人才战略与开发——首都国际化人才发展论坛文集[M]．北京：中国人民大学出版社，2006.

[8] 孟秀勤，史绍洁．国际化人才战略与开发首都国际化人才发展论坛文集[M]．北京：中国人民大学出版社，2006.

[9] 毛大立，向往之地：上海国际人才高地建设构想[M]．上海：上海社会科学院出版社，2009：4.

[10] The US Department of Labor. What Work Requires of Schools：A SCANS Report for America 2000[M]. The US Department of Labor，1991.

[11] 刘英，高广君．高校人才培养模式的改革及其策略[J]．黑龙江高教研究，2011(1)：127-129.

[12] 龚怡祖．略论大学人才培养模式[J]．高等教育研究，1998(1)：43-46.

[13] 龚怡祖．大学专业设置模式探析[J]．教育发展研究，2001(11)：72-73.

[14] 钟秉林．人才培养模式改革是高等学校内涵建设的核心[J]．高等教育研究，2013(11)：71-76.

[15] 李秋生．国际化人才"化"在哪里[J]．人才开发，2006(2).

[16] 王通讯．人才国际化论纲[J]．行政与法，2007(1).

[17] 冯刚．国际化视野下高校德育的创新发展[J]．中国高等教育，2011(1).

[18] 李成明，张磊，王晓阳．对国际化人才培养过程中若干问题的思考[J]．中国高等教育，2013(6).

[19] 陈庆俊，叶泉鹏．校企合作是培养国际化人才的有效途径[J]．中国高等教育，2015(15).

[20] 姜士伟．人才培养模式的概念、内涵及构成[J]．广东广播电视大学学报，2008(2)：66-70.

[21] 陈尤文．感受哈佛的研究式教学[J]．党政论坛，2007(9)：44-45.

[22] 马万民．高等教育人才培养质量评价模型研究[J]．中国软科学，2008(8)：153-156.

[23] 李健宁．我国区域高等教育发展水平的统计分析[J]．高等财经教育研究，2007(4)：1-4.

[24] 潘武玲．美、英、法三国研究生教育质量评估体系的研究及启示[J]．现代大学教育，2005(1)：45-49.

[25] 林列书，田巨，雷曙光．国际化行业标准下高职人才培养战略研究与实践[J]．中小企业管理与科技(中旬刊)，2014(11)：255-256.

[26] 黄云龙，万莉．信息化背景下的高校国际化人才培养策略[J]．中国报业，2013(24)：106-107.

[27] 黄远梅．一般地方院校培养国际化人才的对策研究[J]．克拉玛依学刊，2012(2)：29-32.

[28] 白莉，张纯明．论高等教育国际化背景下的中外合作办学[J]．辽宁教育研究，2005(11)：56-57.

[29] 周云静，吴荣顺．国际化人才培养目标下的江苏高校辅导员工作探析[J]．淮海工学院学报(社会科学版)，2008(3)：133-136.

[30] 贾文键. 外语专业国际化人才培养的内涵与标准——北京外国语大学国际化人才培养的理念与实践[J]. 中国大学教学, 2015(3): 22-28.
[31] 霍亚丽. 注重通才教育 培养国际化人才——国际化背景下高校人才培养目标的定位[J]. 出国与就业(就业版), 2011(18): 60-61.
[32] 孙金莲. 教育国际化背景下高校人才培养策略研究[J]. 中国科技信息, 2012(15): 145.
[33] 沈荣华. 十五期间上海人才国际化对策[J]. 上海经济研究, 2001(12).
[34] 张华英. 人才国际化与国际化人才的培养[J]. 福建农林大学学报(哲学社会科学版), 2003, 6(4).
[35] 夏惠贤. 论国际教育和国际人的素质[J]. 全球教育展望, 1998(4).
[36] 徐国祥, 马俊玲, 于颖. 人才国际化指标体系及其比较研究[J]. 上海财经大学学报, 2006(8).
[37] 李媚, 朱志良, 于瑞云. 国际化人才标准及高等教育国际化发展要求分析[J]. 计算机教育, 2013(22).
[38] 贾文键. 外语专业国际化人才培养的内涵与标准——北京外国语大学国际化人才培养的理念与实践[J]. 中国大学教学, 2015(3).
[39] 杨德广. 经济全球化与教育国际化[J]. 中国高教研究, 2002 (3).
[40] 林传连, 为民. "入世"后推进中国高等教育国际化的四个重要环节[J]. 中国高教研究, 2003(6).
[41] 顾明远. 世界高等教育发展的基本趋势和经验[J]. 北京师范大学学报, 2006(5).
[42] 封鸽. 浅谈上海纽约大学本科人才培养模式[J]. 中国电子教育, 2015(1): 18-21.
[43] 柯政. "双一流"中的课程建设: 上海纽约大学的启示[J]. 中国高等教育, 2016(Z2): 53-56.
[44] 孙珂. 宁波诺丁汉大学促进"自主学习"的教学模式探析[J]. 教育与教学研究, 2015(1): 69-72+92.
[45] 赵凤波. 中外合作大学的教学质量保障机制探析——基于宁波诺丁汉大学的分析[J]. 中国高教研究, 2014(6): 79-84.
[46] 赵璐. 中外合作大学的人才培养模式研究[D]. 华东师范大学, 2016.
[47] 李晨. 高等教育国际化背景下的中外合作办学研究[D]. 青岛大学, 2007.
[48] 罗蔷. 研究生国际化人才培养模式研究——基于国内外一流大学的分析[D]. 北京理工大学, 2015.
[49] 中华人民共和国教育部. 中外合作办学暂行规定[Z]. 1995.
[50] 中华人民共和国国务院. 中外合作办学条例[Z]. 2003.
[51] 中华人民共和国教育部. 中外合作办学条例实施办法[Z]. 2004.

·高端论坛·

拔尖人才培养过程中的冲突及其解决

——基于利益相关者理论分析

黄建军　王晓媛

(武汉大学　教育科学研究院，湖北　武汉　430072)

摘　要：利益相关者理论为拔尖人才培养中的冲突解决提供了一个有效分析框架。从拔尖人才培养系统的内部、过程进行分析，通过对利益相关者的正确识别，更清晰地认识他们的需求、关注及期望，从认知、情感以及利益三个层面解决他们之间的矛盾冲突。

关键词：拔尖人才；利益相关者；冲突

The Conflict and Solution in the Cultivation of Top-notch Talents

—Analysis Based on Stakeholder Theory

Huang Jianjun, Wang Xiaoyuan

(Research Institute of Educational Science, Wuhan University, Wuhan, Hubei, 430072)

Abstract: Stakeholder theory provides an effective analytical framework for the problems of top-notch talent cultivation, that is, from the internal and process perspective of top-notch talent cultivation. Through the correct identification of stakeholders, we can clearly understand the needs, concerns and expectations of the stakeholder in the training process, and this is of great practical value in solving three types of conflicts between cognition, emotion and interest.

Key words: Top-notch talent cultivation; Stakeholder; Conflict

一、利益相关者理论与拔尖人才培养

利益相关者理论，作为一种管理理论，产生于20世纪60年代，80年代风靡西方各国，主张与股东利益至上相对的新企业管理观念和分析框架，促进了近代企业管理观念的转变，在西方国家经济管理领

收稿日期：2017-09-19

基金项目：2016年教育部"基础学科拔尖学生培养试验计划"研究课题"拔尖人才培养中小班化教学的有效性评估及其改进策略研究"(项目批准号：20160302)。

作者简介：黄建军(1972—　)，男，湖北孝感人，法学博士，武汉大学教育科学研究院教授，博士生导师，主要从事高等教育管理研究；王晓媛(1994—　)，女，陕西户县人，武汉大学教育科学研究院硕士研究生。

域产生了重大影响。其中，“利益相关者指能够影响一个组织目标的实现，或者受到一个组织实现其目标过程影响的所有个体或群体”。[1]将这一理论引介到高等教育拔尖人才培养中，则“利益相关者”就是指能够影响拔尖人才培养目标实现，或者受到拔尖人才培养目标实现过程影响的个体或群体。

“拔尖人才培养”，伴随科技日新月异和人才竞争的日益白炽化，日益成为各国社会发展的关键环节，具有重要战略地位。在我国，自1978年以来一直都比较重视对拔尖人才的培养。在2009年更是提出了新的“拔尖人才培养实验计划”，也称“珠峰计划”，即在我国近20所顶尖级高校中，通过综合考核动态选拔出一批资质特别优秀、潜力巨大的学生，通过配备一流的师资、设备，提供丰沃的教育经费和一流的学习条件，营造一流的学术环境及氛围等，促使入选学生快速成长为相关领域拔尖创新人物。这是当前我国高等教育发展的重要战略目标，在实践中已初见成效，但也凸显出了一些问题，主要是拔尖人才培养系统过于依赖政府，培养目标定位不明确，行政权力凌驾于学术权力，管理者短期性行为常态化等。究其根源则是对拔尖人才培养中各利益主体间矛盾的处理不到位。对此，引进“利益相关者”理论分析框架将不失为一剂“良药”。

根据 Whorton 大学的相关研究成果，利益相关者理论在高等教育中主要应有于三个层次，即作为大学管理理论、应用于战略管理过程、作为利益相关者分析框架。[2]在此，我们拟将之作为一种分析框架，从拔尖人才培养的内部、过程、微观角度进行分析，从而更清晰地辨识拔尖人才培养中的利益主体，明确各利益主体的地位及其利益相关形式，深刻认识间杂其中的复杂现象与问题，以期打破传统思维定式，在更为广阔的视阈中思量高等教育及拔尖人才的培养，促进高等教育健康长效发展和拔尖人才培养计划的持续高质高效实施。

基于利益相关者的视角分析当前我国高等教育拔尖人才培养计划实施情况及面临的问题与挑战，要求我们将诸多利益群体纳入考虑范畴，深入分析不同利益主体在这一过程中的力量博弈，以及产生的诸种矛盾冲突，为拔尖人才培养计划的顺利实施提供科学的理论指导。

二、拔尖人才培养过程中的利益相关者分析

作为教育系统的最高阶段，高等教育在教书育人、科学研究的自在学术使命之外，承担着社会服务职能，对整个社会产生着广泛而深刻的影响，与社会方方面面相关联。拔尖人才培养作为高等教育普遍性之下的特殊部分，涉及的利益相关者纷繁众多，关系网络错综复杂。而如何判别大学利益相关者，罗索夫斯基提出了四层次说，并依据各层次主体与大学之间关系的重要程度将之划分为：最重要群体、重要群体、部分拥有者和次要群体。其中，第一层次是事实上的高校利益相关者，包括教师、行政主管和学生；第二层次是向学校提供资源且参与决策的董事、校友和捐赠者；第三层次即作为高校部分拥有者而存在的个体或集体，他们常通过一定的资源与高校发生联系，产生利害关系；第四层次是一些处于边缘地位的利益相关者，通常以隐形或潜在的形式与高校发生联系，处于次要地位。[3]

罗索夫斯基的分类标准对拔尖人才的培养具有重要参考价值。但鉴于我国高等教育结构及拔尖人才培养的客观实际，其划分标准在对照上有出入，且其划分对“部分拥有者”、“次要群体”两个层次的对象没有明确指出。本文将在此理论基础上，结合拔尖人才培养的目标及现状予以具体说明。

（一）最重要群体

最重要群体，即与拔尖人才培养系统利益最直接相关的个人与群体，在我国主要是拔尖培养班内部的学生、教师以及学校相关行政人员。

学生是拔尖人才培养系统中的最重要群体。正如亨利·罗索夫斯基所言：“大学是学校，如果没有学

生，学术成就终归会枯萎。”[4]学生作为教育的直接对象，居于教育的中心地位，教育的优劣与学生利益息息相关，而学生的发展也直接影响学校利益，二者共生互荣。拔尖人才的特殊性首先建立在学生存在的基础上。源于教育资源的稀缺以及人才需要的紧迫性，拔尖人才培养目前且在较长时间内会处于试点阶段，即只能在少数高水平大学选拔各方面素质都在同辈群体中处于拔尖水平的学生进行专门培养。这部分学生要通过综合能力、学术兴趣和发展潜质等方面的考核争取拔尖培养机会，意味着他们不仅要付出更多努力，还需承担“动态进出”、“末位淘汰”等风险。拔尖人才培养的整个过程，包括学生选拔、教师聘任、培养模式、教学管理、国际合作、资金拨付等，都与学生利益直接挂钩。此外，我国目前在高等教育阶段实行成本分担机制，即由政府、学生等不同主体共同承担学生培养所需经费。拔尖人才培养过程能否产出合格的拔尖人才，与学生现实需求相关，即能否收获恰当的教育回报；更与个人长远发展相关，即能否实现自我价值。

教师作为拔尖人才培养系统中第二大最重要群体，在拔尖人才培养系统内部承担多项功能，既是科研主体，又是教学主导，还发挥着一定的管理作用。复杂的功能需求对高素质、高水平的教师群体提出了强烈诉求，对此教育部在关于实施“基础学科拔尖学生培养试验计划”的意见中明确指出，“要安排高水平专家、学者担任专业导师和授课教师，聘请海外知名学者主持或参与教学”①，这从政策导向层面对拔尖人才培养中的教师配备实施明显的偏向与优惠。而以“知名学者、著名专家”之名进入拔尖人才培养系统的教师也被赋予更大的责任与期待，抛开过往的成就勿言，拔尖人才的产出与否、产出的质量如何，不仅是其个体的职业要求，更是整个社会的聚焦和期许。

行政人员在高校内部产生是伴随着近代大学规模扩张，高等教育系统结构日益复杂而逐渐兴起的，实行管理的目的在于协调高等教育内外部诸多非学术事务的关系及冲突，保证教师、学生正常科研教学活动的进行。行政人员在拔尖人才培养过程中起桥梁作用，并通过制度、规范对校外与校内、学校与学生、教师与学生、拔尖人才培养与一般人才培养等基本冲突进行协调，保证拔尖人才培养的顺利进行。而且从学校整体层面而言，行政人员也是高校主要构成人员，拔尖人才培养质量与高校整体利益相关，自然也就与行政人员利益相关。

（二）重要群体

在我国当前的教育体制下，重要群体主要指向中央和地方两级政府。政府处于拔尖人才内外部系统的交叉地带，以及与拔尖人才培养系统密切相关和部分相关的中间地带。其以拔尖人才顺利产出为目的，不直接作用于拔尖人才培养，主要通过政策与资金形式与拔尖人才培养系统产生相关关系。

政府处于重要群体地位，主要基于以下因素：一是政府是国家意志的代表，拔尖人才培养事关我国科技发展水平乃至综合国力竞争，拔尖人才能否顺利产出、高质量产出，是全国人民的期待，更是政府的期待。二是高校总是处于一定的地理、文化环境中，必然与所在地方及其政府产生密切联系。在拔尖人才培养中：地方政府承担部分拔尖人才培养经费，以提供资金或其他教育资源的形式实现供给；学校取得资源支持后，在政府的指导及监督下将各项资源应用于实处，使其恰当作用于人才培养实际；人才利用资源不断发展自身能力，提高自身素质；培养出的人才进入社会工作领域，很大一部分群体直接服务于地方社会经济建设。因此，拔尖人才与地方政府存在显著利益相关，只有形成良好的相关形式和互动模式，才能有效促进双方互利共赢，实现各方利益最大化。

在拔尖人才培养计划的制订及实施中，教育部以及其他政府相关部门始终起着规划大政方针、进行宏观领导协调的作用。包括多次在高等教育系统内部强调拔尖人才培养的战略地位，鼓励高校探索拔尖

---

① 教育部高等教育司．关于转发《基础学科拔尖学生培养试验计划实施办法》的通知[Z]．教高司函〔2012〕2号．

人才培养的创新模式，对拔尖人才培养实施政策优惠，给予专项经费支持等，尤其是在政策上先后发布了《教育部关于实施“基础学科拔尖学生培养试验计划”的意见》、《基础学科拔尖学生培养试验计划专家组年度咨询报告》、《基础学科拔尖学生培养实验计划实施办法》等多项统领全局的文件，充分彰显了对拔尖人才培养的重视程度及支持力度。

（三）部分拥有者

部分拥有者事实上在特定的条件下才与高校拔尖人才培养发生利益相关，在当前的拔尖人才培养系统中主要包含两方面主体：以人才与知识为中介产生利益相关的企业、以情感和人际资源为中介产生利益相关的校友。一方面，企业与拔尖人才培养利益相关的方式是多样的，企业所需人才、所用科技、所纳税款，都与拔尖人才培养直接或间接挂钩。尤其在当下产学研紧密联系、校企合作形式与内容不断深化创新的背景下，其利益相关关系更为多样和突出。另一方面，校友资源是彰显学校办学历史和办学实力的重要标志。校友与拔尖人才培养最大的利益交叉点在于可能的“社会资源”。拔尖人才的产出是对高校办学质量和水平的有力证明，对于提高学校名誉地位，进而获取更多的社会资源及发展机会都大有益处。而母校实力及声誉的提升，又有可能对校友群体的抽象心理状态以及现实资源机会的获取造成显著影响。

（四）次要群体

次要群体在理论上指与拔尖人才培养系统关联较小的群体，实际上这部分群体覆盖面最广，充分考虑这部分群体的需要及要求，争取广泛认同与支持，才能保证促进拔尖人才培养的长效性与有效性。在当前我国高等教育发展进入大众化发展阶段，教育资金却以政府提供为主的背景下，拔尖人才培养的次要群体主要有捐赠者、新闻媒体及潜在利益相关者。

通常情况下，捐赠者拥有一定资源，并基于一定的目的或情怀对高校进行资源让渡，从而与学校产生利益相关。在欧美一些国家捐赠者被视为部分拥有者甚至重要群体，但由于历史上我国在高等教育领域实行较为集权式的管理与发展模式，高等教育领域的内部生长机制尚未形成，在教育自由、办学自主等方面的意识相较发达教育国家还有明显差距，显示出捐赠意识不强、捐赠范围较小、捐赠模式单一等阶段性问题。但世界一流大学的普遍经验显示，捐赠筹资是大学不可忽视的重要资源，是高校保持独立发展、坚持自由教育的重要支撑。因此在拔尖人才培养领域，捐赠者是一个潜在的利益相关者，是我们需要争取的对象。

新闻媒体主要通过信息资源与拔尖人才培养产生相关，但因受教育公平以及高校办学透明度等因素限制，在当前其利益相关作用不很明显。但从长远的角度看，拔尖人才培养的现实情况，尤其是问题与成就都有赖于通过新闻媒体对社会大众实现透明。

此外，高等教育不仅事关当下的教育对象及其家庭，更关乎整个社会所有可能的教育对象及其家庭。在这个意义上我们可以判定，高等教育与整个社会产生不同形式的相关关系，既有现实的，也有潜在的，既有直接的，也有间接的，拔尖人才培养的潜在利益相关者指向整个社会的全部个体。

三、利益相关者冲突分析及解决策略

拔尖人才培养过程中利益相关者众多，存在矛盾冲突在所难免，而实际中也确实存在大量冲突阻碍着拔尖人才的顺利产出。从拔尖人才培养实际出发，可对冲突原因归纳如下：首先，基于教育活动的特殊性，“人”的个性是产生冲突的重要因素；其次，不同个体或集团所持立场不同，容易导致价值观及利益的冲突；最后，系统内部权力的争夺、组织的变动等，都是产生冲突的导火索。因此，在系统内部需要建立起完善的协调机制，对不同利益相关群体之间的冲突进行协调。

关于高等教育系统的协调，理论观点及实践做法多种多样，其中具有代表性的人物是薛天祥教授，他将高校管理的本质视为协调，把高等教育系统内部的冲突归纳为认知、情感与利益三种类型。[5]这为拔尖人才培养过程中的矛盾冲突提供了解决思路。

（一）认知问题

基于知识水平及价值取向的不同，个体之间往往会产生认知差异，并引发拔尖人才系统内部的认知冲突，具体主要表现在以下方面：

教育目标的确定——以培养学术科研人才为目标，抑或应用型人才培养同步？选拔人才的标准——坚持学术标准，抑或更多考虑综合素质需要？培养模式的确定——致力于探索拔尖人才培养模式的共性，抑或倡导多样化培养模式的形成？评价考核的主体——坚持传统校内学术考核，还是引入社会多方评价？观点多元本身并不为过，但一旦观点过多或观点对立则必然对系统的人才培养造成不利影响。协调认知冲突的最佳方法是促进观念内化，使不同主体对共同的目标或观点达成共识，在最大程度上节约系统的时间及资源成本。

教育目标的确定涉及拔尖人才培养的社会本位与个人本位之争，而一旦利益相关各方明确，拔尖人才社会功能的发挥基于个体的成才，教育目标之争就可用个体本位的阶段性与社会本位的长远性予以说明。人才选拔标准的确定，实际是人才培养定位问题，而追溯拔尖人才培养的根源，可发现集中资源培养拔尖人才，以在国际学术领域有所作为这一目标建立在对各行各业创新人才的渴望上，则人才选拔标准之争可用学术型人才的阶段性与综合性人才的长远性予以解释。培养模式的确定，实质是培养拔尖人才的共性还是发掘其特性之争，当我们理解了拔尖人才培养计划大规模铺开是出于对高水平拔尖人才的强烈渴求，则培养模式之争可用阶段性地探索共性和长远性地挖掘个性予以回应。评价主体的确定，实质是评价的一元主体与多元主体之争，而基于坚持校内评价更科学、引进社会利益相关者更合理的认识，可用一元主体评价的阶段性与多元主体评价的长远性予以回答。

共识的形成要求各利益相关者在互相认识和理解的基础上开展广泛交流，了解各方的需求、关注、期望、权利及公共关系，从整体的角度审视问题。民主的过程会影响效率，却可广开言路、广集民智，在更大程度上保证决策的科学性，保障拔尖人才“高效”、“高质”产出。

（二）情感问题

情感，作为个体的一种心理状态，对个体认识世界、改造世界的活动会产生重大影响。尤其在教育这个需要“教育爱”的地方，情感的和谐更是不可或缺。因个体心理状况引发的情感冲突主要发生在学校内部。其中，学生、教师、行政人员均有出于不同立场的情感投入，大多以拔尖人才的顺利培养为目的，具有统一的指向性，但少数群体因个人利益而有私人的情感态度存在，可能产生不和谐因素，对整个系统产生影响。这里对拔尖人才培养系统中各个利益相关者应基本具备的情感投入加以梳理，以供参考。

学生需有对知识的热爱、对教师的热情、对实现自我价值的热衷。当前拔尖人才的选拔标准中突出强调了学生研究兴趣的重要性，即学生对知识的热爱，这是符合教育规律的。“知之者不如好之者，好之者不如乐之者”①，兴趣是最好的老师，是能够激发个体积极性与主动性的不竭动力。在学生培养过程中通过导师制的实施密切师生关系，而小班化的教学方式也更有利于师生、生生关系的和谐，对于拔尖人

---

① 《论语·雍也》。

才的单独管理也致力于形成其归属感。

关于教师，中央政治局委员、中央组织部部长、教育部原副部长陈希在2009年的“基础学科拔尖学生培养实验计划”筹备会议上指出：“名师出高徒，什么是好老师？首先要有热情，对培养拔尖学生有热情；其次是肯投入，对学术事业有追求；再者还得有水平，当然，还得有爱心、为人师表。”一言以蔽之，教师应对拔尖人才的成长起到“师范”作用。学高为师，身正为范，这从根本上要求教师有“教育爱”，对学生探索知识与真理进行支持，对学生问题困惑加以指导，对学生情感价值观予以关注。然这种共识在实践领域却迟迟难以落实。而当前拔尖人才培养所采取的小班化教学模式，能为学生与教师提供更多交流空间，使教师与学生主体间更广泛而深层次的教育爱发生成为可能。

行政人员需有情感投入。现阶段，我国高校行政人员的职责定位正经历由“管理”向“服务”的转变，行政人员必须意识到，管理的服务性是由大学的性质和功能决定的，是我国相关法律法规的基本要求，是新时期高校学生管理的现实期待。社会发展对大学生提出了多量且多样的需求，高校管理需与之配合而不应沉湎于学生的“批量生产”。就拔尖人才培养而言，要努力把“学生管理”转变为“学生服务”，在制度规定的制定、实施、反馈与评价的整个过程中，以遵循教育规律为前提，以尊重学生现实需要为指导，在工作过程中充分体现学生关怀。

此外，还需注意到的一个重要情感领域来源于政府。政府在拔尖人才培养系统中充当国家角色，给予拔尖人才培养支持并提出相应要求。同时，政府在赋予拔尖人才希望与责任的同时，应清晰地认识到学生首先是一个具有思想与人格的“人”，将学生作为独立而完整的人看待。

（三）利益问题

利益问题是造成拔尖人才培养过程中问题的根源。拔尖人才培养涉及人员广泛，且利益关系较为复杂。此外，从个体角度看，即使人们对拔尖人才培养的应然与实然状态有正确的认知，也可能出于自身利益而忽略大家利益、出于眼前利益而罔顾长远利益。针对拔尖人才培养中不同利益相关者的利益冲突，我们有以下建议。

首先，统一多主体的思想认识。拔尖持续人才的培养，是政府与国家提高科技创新能力及经济发展动力的需求；是高校提高培养质量和办学声誉，获取更多发展资源和机会的需要；是企业创新技术或管理方式优化企业发展速度与结构的需要；是捐赠者实现自身或群体教育希冀的需求；是学生及家庭获取经济社会收益，实现自我价值的需要。总之，各主体要想实现自身利益，均得基于拔尖人才的培养这一前提。因此，应沟通不同利益相关者，达成共识，协调好个体、局部、眼前的利益与整体、长远利益的关系。

其次，建立多方面的信息沟通。个体对于事物的情感态度发生在两种认知状态下，即了解基础上的喜恶和不了解基础上的喜恶，其中后者更具理性。对于拔尖人才培养，人们同样更愿意在充分了解的情况做出判决或决策。然而不同主体从自身立场或职能出发，所能掌握的信息是有限的。如组织者更清楚拔尖人才培养的宏观运行与资源配置情况，校内行政人员更明白组织过程中的不合理处，学生则能清晰地感受到课程与教学中的保守与进步，重要的利益相关者们信息获得不均衡，存在信息盲区，更毋庸说部分拥有者和次要相关者群体。因此，需建立有效的信息沟通机制，将利益相关者知情权与监督权的保障纳入制度建设中：一是在政府文件发布中广泛引入现代媒介，二是学校拔尖人才的总结汇报面向多元利益主体公开，三是避免拔尖人才选拔与培养的“暗箱操作”，从而畅通信息通道，促进信息公开透明，保证广大学生、家长等利益相关者享有知情权，破除交流壁垒，为拔尖人才培养减少阻碍。

最后，构建多核心的决策模式。决策是影响系统发展的关键因素。在拔尖人才培养中，不同的利益相关者，谁享有决策权？通常系统会根据意愿与能力判定内部决策权的归属。而在拔尖人才培养中，多种利益相关者参与其中，无论是领导核心决策或是精英决策都会招致反对意见，影响决策的周全性与科学性，因此，构建多核心的决策模式，将拔尖人才培养过程中的权利分化是明智之举。政府拥有资源配置优势，则享有财政权及资金使用效果评价权；学者教授拥有知识权威，则享有课程及教学自主决定权；行政人员拥有拔尖人才非学术事务的决定权；学生则享有广泛的建议权、申诉权。通过权利分化尽可能保障不同主体的知情与参与，积极贡献各方力量，促进政策科学制定，顺利执行。

拔尖人才的培养是大势所趋，是个体追求知识真理、实现自我的高效途径，是我国发展经济社会、提升综合国力的现实需求。拔尖人才的定位、选拔、培养、评价应是一个完整协调的系统，需要各方利益相关者达成共识，化解矛盾与冲突，形成合力，促进拔尖人才顺利高效产出。

◎ 参考文献

[1] [美]爱德华·弗里曼. 战略管理——利益相关者方法[M]. 王彦华，梁豪，译. 上海：上海译文出版社，2006：29.

[2][3] 胡赤弟，田玉梅. 高等教育利益相关者理论研究的几个问题[J]. 中国高教研究，2010(6)：15-17.

[4] [美]亨利·罗索夫斯基. 美国校园文化——学生·教授·管理[M]. 谢宗仙，等，译. 济南：山东人民出版社，1996：5-7.

[5] 薛天祥. 高等教育管理学[M]. 桂林：广西师范大学出版社，2001：115-123.

·高端论坛·

“互联网+”背景下高校创新创业教育网络平台构建探新

刘亚敏[1]　朱晓倩[1]　王华敏[2]

（1. 武汉大学　教育科学研究院，湖北　武汉　430072；2. 武汉大学　国际软件学院，湖北　武汉　430072）

摘　要：高校是推动我国“大众创业、万众创新”战略实现的重要力量，是大学生创新创业教育的主阵地。“互联网+”背景对高校创新创业教育网络平台建设提出了新的要求。目前，我国高校创新创业教育网络平台存在重视度不够、整合度不力、利用度不高、实践性不强、互动性不佳的问题。构建一个集网络课程、信息资讯、项目管理、模拟训练、交流合作、评价监督于一体的网络平台，对于高校创新创业教育事业的探索具有重要的理论意义与现实意义。

关键词：“互联网+”；网络平台；创新创业教育

Exploration on the Construction of Network Platform for Innovative and Entrepreneurship Education in Universities under the Background of “Internet Plus”

Liu Yamin[1], Zhu Xiaoqian[1], Wang Huamin[2]

(1. Research Institute of Educational Science, Wuhan University, Wuhan, Hubei, 430072;
2. International School of Software, Wuhan University, Wuhan, Hubei, 430072)

Abstract: Colleges and universities are important forces for achieving the “popular entrepreneurship and innovation” strategy in China and the main positions of the innovation and entrepreneurship education for students. “Internet plus” background puts forward new requirements for innovation and entrepreneurship education in colleges and universities network platform's construction. At present, Chinese innovation and entrepreneurship education in colleges and universities network platform have some problems, such as the importance is not enough, the integration is not high, the practice is not strong, the interaction is not good. To build a set of network courses, information, project management, simulation training, exchanges and cooperation, supervision and evaluation in one network platform, has theoretical significance and practical importance to explore the innovation and entrepreneurship education in colleges and universities course.

Key words: “Internet plus”; Network platform; Innovation and entrepreneurship education

---

收稿日期：2017-09-13

基金项目：受湖北省高校人文社科重点研究基地——大学生发展与创新教育研究中心科研开放基金资助（课题编号DXS20160009）。

作者简介：刘亚敏（1976—　），女，湖北武汉人，武汉大学教育科学研究院副院长，教授，教育学博士，研究方向为大学文化、研究生教育、创造教育；朱晓倩（1994—　），女，湖南长沙人，武汉大学教育科学研究院硕士研究生；王华敏（1976—　），男，湖北荆门人，武汉大学国际软件学院副教授，工学博士，研究方向为智慧城市、GIS。

自“大众创业、万众创新”成为创新驱动发展战略以来，高校创新创业教育受到了国家和社会的高度重视。大学生是我国创新创业教育事业发展的生力军，创新创业教育体系的构建需要考虑学生的需求以及个性化的特点。随着现代社会进入“互联网+”时代，“高等教育从教育对象、教育环境、教育模式和教育资源等方面都发生很多变化”[1]，互联网技术被广泛利用于高校教育教学工作中。在国务院于2015年7月发布的《国务院关于积极推进“互联网+”行动的指导意见》中，“‘互联网+’创新创业”[2]被作为重点行动加以提倡，充分利用“互联网+”的优势，促进创新创业教育信息化，是高校创新创业教育发展的新路子。目前，通过网络平台进行在线学习已成为一种非常普遍并且广受欢迎的学习方式，网络平台能够突破时间和空间的限制，为学生提供多方面的服务。尤其是对于高校创业学子来说，集网络课程、信息资讯、项目管理、模拟训练、交流合作、评价监督于一体的网络平台，将为他们学习创新创业知识、提高创新创业能力提供便利，成为其在创新创业过程中获取创新技能的重要方式。综上，高校在进一步推动和深化创新创业教育改革的过程中，应将构建创新创业教育网络平台作为重中之重。

一、高校创新创业教育网络平台存在的问题

教育信息化程度加剧，促使网络平台成为推动大学生创新创业教育的“标配”装置。而实际上，网络平台在构建意识、功能设计与效能发挥等方面的表现都差强人意。

（一）高校对构建创新创业教育网络平台的重视度不够

国务院办公厅在2015年5月4日发布的《国务院办公厅关于深化高等学校创新创业教育改革的实施意见》明确提出：“各地区、各高校要加快创新创业教育优质课程信息化建设，推出一批资源共享的慕课、视频公开课等在线开放课程。建立在线开放课程学习认证和学分认定制度。”[3]在线网络课程的建设与投入使用离不开优良的网络平台，国务院将其提到了政策性高度，但是我国大部分高校目前所进行创新创业教育的方式，仍然局限于传统课堂，没有开设相关在线网络课程，也没有提出相关的改革方案。部分高校虽然在深化创新创业教育改革实施方案中涉及了相关内容，如提出要“开设创新创业专题网站”、“推出创新创业教育在线课程”、“开发创业在线模拟平台”等，但落实情况较为不理想，提供的服务较为单一，服务功能不够健全，鲜有学校建有专门的创新创业教育网络平台。可见，我国高校对建设创新创业教育网络平台的重视程度尚且不足。

（二）高校对创新创业教育网络平台资源的整合不力

通过个案调查可以发现，有的高校在创新创业教育相关网络平台的建设上，不仅建立了以提供相关政策信息、网络课程为主要内容的创新创业专题网站，还建有大学生自主创新项目、大学生就业与创业等相关网站，并且由不同的部门分别进行管理。然而，各部门间缺乏有效的沟通协调机制，使得各网站之间不能有效衔接，造成了高校创新创业资源布局分散。重复建设、整合不力不仅造成了人员和资金的浪费，加重了学校的负担，而且给部分教职人员增加了不必要的工作量，同时也让学生无法便利、及时地获取全面的创新创业资源。建立立体多元的创新创业教育网络平台，集网络课程、信息资讯、项目管理、模拟训练、交流合作等功能于一体，有利于创新创业教育资源的整合与共享。

（三）高校创新创业教育网络平台利用度不足

信息时代下利用互联网传递信息具有及时性、匿名性等特点，有利于高效率地传播资讯，也有利于人们畅所欲言，敢于发表真实意见。但目前我国很多高校对大学生创新创业信息的传播主要还是利用传

统的方式，没有充分利用起网络平台，利用信息化的优势传递信息、吸取意见。又或者是因为高校尚未建立起有效的责任制度，网站缺乏专人管理，未能及时更新，信息滞后，使网络平台没有发挥其应有的作用。学校未能充分利用网络平台宣传大学生创新创业教育资讯、发布资源、提供相关服务，容易导致学生无法很好地利用创新创业教育网络平台的功能。而有的高校虽然加强了对创新创业教育网络平台管理及使用，但未能对学校所有的相关网络平台进行有力的宣传，未能指导学生正确使用这些网站，这也造成了学生对创新创业教育网络平台利用度不足。

（四）高校创新创业教育网络平台实践性不强

实践活动是高校创新创业教育必不可少的环节。创新创业教育网络平台如果能够为学生提供实践服务，一方面可以减少部分硬件设施条件较差的学校的经济压力，使其能够为所有有需求的学生提供同等的机会；另一方面，可以为学习任务较重，缺少集中参与创新创业实践的学生增加锻炼的机会。目前，我国高校很多专业虽然开设有专门的模拟实践课程，但集中于经管类专业，普及度不够，高校所建立的创新创业教育相关网站，局限于传统的形式，没有提供模拟实践的服务，实践性不强，无法满足广大学子的需求。高校可以吸收经管类专业的经验，在网络平台上提供利于学生提高创新创业能力的模拟经营、实践软件，并共享教程，丰富高校创新创业教育网络平台的功能，提高其实践性。

（五）高校创新创业教育网络平台互动性不佳

众所周知，网络课程相对于传统课堂的一大缺点就是互动性不佳，教师和学生无法面对面交流，为此，众多在线网络课程平台做出了很多努力，包括设置师生互动区、讨论区等。但课程平台只是高校创新创业教育网络平台的一部分，除了这一部分有所改进之外，互动性不佳仍然是一个不容忽视的问题。目前我国高校所建立的那些创新创业教育相关网站，从高校内部看来，大多都是传统的以信息输出功能为主的网站，既没有师生交流互动平台，也没有学生进行监督评价、提供建议的输入机制；从高校外部看来，封闭性较强，未能很好地与其他高校、社会企业实现资源共享、项目合作，缺少产学研线上联动机制。增强网络平台的互动性，有利于吸引更多的学生自觉主动地利用线上资源进行自学，有利于增强创新创业教育的实效性。

二、高校创新创业教育网络平台的需求分析

中国互联网络信息中心（CNNIC）于2017年1月22日发布的第39次《中国互联网络发展状况统计报告》的数据显示，截至2016年12月，中国网民规模达7.31亿，互联网普及率为53.2%。我国网民以10~39岁群体为主，占整体网民的73.7%。其中20~29岁年龄段的网民占比达30.3%；10~19岁、30~39岁群体占比分别为20.2%、23.2%。并且网民中学生群体规模最大，占比为25.0%。在线教育用户规模达1.38亿，较之2015年底增家2750万人，年增长率25%。[4]可见，年龄主要集中在18~25岁的在校大学生是主要的上网群体，在线教育用户规模较大并且增长迅速。这就为创新创业教育指明了一个新的发展方向，从客观上为通过互联网实现创新创业教育覆盖全体大学生提供了可能。在“互联网+”的背景以及“大众创业 万众创新”的呼吁下，高校推动创新创业教育发展应该考虑到当代大学生的特点，充分利用互联网资源以及计算机技术，建设创新创业教育网络平台，扩大其受益面，提高高校教育影响力。

为了进一步了解当代中国大学生对创新创业教育网络平台的需求。笔者对H省五所部属高校的本科生进行了问卷调查，共收回1696份有效问卷。在“您认为学校应该设置哪些创新创业教育平台”一题中，有49.94%的学生选择了“创新创业网络平台”。这其中具有创业意向的学生的意见尤为重要，在1696名

本科生中具有创业意向的516名学生，也有48.4%的学生选择了“创新创业网络平台”，这表明当代大学生对创新创业网络平台有较大需求。在“您认为校园创新创业网站应该包含哪些内容”这道多选题中，“网络课程”、“交流平台”、“信息资讯”、“项目合作”、“模拟训练”、“风险评估”分别占有70.11%、80.42%、76.83%、76.53%、68.63%以及67.33%，均达到了65%以上。可见，学生对创新创业教育网络平台功能的需求是多样化的，希望网络平台能提供多方面的服务。另外，由于不同层次高校的创新创业教育的实力不尽相同，不同类型的高校具有差异性优势，因而，通过网络平台既便于高校之间的交流合作，资源分享，又能使更多的学生甚至是有创业意愿的社会人士不受学校、身份以及其他种种限制而充分受益。

构建高校创新创业教育网络平台，既是对旺盛的需求群体发出的集体诉求的一种积极回应，也是对不可抗拒的“互联网+”带来的不确定性未来的积极迎战。概言之，为大学生进行创新创业理论的自我学习、创新创业思想的交流、创新创业能力的培养提供一个广阔的网络平台[5]，就是充分利用计算机技术，以网站为载体，对高校创新创业教育资源进行整合，构建一个集网络课程、信息资讯、项目管理、模拟训练、交流合作、评价监督等功能于一体的开放的创新创业教育网络平台，从而实现高校创新创业教育资源共享、信息互递、项目共建，增强高校创新创业教育的实效性，拓宽高校创新创业教育的辐射面，共创“大众创新、万众创业”的人人自主、自为、自强的社会格局。

三、高校创新创业教育网络平台的功能设计

高校创新创业网络平台的功能既要体现创新创业知识体系的更新速度与完善程度，又要为学生与学校和社会的互动提供知识、资讯、交流等方面的全方位服务。为此，网络平台的设计应突出五大功能模块。

1. 网络课程平台

网络课程可以突破时间和空间的限制，让人们随时随地学习，创新创业教育利用网络课程的形式，一方面迎合了当代大学生崇尚自由、追求新潮的心理，另一方面也有利于丰富创新创业教育的形式，扩大创新创业教育的受教范围。网络课程平台主要由以下四部分组成：①在线课程直播区。由平台提供网络虚拟教室，教师利用直播技术进行创新创业课程教学，学生通过平台进行观看，实时互动。②教学资源区。包括创业导师录制的创新创业课程视频、创新创业讲座视频等视频资料以及课程讲义、PPT、题库、案例、参考书目、电子书等文字资料，供学生在线学习与下载。③师生互动交流区。首先，学生可以以留言的方式，对教师进行提问，教师登录后可以进行回答。其次，学生可以针对教师所给的题目在此区域自由进行讨论。④作业与考试区。学生提交网络课程作业与进行在线考试，教师登录后进行批改和评分。

2. 信息资讯平台

大学生进行创新创业活动需要及时掌握相关政策以及资讯，而利用网络平台进行信息发布具有高效性，所以信息资讯模块也是高校创新创业教育网络平台中不可或缺的一部分。信息资讯模块可由以下三个部分组成：①政策文件，包括国家、地方、学校颁布的有关支持大学生创新创业教育的优惠政策及相关文件。②工作动态，既要包括学校开展创新创业教育各项工作的情况，如工作部署、成果展示、获奖公告等，又要包括来自社会的创新创业动态。③活动通知，以公告栏的形式，对学校所举办的各类创新创业教育活动进行统一通告，包括竞赛、讲座、论坛等活动的举办时间及地点。④名师简介，包括校内

外、专职及兼职创新创业教师的基本信息介绍。⑤相关部门，包括学校创新创业教育主管部门的组织架构、工作范围职责、联系方式的介绍和创新创业相关部门的介绍。

3. 项目管理平台

参与创新创业项目是大学生锻炼创新创业能力的重要途径。除了国家级大型项目以外，通常情况下，高校所支持的大学生自主创新创业项目都是线下管理，需要应对填写纸质申请、相关部门签字盖章审批等繁琐、易错的工作，而且效率低下。项目管理平台主要分为：①通知公告，发布最新的项目申报通知，以及竞赛的通知公告。②项目申报，学生通过登录后根据项目的进展可以提供项目申报、审核、成果提交、竞赛成绩与名次结果等流程的一条龙服务。③成果展示，“亮出”学生的优秀项目成果。高校通过此平台，前期可以发布竞赛信息并组织学生的申报工作，后期可以对项目实施情况进行跟踪管理，学生也可以及时获取项目申报的反馈信息。除了需要提交的用于存档、评比的纸质材料以外，所有的过程均可以在线上完成，简化了办事程序，实现了无纸化办公，还有助于高校对大学生创新创业项目进行统一管理，缩短办事周期，节约人力物力。

4. 模拟训练平台

创新创业能力归根结底是一种实践能力，需要通过实训环节得以提升。为此，适当的模拟训练以情境设计与再现的方式，能增强大学生创新创业的体验感。在有些学校由于缺乏条件或因为有些学生的实践项目要求较高而无法为学生提供实际训练条件时，高校可以利用网络平台为学生提供模拟训练。模拟训练平台包括：①创业评测，引入专业的自评测试让学生对自我进行对创业潜质、创业基本素质等方面的测评，如中青创想教育科技(北京)有限公司与 KAB 创业教育(中国)研究所联合开发的创业者自我测评系统，能帮助学生在创业前正确评估自我。②创业模拟，提供网络企业经营模拟软件，既可以是引入的，如可提供多行业模拟平台种类的 cesim 商业模拟课程和运用供应链管理思想运作的 ERP 企业资源计划等软件，又可以运用学校创业团队自己开发的适合本校学生且与开设课程相适应的所谓的“校本”软件，对学生从创立企业到经营企业进行全方面模拟训练。

5. 交流合作平台

创新创业不是一个闭门造车的过程，它往往需要与外界进行良好的沟通合作。交流合作平台的设置能够增强高校创新创业教育的互动性，既可以提高学生的沟通交流能力，又可以使学生获得多方面的帮助。交流合作平台主要分为交流区和合作区。交流区包括：①专家咨询，如校内专家学者和相关专业教授、校外企业家、成功创业者，学生可以自行选择合适的专家进行提问，请求其对自己在创新创业过程中遇到的问题进行解答。②师生论坛，用于师生、生生之间进行讨论，发表自己的看法意见的专区。创业者可以通过论坛交流彼此之间的想法、获取建议、分享经验。合作区也包括两个部分：①校际合作，强调与其他院校的项目合作动态介绍、对创新创业教育示范高校的资源引进下载等内容。②校企合作，含有项目合作、实习机会、资金技术支持等内容。学生可以根据这些信息，获取实践资源，企业也可以通过此平台，谋求合作，引入人才。

6. 评价监督平台

由于我国创新创业教育目前仍然处于发展阶段，部分高校未形成成熟的体系与模式。通过学生的评价监督，学校可以了解到学生的主观感受，吸收其意见，这既有利于创新创业教育网络平台建设得以进一步完善，也有利于对创新创业教育教师以及主管部门发挥监督作用。评价监督平台可由以下三个部分组成：①评价区。包括对教师教学的评价、对网络课程的评价、对网络平台的整体评价三部分，主要以指标评分的形式呈现。②调查区。可以根据学校的需要上传相关的调查问卷，如大学生创业意向调查、高校创新创业教育现状调查等，以便学校调查分析学生的动向、考评创新创业教育的发展。③留言区。所有用户登录后都可以在此针对创新创业教育网络平台进行留言，对网络平台的优化提出自己的意见与建议，留言可以选择匿名发表，以减少用户在提意见时的顾虑，获得真实的反馈。

四、高校创新创业教育网络平台的实现

高校创新创业教育网络平台的功能实现，需要一定的内外部条件支持，其中主要包括制度支持和技术支持。

（一）制度支持

构建创新创业教育网络平台，首先需要学校统一规划，制定推进创新创业在线教育的相关政策、制度，并监督主管部门落实。在线教育的基础是要有一支优秀的网络教学团队和一批优秀的课程与项目资源。因此，高校要加强对创新创业导师的培养，提高其专业水准以及信息素养，推出一批高质量的视频公开课类型的在线课程，实现创新创业课程信息化。此外还要建立网络课程选修与学分认定制度，保障学生便捷地通过网络平台进行创新创业相关知识的学习。其次，创新创业教育网络平台的建设，离不开资金的支持。一方面，学校需要引进计算机技术人才，进行平台的建设、维护与管理；另一方面，学校要提供相应的硬件设备，完善校园网络建设，扩大校园网络的覆盖面，加强机房建设与办公室配置，为学生和老师提供充足的条件；此外，学校还要购买相应的课程学习资源、模拟训练软件、数据库等。最后，学校要加强与其他高校以及社会的合作，向创新创业教育示范高校学习，从企业、公司引进创业案例，投资建设案例库。

（二）技术支持

“互联网+”时代背景下，高校创新创业教育不再局限于传统的教学方式，为了适应新形势，网络平台的建设是必要的，也是推动高校创新创业教育发展的重要途径。虽然如何解决技术问题以实现平台构建设想这一问题并不难实现，但目前关于这一方面的研究与设想并不多见。结合上文关于高校创新创业教育网络平台的功能设计与需求分析，其功能实现的技术框架如图 1 所示。

具体而言，整个网络平台分为基础支撑层、数据层、服务层和应用层四大层次，每一层相互独立却又相互关联。支撑层通过实时或定时采集的方式将创新创业教育的相关资源进行清洗、转换后，再传输至数据层进行组织、存储和管理，服务层则将各类功能封装成标准的数据访问、元数据管理、日志管理等基础服务以及网络课程、信息资讯、项目管理、交流合作等专题服务。在这些标准服务的基础上，系统具备了灵活而强大的扩充性和扩展性，可以自由组合出各类不同需求的功能平台，从而为高校创新创业教育网络平台提供可靠的技术保证。

“互联网+”时代背景下，高校创新创业教育不再局限于传统的教学方式。为了适应新形势，网络平台的建设是必要的，也是推动高校创新创业教育发展的重要途径。虽然如何解决技术问题以实现平台构建设想这一问题并不难实现，但目前关于这一方面的研究并不多见。目前高校创新创业教育网络平台的机制还有待进一步完善，但是创新创业教育的信息化也必将成为我国高校创新创业教育发展的一个方向。我国高校应该“深刻把握‘互联网+’与经济社会耦合发展的内涵和模式，紧跟‘大众创业、万众创新’的战略要求，构建具有中国特色的‘互联网+’创新创业教育体系”[6]。

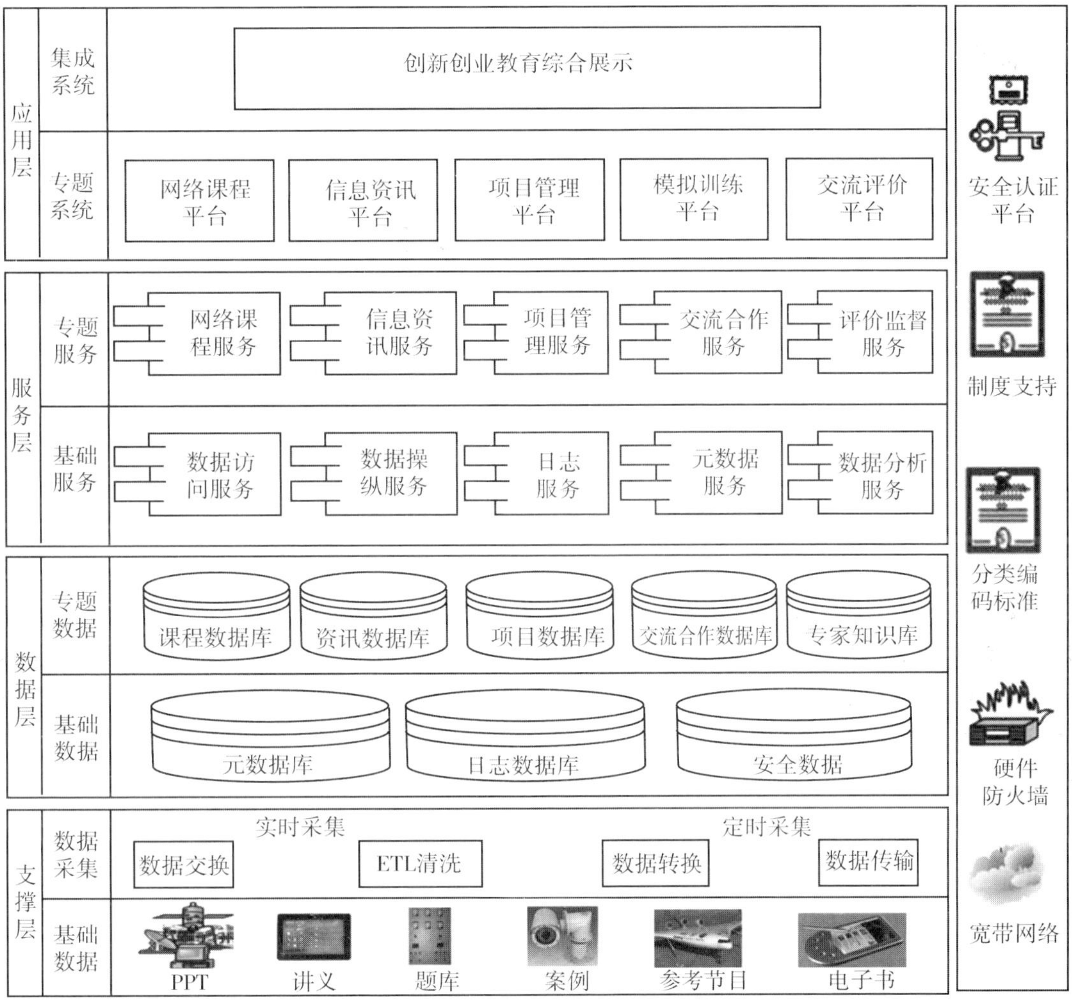

图1　高校创新创业教育网络平台技术框架

◎ 参考文献

[1]　陆俊杰. 无差异的差异化：“互联网+”时代的高等教育变革[J]. 现代教育管理，2016(1)：1.

[2]　国务院关于积极推进“互联网+”行动的指导意见[EB/OL]. (2015-07-04)[2017-05-01]. http://www.gov.cn/zhengce/content/2015-07/04/content_10002.htm.

[3]　国务院办公厅关于深化高等学校创新创业教育改革的实施意见[EB/OL]. (2015-05-13)[2017-05-01]. http://www.gov.cn/zhengce/content/2015-05/13/content_9740.htm.

[4]　中国互联网络发展状况统计报告[EB/OL]. (2017-01-22)[2017-05-01]. http://202.114.96.204/cache/10/03/cnnic.net.cn/9e017bfa6ef25a2a6ac17ac19a3f29ac/P020170123364672657408.pdf.

[5]　冯研，赵芝彬. 创建“世界大学城”的大学生创新创业教育网络平台[J]. 中国市场，2014(31)：187.

[6]　南旭光. “互联网+”创新创业教育的价值特征与推进策略[J]. 教育与职业，2017(2)：42.

·教育政策与管理·

建立真正的家校合作关系

蒲　蕊

(武汉大学　教育科学研究院，湖北　武汉　430072)

摘　要：学校与家庭的良好合作对于学生的学业进步和全面发展至关重要，但是，真正的家校合作关系的建立并不是容易的事情。为此，真正家校合作关系的形成，不仅需要学校和教师充分了解学生的家庭，采取多样化的计划与策略帮助家长参与到孩子的教育中，而且需要法律法规制度的保障和规范，促使校长和教师成为鼓励家长参与的专家。

关键词：家校合作；伙伴关系；家长参与

On Building the Real Family-School Collaboration

Pu Rui

(Research Institute of Educational Science, Wuhan University, Wuhan, Hubei, 430072)

Abstract: Family-school collaboration is very important to the students' academic progress and integrated development, but it is not easy to build the real partnership between school and family. On the one hand, the formation of good family-school collaboration not only needs school and teacher's understanding of student's family and the help for parents to participate in school education, but also needs the guarantee of legal system and specifications to prompt the principle and teachers as experts to encourage parents to participate in school education.

Key words: Family-school collaboration; Partnership; Parent participation

在今天，越来越多的人已经认识到，单独依赖学校并不能完满地解决学生发展在当下所面临的全部挑战，当然也不能单独依靠家庭的作用来解决，学校与家庭的良好合作对于学生的学业进步和全面发展至关重要。尽管按照传统的分工影响理论的观点，对孩子的教育是存在社会分工的，家庭和学校承担着不同的职责，但是，诸多研究和实践已经表明，在学校与家庭之间建立一种真正的合作伙伴关系对学生的发展是非常重要的。这种真正的家校合作关系意味着能够促进每一名学生的个性化成长与全面发展，

收稿日期：2017-09-16

基金项目：本文系国家社科基金重点项目“学校办学自主权边界及落实机制研究”(16AGL019)的阶段性研究成果。

作者简介：蒲蕊，(1969—　)，女，辽宁锦州人，教育学博士，武汉大学教育科学研究院教授、博士生导师，教育领导研究中心主任，主要研究方向，教育管理与教育基本理论。

意味着能够促进教师的专业成长和家长成长，也意味着能够推进学校的内涵发展与持续改进。

尽管许多人都认为要最大限度地发挥家长参与学校事务的作用，学校与家庭应该形成真正的合作关系，但是，这种真正的合作关系的形成并不是一件容易的事情。即使对美国这样多年来致力于家校合作的国家来说，家长资源依然是所有资源中利用率最低的资源。一项对美国超过4.6万个青少年的调查结果发现，只有26%的学生认为他们从家长的教育参与中得到了强有力的支持。[1]当然，阻碍学校与家庭形成真正合作关系的因素是多方面的。一方面，大多数家长和教师认为，学校是教师的领地，而不是家长的领地。教师才是教育教学的专家和权威，家长则是非教育专业人士的门外汉。因此，家长与教师的关系、学校与家庭的关系从一开始就有可能是不平等的。另一方面，学校和教师在希望得到家长支持的同时，又担心家长对自己工作的过度干预，大多数学校和教师并不希望或不愿意家长过多参与学校事务和教育教学。在他们看来，好的家长应该是那些不干预教师工作而且支持教师工作的人。鉴于此，在学校与家庭之间建立真正的合作关系，就必须采取有效策略，破解在二者合作中存在的障碍。

一、充分了解学生的家庭

学校要与学生的家庭建立真正的合作伙伴关系，就需要了解这些学生的家庭。家庭结构的变化、家庭的价值观和态度、家长对孩子的养育风格、家长对学校的态度和看法、家长的社会背景等方面，无一例外影响着孩子的发展与成长，也为学校与各个家庭的合作提供着重要的信息。作为教育者，如果不了解学生的家庭，不理解家庭的丰富的多样性和广泛性，就很有可能在与家庭的合作者遇到各种障碍。

具体来说，首先需要了解学生家庭结构的变化及其给家校合作关系带来的问题和挑战。21世纪，我国的家庭结构与规模正在发生着迅速的变化。第六次人口普查资料显示，我国户均人口不足4人，家庭结构以4-2-1模式居多(祖辈4人，父辈2人和1位独生子女)。在独生子女家庭中，一方面，由于孩子少，家长群体有更多的时间、精力和财力关心孩子的教育，教育意识普遍增强，参与学校教育的愿望更为强烈，特别是在城市家庭中。另一方面，家长望子成龙望女成凤心切，一些家长对孩子的生活、学习过度操心和干预，对孩子的成长过度关注和保护，剥夺了孩子独立学习、独立思考、挑战自我的机会。显然，家庭结构由复杂到简单、家庭规模相对缩小以及家长心态和对孩子教育的重视，必然给家校合作带来新挑战。

同时，婚姻的解体和破裂冲击着现代家庭为孩子提供温暖成长环境的功能。民政部发布的数据显示，自2004年以来，我国离婚率连续10年递增。2011年全国依法办理离婚手续的有287.4万对夫妻，比2010年增长7.3%，2012年全国共有310余万对夫妻办理离婚手续，离婚率增幅首次超过结婚率增幅，2013年攀升到350万对，比2012年增长12.8%，离结比约为27.8%。[2]尽管婚姻解体不一定对每一个人都意味着灾难，但是很难否认很少有人不受到伤害，特别是主观上的不安全感对孩子的影响。此外，单亲家庭的经济状况尤其需要给予关注，特别是单亲母亲家庭。生活贫困和经济上的压力对于这些单亲家庭影响巨大。儿童可能由于缺乏足够的营养而在课堂上精力不足，由于缺乏医疗保健而不能保证儿童的身体健康，缺乏足够的经济来源使单亲家庭的父亲或者母亲精力分散以至于很少关心儿童和了解他们的需要。所以，对于学校和教师来说，了解来自单亲家庭的学生，不仅要考虑学生的家庭结构，还需要考虑单亲家庭的经济收入情况，不要简单地将父母离婚的儿童问题归结为家庭结构，这些问题也极有可能来自于他们家庭经受的贫困压力和经济限制。

其次，了解家长的养育风格和养育行为。教师与家长是天然的同盟者，因为他们有共同的目标，都致力于儿童能够尽可能地发展自己的潜力，获得更好的发展。但是，尽管教师与家长目标一致，但是他们往往不能够在实现共同目标时很好地合作，很重要的原因是教师与家长缺乏充分的沟通与交流，没有很好地了解和理解家长的养育风格和养育行为。养育风格受到家长的价值观、态度和信仰的影响。戴安娜·鲍姆林德总结了三种出现在幼儿期并持续到青春期的养育风格：专断型、权威型和纵容型。[3]专断型的养育风格主要特征是父母对孩子的完全控制和孩子的绝对服从，如果需要，父母可能会用体罚来强迫孩子服从，孩子没有质疑的权力，也没有与父母商量的机会。纵容型养育风格主要特征是父母让孩子尽可能地自己安排自己的活动，父母不加干涉和控制，也不要求孩子遵守外部制定的标准，孩子有比父母更大的权力。权威型养育风格介于专断型与纵容型二者之间，其特征是父母会根据孩子的发展阶段和个性差异基础上，对孩子的行为进行适当的限制。父母希望通过与孩子一起讨论规则和责任，培养有责任心的孩子。显然，父母的不同养育风格不仅会影响孩子的身心发展，而且必然给家校合作带来影响。作为教师，必须考虑到你的学生是某人的孩子，他们放学后会回家并且把他们在学校里的经验与家庭的真实生活结合起来，他们父母的不同养育风格和行为正在影响着孩子的成长与发展。此外，在我国的农村和内地城市，相当多的孩子的父母为了生计外出打工，子女被留在家里，成了留守儿童。2013 年全国妇联发布的调研报告显示，我国有农村留守儿童数量 6102.55 万人，与 2005 年全国 1%抽样调查估算的数据相比，全国留守儿童增加约为 242 万人；全国 0~17 岁城乡留守儿童规模为 3581 万人，在 2005 年的基础上增加了 41.37%。[4]这些留守儿童中的绝大多数由爷爷奶奶或者外公外婆抚养，少数被托付给亲戚、朋友，或者不确定或无人监护。这就意味着，对于我国的学校来说，家长这个概念必须被重新解读，家校合作不仅仅是与学生的父母之间的合作，不仅仅要考虑学生父母的养育行为和养育风格，还需要考虑学生的祖父母以及其他的孩子的抚养者。

最后，了解家长的社会阶层将有助于学校和教师理解为什么家长参与或不参与学校教育，也有助于学校和教师寻求有针对性的策略加强家校合作。诸多研究表明，家长的受教育程度、职业因素、工作性质、社会地位、收入等因素影响着家校的合作和家长对孩子教育的参与。学者安妮特·拉鲁研究了美国处于不同社会阶层的两个社区的家长及其与学校之间的关系，结果显示：尽管两个社区家长都期盼子女学校教育成果，重视子女在一年级和二年级的学业表现，两个社区的教师也采取相似有时是相同的步骤促进家长参与学校教育，但是，两个社区的家长勇于改进子女在学校表现的可支配的能力和资源是不同的。中上阶层的家长比劳作阶层的家长受过更多的教育，有较高的社会地位和收入，拥有更多的学校信息和孩子在校表现的信息，这增强了他们帮助子女的能力和信心。劳作阶层家长帮助子女在学校学习，既缺乏信心，也缺乏能力。[5]他们更相信教师应该对教育负责，对学校的课程和教育教学过程的信息几乎不关心。同样，在我国，与城区学校相比，城乡结合部的学校和农村学校的家长对学校和教师支持得更少，较少参与学校教育，在参加家长会、辅导孩子学习、参加学校组织的活动、向学校提意见等方面，远远不如城区学校的家长。因此，在寻求建立真正的家校伙伴关系的进程中，了解学生家长的社会阶层意味着学校和教师必须认识到家长参与存在的客观条件限制，包括家长受教育程度、职业因素、工作性质、收入、其他潜在的社会资源等方面对家长参与孩子教育的信心和能力上的影响与限制。例如，对于流动儿童家庭来说，家长虽然在孩子的在身边，但是他们通常没有太多的空暇时间，他们的工作通常按日计薪，没有双休日，请假一天就意味着失去收入。显然，只有认识了这些客观上的限制，学校和教师才能制定出多样化的策略以寻求家长的支持和参与。

二、让家长参与到孩子的教育中

国内外诸多研究已经证实，家长参与不仅能够提高学生的学业成就、促进学生发展，而且对家长、教师和学校的发展都具有积极影响。汉德森和波拉(Henderson & Berla)总结梳理了 85 项反映儿童教育中家长参与的各种益处的研究，这些研究均表明，精心策划和实施的家长参与活动不仅能够给儿童的学习和个性发展带来实质性的益处，而且能够给家长的成长、教师的工作与专业发展和学校的发展带来实质性的益处。包括：家长在育儿方面的自信心和决策能力增强；家长对教师的职业和学校课程设置有了更深的了解；随着家长对儿童发展方面知识增加，他们更多通过关爱和积极强化来教育孩子，惩罚减少，对孩子的社会性、情感与智力发展需要更关注、更敏感；教师和校长职业得到更多家长尊重；教师、校长得到家长支持会备受鼓舞，对工作的满意度增强；持续的家长参与能改善家长、教师和管理者之间的交流与关系；教师和校长对家庭的文化与多样性有更深的理解，更能尊重家长的能力和时间；学校在社区赢得更好声誉，获得更多社区支持。[6]那么，如何才能促进家长参与到孩子的教育中？

第一，在家校之间形成平等的伙伴关系。在传统的教育观念中，对学生的教育是学校和教师责无旁贷的责任，家长只对孩子有养育和监护的义务，学校是教师的领地，教师是教育教学的权威和专家，家长则是“门外汉”。在家校合作中，家长与教师往往处于不平等的地位，家长只能做被动的接受者，家庭教育只是学校教育的陪衬。因此，要建立一种真正的家校合作关系，充分发挥家长参与学校事务的有利作用，就必须摒弃合作中学校是领导的概念，给予家长与学校平等的地位。在与家长的合作交流中，学校和教师必须尊重家长，保障家长有机会充分表达自己的想法和意见，家校之间的交流必须是双向的，而不是单方面的信息传输或者指令下达。学校应转变观念，克服家长教育水平落后、否定家长参与学校教育及管理事务的观点，将家长、家庭视为平等的合作伙伴，将家庭视为学校教育的宝贵资源，积极主动地接纳家长，在制订合作计划和方案时，主动邀请家长参与。

第二，正确认识家长参与学校教育的内容和范围。伴随人们对家长参与学校教育的重视，家长参与学校教育的内容和范围正在不断地拓展。美国全国家长教师联合会制定的六条家长参与学校教育的标准值得我们借鉴。包括：①欢迎所有的家庭来学校：家庭成员是学校生活的重要参与者，学校应该营造欢迎的氛围，让他们感到自己是受欢迎的，他们与学校教师和学生学习是紧密联系的。②有效沟通：家庭与学校的工作人员就儿童的学习进行定期、双向的有效沟通和交流。③支持学生成功：家长与教师不断合作，共同支持和促进学生在家庭和学校中的学习与发展，并为学生提供获取知识、提高能力以及获得成就感的机会。④支持每一位学生：家长有权支持自己的孩子和他人的孩子，确保每一位儿童获得平等对待，获得能支持他们发展的学习机会。⑤分享权力：家庭与学校在涉及儿童及其家庭发展的决策中是平等的伙伴，共同享有决策权。⑥与社区合作：家庭、学校与社区人员携手合作，有利于拓展儿童的学习机会、社区服务和公民参与度。[7]

第三，根据不同背景家庭的多元化需求，制定家长参与计划和策略。家庭的多元化不仅体现在其结构上，如双亲家庭、单亲家庭或混合家庭，工作的或失业的家庭，流动儿童或留守儿童家庭，有残疾儿童的家庭等，也体现在经济地位、民族背景、工作性质和教育背景上。在制定和实施家长参与计划和项目时，必须关注学生及其家庭的信仰、文化、态度和价值观，考虑不同家庭的多样化需求，开发出全面的、多种类型的家长参与活动，认可家长参与的各种渠道。学校和教师应该主动了解不同背景的家庭，考虑家长各自不同的技能和能力、兴趣和需要、参与时间等方面，增强家长参与计划和活动的多样性、灵活性，支持所有家庭参加各种学校教育和管理活动。此外，学校和教师也必须尊重家庭的个性，倾听家长的育儿观念、交流方式和教育理念。

第四，提升家长参与学校教育的层次。在我国，家长参与学校教育主要限于较低层次的、临时性的参与，如家校联系手册、学生课余学习的辅导、配合学校的家长会、家长与教师的电话沟通或接送孩子时的见面沟通等，而对于学校课程开发、教师考核与教学评价、学校经济活动、管理活动的参与则相对较少。例如，孙媛媛对山东省1000名小学家长的调查显示，尽管许多学校已经成立了家长委员会，但是54.8%的家长认为“家委会几乎没有发挥作用”，35.5%的家长认为“家委会形同虚设”。[8]郁琴芳对上海市146所公办学校的4492名家长和146名校长的问卷调查显示，学校经常使用的家长讲座(家长学校)、家长开放日等形式大多数家长并不喜欢，而大多数家长喜欢的“家长参与学生事务”却不是中小学普遍采用的形式。[9]为此，要让家长真正参与到孩子的教育中，就应多开发家长参与学校教育的途径，多提供家长参与学校教育的机会，扩大和加强家长参与学校教育的广度与深度，从根本上提升家长参与学校教育的层次。具体来说，一是要给家长提供参与学校决策的机会，包括将管理权力分散到基层，使家长委员会有更多的自主权。二是校长要发挥积极作用，鼓励教师采取多样化策略支持家长的参与活动，通过协调、管理、支持、资金以及对家长参与活动表示赞赏等方面帮助教师成功实现家长参与。三是给家长提供持续的指导和培训，帮助家长了解如何积极参与对孩子的教育，如何参与小组合作，如何成为领导，如何参与决策，提高家长参与学校教育的能力。

三、法规政策上的规范与支持

建立健全有关家校合作方面的政策法规，成立专门的负责家校合作的各种组织，是保障家校合作有效运转，形成真正家校合作伙伴关系的根本保证，也是解决目前我国家校合作实践中存在的诸多问题的有效途径。

第一，进一步完善相关法律法规，清晰界定家庭与学校在家校合作中的权责。在世界上不少国家，家校合作是受法律保护的，政府通过制定相关法律法规政策，明确规定参与学校教育是家长的权利与义务，指导家长和教师开展家校合作。在我国，除了2012年教育部颁布的《关于建立中小学幼儿园家长委员会的指导意见》，在家校合作方面的诸多教育法规政策都是宏观的、倡导性的，难以具体落实。缺乏具体的教育法规和政策，不仅使家长参与学校教育的合法权益得不到保障，而且也使家校合作活动时无法可依，同时也淡化了家长对学校教育的参与意识、弱化了家长自我教育和教育孩子的责任意识。此外，由于家校合作缺乏法律规范和保障，在我国家校合作中长期存在着家长与学校职责不明确的问题，这必然导致家校双方互相推诿责任现象的出现。因此，相关立法机构和教育行政部门应高度重视家校合作，加快制定并颁布家校合作的法律法规政策，建立家校合作的相关制度，从法律层面明确国家、学校及家长在学校教育中的权利及义务，加强对家校合作政策实施的监控和管理，使家庭与学校、家长与教师真正成为儿童教育的平等合作伙伴。

第二，持续完善家校合作的组织制度，使合作组织化、制度化。健全组织机构为家长参与学校教育提供组织保障。诸多国家的家校合作实践已经证明，对于家校合作伙伴关系的建立来说，仅靠制定并完善相关法规政策是远远不够的，有关家校合作的法律法规政策的落实和实施还需要组织的保障。家校合作组织不仅能够充分汇聚家长资源，合理组织家校合作活动，而且能够成为家长表达自身需求和意见的有效平台，家长通过成为这些组织的成员及参加这些组织的活动，积极参与到学校教育中来，发挥了家长参与学校教育的积极性。因此，针对我国目前缺少专门性家校合作组织的现状，应该借鉴西方国家的先进经验，教育行政部门与妇联组织、共青团组织积极合作，逐步建立自上而下的家校合作组织，以保障家长对学校教育的知情权和参与权，促进家校合作工作的有效开展。

第三，制定相关法规政策，促使校长和教师成为鼓励家长参与的专家。真正的家校合作关系的建立不仅对家长的观念、态度、知识和能力提出了更高的要求，也对教师和学校管理者提出了新的要求。哈佛大学家庭研究计划(HFRP)小组认为，对于真正的家校合作来说，教师必须掌握七个方面的知识：①与家校合作有关的基本知识，例如合作的目标、价值和障碍；②与家庭相关的基本知识，例如，不同家庭的文化、生活方式和对儿童教养的方式等；③家校沟通的知识，如一些促进双向交流的技巧和策略；④家长参与儿童学习活动的知识；⑤家庭支持学校的知识；⑥学校支持家庭的知识；⑦有关家长角色的知识。[10]当然，为了有效开展家校合作，教师和学校管理者不仅需要掌握相关的知识和技能，还必须实现观念与态度的转变，必须将家长视为平等的合作伙伴。

但是，从各国的家校合作实践来看，尽管家校合作的重要性得到政府、学校和社会的认同，但是，现有的教育政策和培训并没有帮助学校管理者和教师做好充分准备，使他们能够采取积极手段促进家校合作。拉德克里夫等学者的研究发现，即使在家校合作开展得最为成熟的美国，在家校合作方面对于学校管理者和教师的要求和培训也是存在问题的。调查发现，全美大多数的州没有明确要求学校管理者和教师学习研究家长的参与行为，同时也没有强调学校人员学习鼓励家长参与所需要的技巧。其中只有 7 个州(14%)要求学校校长或者学校主要管理人员研究家长的参与行为，成为精通鼓励家长参与的专家；有 15 个州(30%)要求所有教师或绝大多数教师学习或发展鼓励家长参与所需要的技能；有 20 个州(40%)要求婴幼儿教育者学习或者发展鼓励家长参与所需要的技能。绝大多数教师和校方人员认为他们几乎没有受到任何关于如何帮助实现更多家长参与孩子教育的专项培训。[10]要解决学校管理者和教师准备不足的问题，一方面，需要完善相应的教育法规政策，包括教师和校长专业标准，明确规定学校的教师和学校管理者在家校合作方面应该具备的知识、能力和情感态度。另一方面，是在教师和学校管理者的职前教育和在职培训中，给他们以家校合作方面的经常性的专项培训，帮助他们逐步成为促进家长参与和家校合作方面的专家。

◎ 参考文献

[1][11]　Marry Lou Fuller, Glenn Olsen. 家庭与学校的联系：如何成功地与家长合作[M]. 谭军华，等，译. 北京：中国轻工业出版社，2003：100，112.

[2]　中华人民共和国民政部. 2011—2013 年社会服务发展统计公报[Z]. http：//www. mca. gov. cn.

[3]　Baumrind, Dianna. Child care practices anteceding three patterns of preshcool behavior [Z]. Genetic Psychology Monographs，1967(75)：43-48.

[4]　全国妇联课题组. 我国农村留守儿童、城乡留守儿童状况研究报告[R]. 北京，2013.

[5]　安妮特·拉鲁. 家庭优势：社会阶层与家长参与[M]. 吴重涵，熊苏春，张俊，译. 南昌：江西教育出版社，2014：11.

[6]　Henderson，A. T.，Berla，N. A new generation of evidence：the family is critical to student achievement [R]. Columbia，MD：National Committee for Citizens in Education，1994.

[7]　美国全国家长教师联合会(National PTA). 美国家校合作国家标准 2009[Z]. http：//www. pta. org/nationalstandards.

[8]　孙媛媛. 山东省小学家长委员会建设问题与对策研究[D]. 曲阜师范大学，2012：19.

[9]　郁琴芳. 家校合作中校长与家长的认知差异——基于上海市 146 所公办学校的调查[J]. 上海教育科研，2014(5)：43.

[10]　Shartrand, A. M.，Weiss，H. B.，Kreider，H. M.，et al. *New skills for new schools：preparing teachers in family involvement*. Cambridge，MA：Harvard Family Research，1994.

·教育政策与管理·

论高校学生违纪处分之证明标准

龚 韵

（武汉大学 法制办公室，湖北 武汉 430072）

摘 要：证明标准是高校认定违纪事实、处分违纪学生的衡量尺度，但我国现行相关规定甚少。文章从分析高校处分行为的性质入手，论述决定证明标准层次的要素，并以此来探讨高校学生违纪处分之证明标准的具体适用。

关键词：证明标准；违纪处分；高校

Analysis on the Proof Standard of Students' Discipline Sanction in University

Gong Yun

(Legal Office, Wuhan University, Wuhan, Hubei, 430072)

Abstract: The proof standard which is the yardstick for sanction of students' discipline offences is seldom stipulated in China. The essential factors determining the level of the proof standard are expounded based on the nature of discipline sanction taken by university in order to discuss the application of the proof standard.

Key words: Proof standard; Discipline sanction; University

随着高等教育改革的不断深化，学生的权利和高校的处分权已成为社会关注的焦点。学生权利不断被侵犯的现象反映了证据规则特别是证明标准在高校处分权行使中的缺失。因此，应明确学生违纪处分的具体适用证明标准，以约束高校的处分权并保护学生的合法权利。

一、证明标准的模式

证明标准又称证明要求、证明任务、法定的证明程度或证明度等，是指按照法律规定认定的案件事实或者形成一定的法律关系对证明所要求达到的程度或标准。[1]

（一）国外证明标准模式

英美法系国家一般根据案件的性质和证明责任的不同，规定了排除合理怀疑和盖然性优势的证明标

收稿日期：2017-09-13

作者简介：龚韵（1980— ），女，武汉人，武汉大学法制办公室副主任，硕士，主要从事高校法治工作事务与研究。

准。前者用于刑事案件，即只要对控方提出的证据存在合理怀疑，被告就享有被判无罪的权利。后者主要运用于民事诉讼，即如果一方证明其事实主张的依据较之另一方的依据更让人信服，其事实主张就可以成立。大陆法系国家采取高度盖然性的证明标准，强调法官通过自由心证达到内心确信的程度即可对事实做出认定。

两大法系的证明标准可以说都是将基于良心、理性为基础的“心证”作为证明标准，都是建立在主观判断的基础上，在本质上相通的，即只有排除合理怀疑或达到盖然性优势才能形成内心确信，反过来形成内心确信必定是排除了合理怀疑或达到了盖然性优势。

（二）国内证明标准模式

我国三大诉讼法均对诉讼证明标准在立法上有直接或间接规定。《刑事诉讼法》第129条规定：“案件事实清楚，证据确实充分，依据法律认定被告人有罪的，应当作出有罪判决”；《民事诉讼法》第153条规定：“原判决认定事实错误，或者原判决认定事实不清，证据不足，裁定撤销原判决，发回原审人民法院重审，或者查清事实后改判”；《行政诉讼法》第61条也规定：“原判决认定事实不清，证据不足，或者由于违反法定程序可能影响案件正确判决的，裁定撤销原判，发回原审人民法院重审，也可以查清事实后改判。”虽然民事和行政诉讼法中对证明标准没有直接的规定，但是理论界普遍认为根据“以事实为依据，以法律为准绳”的原则，它们同刑事诉讼法一样，也应该达到“事实清楚，证据确实充分”的程度。综合可见，我国三大诉讼法对证明标准并没有作出区分，诉讼证明标准属于一元化的证明标准。

随着司法实践的展开和深入，刑事和民事诉讼关于“事实清楚，证据确实充分”的证明标准有了更进一步的诠释。前者必须达到排除合理怀疑，否则疑罪从无；根据《最高人民法院关于民事诉讼证据的若干规定》第73条，“双方当事人对同一事实分别举出相反的证据，但都没有足够的依据否定对方证据的，人民法院应当结合案件情况，判断一方提供证据的证明力是否明显大于另一方提供证据的证明力，并对证明力较大的证据予以确认”，后者的标准可界定为明显优势证明标准。

而行政诉讼的具体证明标准存在很多争议，理论界对此提出了多种看法：(1)多重标准：优势证据标准，在一般的行政诉讼中适用优势证据标准；排除合理怀疑标准，适用于行政机关作出的行为严重影响相对人人身权、财产权的情况；表面真实标准，适用于原告证明起诉符合条件；具备合理怀疑或者合理根据标准，适用于因公共利益的需要行政机关不一定有确凿的证据就可以采取行动的情况。[2] (2)双重标准：对于因不服具体行政行为提起诉讼的行政案件，适用严格的证明标准，或称绝对证明标准，被告所提供的证据必须达到证据确凿、适用法律、法规正确的标准。对于行政强制、行政事实行为及其赔偿、行政裁决等案件，如果双方证据的证明力大小不明显或无法判断，被告证据支持的事实无法排除合理的怀疑，不能达到高度盖然性程度，法院可判令被告承担证明不利的后果。[3]

行政程序和行政诉讼是源与流的关系，后者的证据来自于前者，因而也可以说行政诉讼的证明标准也来自于行政程序，两者的证明标准是一脉相承的。

二、高校学生违纪处分行为的属性

（一）高校与学生关系的界定

随着高等教育事业的快速发展以及学生权利意识的增强和教育纠纷案的不断涌现，学者们对高校与学生法律关系的探讨大致有以下几种观点：(1)民事法律关系；(2)行政法律关系；(3)二者兼而有之；(4)特别权力关系。就整体而言，持第三种观点的居多，论证的角度也比较多。

一般认为，高校与学生分别以事业单位法人与自然人的身份存在，在财产权、人身权、债权、知识产权等方面享有平等的民事权利义务，有平等主体之间的民事法律关系。从学生作为高校这一组织系统成员的权利义务来看，其必须接受学校的教育与管理。此时高校与学生之间不是平等主体之间的民事法律关系，而是一种行政法律关系或者说是一种比较特殊的行政法律关系。特别是高校对学生实施处分的行为，是代行国家高等教育职责的一种具体方式，其权力来源于我国有关教育法律、法规的规定，如《教育法》第28条规定："(1)学校及其他教育机构行使下列权利按照章程自主管理。……(4)对受教育者进行学籍管理，实施奖励或者处分。……(9)法律、法规规定的其他权利。国家保护学校及其他教育机构的合法权益不受侵犯。"这一规定表明，高校在实现其办学宗旨的过程中可以享有法律上规定的独立自主地开展教育教学工作和学生管理的特权。《高等教育法》第41条规定："高等学校的校长全面负责本学校的教学、科学研究和其他行政管理工作，行使下列职权：……(4)聘任与解聘教师以及内部其他工作人员，对学生进行学籍管理并实施奖励或者处分。"《普通高等学校学生管理规定》第68条规定："高校应当根据该规定制定或修改学校的学生管理规定，报主管教育行政部门备案。"行政机关为了保证上述权力的行使、实施，授权高校制定具体的规则和程序加以规范，这样便使得高校成为行政主体中的法律法规授权组织。高校对违纪学生进行处分是国家的法律授权，是代表国家行使公共教育职权，在处分违纪学生问题上，学校与学生不具有平等自愿的特征，学生有遵守、服从的义务，学校处分一经作出，即有强制性、执行性。

(二)高校学生违纪处分行为的特殊属性

高校处分权较之典型行政管理权力有其特殊性。首先，此种职权与一般行政机关享有的行政权力不同。它作用的对象不是一般的社会公众，而是处于校方支配范围内的在校学生，因而权力的行使具有特定的界限。其次，学校处分权的内容与教育行政部门享有的权力不同。后者的权力内容主要是制定教育方面的方针政策，对学校的教育工作进行检查、监督与指导等，表现为一种外部的行为，而高校处分权的内容主要是对学生作出处理，表现为一种内部的行为。最后，学校具有教育与培养人的职能，对学生的处分的首要出发点还是教育学生，及时给予学生一定的警示，也是对学生的爱护与关心，这与行政处罚的出发点有着明显不同，应当赋予学生处分认定标准一定的灵活性。

三、决定证明标准层次的要素

高校在认定违纪事实、做出违纪处分时所收集的证据，必须达到一定的层次，决定这一层次的有以下三个要素。

(一)证明的自向性

高校对违纪学生的处分作为一种行政程序，其证明形式不同于诉讼的证明。诉讼中的证明是一种"他向度"的证明，即诉讼当事人向裁判者证实某种事实的真实性，而行政程序中的证明是一种"自向性"的证明，是高校对已有的证据资料进行自我判断，是自己向自己证明违纪事实是否已经清楚、证据是否确实充分，因此应具有较高的证明标准。

(二)公正和效益价值的平衡

利益权衡原则是现代法律的一个基本原则。对于证明中最大的利益冲突——公正和效益而言，如何权衡二者之间的利益，决定着证明标准层次的设计。证明标准要求得越高，其裁判结果更接近公正，但高校因此投入的成本也就会相应增加，离高效益的价值目标也将会远些。相反，证明标准要求得越低，就会出现相反情况。其最佳结合点是根据学生违纪事件的性质、复杂程度、影响范围以及证明的难易程度，设计层次化的证明标准规则体系，在公正和效益之间求得平衡，实现公正和效益价值的最大化。

(三)处分的严厉程度

2005年修订的《普通高等学校学生管理规定》第53条规定，高校对违纪学生的处分可以分为：警告、严重警告、记过、留校察看和开除学籍。(1)警告与严重警告处分：警告是对违反学生纪律规范的学生进行书面的、公开的批评和谴责，并提出限期改正的通告。严重警告是比警告更加严厉，措辞更加强烈的一种处分措施。(2)记过处分：记过是指把学生所犯的错误记载下来，作为个人档案的一部分，常用于严重违反校纪校规的行为。由于记过会影响到学生未来的就业机会，所以是比较严重的一种处分形式。(3)留校察看处分：留校察看针对的对象是违法、违规、违纪情节严重，但尚未达到开除学籍处分条件的行为。考察期限一般为一年，暂时保留学生的学籍和正常学习权利的情况下，严格考察学生的行为表现。如果学生的实际行动能够表明该学生已经认识错误并积极地改正了错误，则恢复该学生的学籍；如果该学生在考察期内有违反纪律并应当受到处罚，则撤销察看，对学生给予开除学籍的处罚。(4)开除学籍处分：这是一种剥夺学生学习机会的处分，因此是最为严厉的处罚措施，学生一旦受到这种处分，在本校继续学习的资格随即消失。

另外，很多高校规定受到记过和留校察看处分的学生将不被授予学位。虽然不被授予学位不属于高校处分的法定类型，但是在实际后果上却影响了学生的受教育权，影响了学生教育目的的实现，影响了学生就业目的的达成，这与其他处分行为特别是开除学籍带来的处分后果在一定程度上是相当的。所以高校不颁发学位证书的行为在性质上也属于授权行政行为，且实际上是一种对学生变相的处分。因此，在选择证明标准时也要考虑到不予授予学位这一后果。

根据违纪处分严厉程度的高低，所需的证明标准也有所不同。处分严厉程度高的，如开除学籍等，高校在认定事实时就必须适用严苛的证明标准；处分严厉程度低的，如警告等，高校的证明责任相应减低。

(四)高校学生违纪处分证明标准的具体适用

现行法规关于高校在对学生进行处分时所需的证明标准规定极少，仅《普通高等学校学生管理规定》第55条要求高校进行处分做到“证据充足”，但究竟何为“证据充足”呢？该规定以一个高度概括性的证明空间为证明标准，不区分处分程序的难易程度且没有其他辅助性或具体指标，容易造成证明标准的大而空，难以掌握，不便操作。而且实际操作中往往凭借个人参差不齐的法律意识和信念去掌握，在认定违纪事实时不易达成共识，从而降低了管理效率，影响定性的准确率，同时，也损害了高校管理工作的公正性和权威性。因此建议，对于不同的违纪处分适用不同的证明标准。

1. 排除合理怀疑标准的适用

排除合理怀疑标准指高校对学生处分时，应当证据确凿充分，不能存在任何可以推测学生没有作出违纪行为的合理怀疑。它包括两方面的内容：一是主要违纪事实均有相应的证据证明，这是对证据量的要求。二是证据之间及证据与违纪事实之间没有矛盾，这是排除合理怀疑标准质的要求。这里的“怀疑”是一种两可或多可的意识状态，具有正常理智的人、一般的人在选择其中一种时不能排除其他种的可能性和可行性。“合理”是指怀疑需有理由而非纯粹出于想象或幻想。

高校在做出开除学籍、留校察看和记过的处分时，必须适用排除合理怀疑标准。因为开除学籍直接剥夺了学生的受教育权，留校察看和记过处分则不授予学生学位，这些都是涉及学生重大权益的处分。如采取其他较低的证明标准将无法实现对学生合法权益的最大保护。

2. 明显优势证明标准

所谓明显优势证明标准，是指高校所收集的证据中证明学生违纪的证据较之其他相反证据明显更有说服力和证明力，但不排除存在合理怀疑。从理论上说，依据明显优势证明标准的处分，只是一种相对正确的结论，存在错误裁决的风险。为了控制这种风险，适用该标准的优势必须具有明显的幅度，而不是微弱的优势。违纪的性质越严重，所需的优势就应越大。优势不是对盖然性机械比较的结果，而是一种合理的、确定的差别，这种差别足以使高校对违纪事实的存在和发生感到信服。

此种证明标准适用于对违纪学生做出警告和严重警告的情形。在我国档案管理制度下，学校对学生做出的警告和严重警告的处分比一般民事措施给公民带来的名誉等影响要大，更何况有些学校规定处分两次以上将不被授予学位。因此在做出警告和严重警告时的证明标准也应该有较高的层次，不能适用优势证明标准或合理可能性标准。

3. 合理可能性证明标准

合理可能性标准，即有一定的根据或达到一定程度的合理怀疑性就可裁判的标准，并不要求有充分的证据排除合理怀疑，达到内心确信，也不要求有充分的证据达到占优势盖然性。[4]

这种证明标准适用于只有学生承认违纪的供述而没有其他确凿证据予以佐证的情形。有观点认为，该种情形应适用《刑事诉讼法》第66条的规定："只有被告人供述，没有其他证据的，不能认定被告人有罪和处以刑罚"。即单凭口供不得定罪原则，不能仅根据学生对违纪事实的供认而做出处分。笔者对此持相反观点。

首先，"单凭口供不得定罪"原则是为防止刑讯逼供、发挥证据规则保障人权的功能而设定。当没有其他证据而被告人又不招认的时候，公安机关可能就会慑于这条规定，从而减弱通过非法方法获取被告人口供的动力，同时也有利于防止公安机关基于懒惰、方便等原因而仅仅将侦查的重点放在获取被告人的口供上面，促使警察去调查事实、收集其他证据，从而达到间接防止刑讯逼供的目的。而高校在收集违纪证据时是不存在刑讯逼供现象的。

其次，校园是一个特殊的社会环境，学生是接受教育和培养的对象，高校应该鼓励学生知错、认错、改错，对于敢于承认错误的学生，高校应当表现出应有的信任。

对于违纪事实的认定，不管适用哪种标准，举证责任都应由高校承担，不能要求学生自证其过。一方面学校是法律法规授权的组织，对学生的处分是其依靠授权主动作出的，因此在作出处分决定前必须主动搜集证据。另一方面学生在高校面前是弱势群体，高校很容易滥用自己手中的权力去侵犯学生的私权利如受教育权、人格权。只有把举证责任压在学校身上才能在一定程度上平衡学校与学生的权力不对等，才能体现程序正义的要求。

高校负有举证责任，但是这并不意味着对一切事项都要提供证据予以证明。高校在对学生处分前，完完整整地收集到一切证据是不现实的。这种要求对只会导致管理资源的大量浪费。在高校学生处分中，高校可以依据法律要求当事人提供与案件事实有关的材料，无关材料当事人可以拒绝。此外，当事人也可以自己主动提供证据，符合条件的，高校不得拒绝采用。

◎ 参考文献

[1] 徐继敏. 行政证据通论[M]. 北京：法律出版社，2004：101.

[2] 吕立秋. 行政诉讼举证责任[M]. 北京：中国政法大学出版社，2001：132-134.

[3] 李云峰. 对行政诉讼认证若干问题的思考[J]. 法律适用，2003(3).

[4] 王晓杰. 行政诉讼证明标准的重构[J]. 行政法学研究，2004(2).

·教育政策与管理·

高校贫困生认定存在的问题及其对策研究

陈伟亚

(武汉大学 教育科学研究院,湖北 武汉 430072)

摘 要:高校贫困生认定是高校贫困生资助工作的首要关键环节,高校贫困生认定工作的情况直接决定着高校贫困生资助体系的目标落实情况,影响着高等教育机会的公平。当前我国高校普遍采用"贫困生证明+参与法"的贫困生认定方式存在以下问题:学生盲目申请;贫困证明材料可信度低;认定程序不规范等。针对这些问题,建议成立第三方认定机构,采取"互联网+贫困生认定"方式;高校应该建立专门认定机构,规范认定程序;加强对学生的政策宣传和诚信教育;加强校内民主监督、建立惩罚制度。

关键词:贫困生认定;贫困生资助;高校

Research on the Problems and Countermeasures of Identification of Poverty Students in the College

Chen Weiya

(Research Institute of Educational Science, Wuhan University, Wuhan, Hubei, 430072)

Abstract: Identification of poverty college students is the primary key of poverty students financial assistance program. The identification of poverty college students determine the realizing of the program and influence the equality of high educational opportunity. At present, the "poverty identify + participation method" what colleges generally used had problems: students blindly apply; low credibility of the poverty proof; identification procedure lack of standardization. It is proposed to set up a third party accreditation body to adopt the "Internet+poverty students" approach; colleges should establish accreditation body to standardize the accreditation procedures; strengthen policy advocacy and integrity education for students; strengthen internal democratic supervision, establish a punishment system.

Key words: Identification of poverty students; Poverty students financial assistance; Colleges

高校贫困生,是指在国家招收的接受普通高等教育的学生中,由于家庭经济困难,无力负担学生在校期间的学费、生活费等必要的教育费用或负担困难的学生[1]。我国的高校贫困生资助体系是为了落实

收稿日期:2017-09-20

作者简介:陈伟亚(1994—),女,河南人,武汉大学教育科学研究院硕士研究生,主要从事教育经济与管理研究。

党中央、国务院关于“不让一个大学生因家庭贫困而辍学”的总体要求，是促进教育公平，维护社会正义的有力武器。而政策的实行情况直接关系到目标的落实情况，影响着高等教育教育机会的公平。在贫困生资助体系的落实过程中，最为关键的环节就是贫困生认定工作，贫困生的门槛直接决定了国家资助的主体，关系着政策是否得到有效落实，因此，在贫困生认定工作中存在什么样的问题，我们应如何解决这些问题，值得我们讨论。

一、高校贫困生认定现状

(一)认定程序

关于我国高校贫困生认定的程序，在教育部、财政部《关于认真做好高等学校家庭经济困难学生认定工作的指导意见》中有明确的论述，文件指出各高校认定评议小组根据学生提交的《高等学校家庭经济困难学生认定申请表》和《高等学校学生及家庭情况调查表》，以学生家庭人均收入对照学校所在地省级教育、财政部门确定的认定标准，并结合学生日常消费行为，以及影响其家庭经济状况的有关情况，认真进行评议，确定本年级(或专业)各档次的家庭经济困难学生资格，报院(系)认定工作组进行审核。[2]

全国各类高校在贫困生认定工作实践中，基本形成了类似工作程序：贫困生资助工作领导委员会领导和指导贫困生的认定工作，高校贫困生资助管理机构具体负责实施组织与管理，院系成立认定工作领导小组，学生工作办公室具体负责实施，班级成立班级认定小组，根据认定法进行判定，院系认定结果公示，学校学生资助工作领导小组批准，建立贫困生档案，动态复核。

(二)认定方法

当前我国高校贫困生认定的方法并没有统一的规定，各个高校采用的方法也不尽相同，但是却有相似之处，经归纳整理，我国目前的高校贫困生认定方法主要有以下四种方法：一是贫困证明法。这种方法是当前高校中普遍采用的方法，由学生自主填写《家庭经济调查表》，说明家庭的经济情况等信息，并由生源地民政部门加盖公章以证明情况属实后，交由学校进行贫困等级评定。在学者毕鹤霞调查的65所高校中，除少数学校不需要贫困证明外，当前多数高校基本上是在开具贫困证明的基础上，结合其他方法实施贫困判别，其中有17所高校是只使用贫困证明法来筛选贫困生。二是参与法。指由所在高校的学生、辅导员、班主任等组成贫困生评议小组，对班级学生进行贫困评议，作为学校中最了解学生生活状况的人，根据日常观察和了解评选出班级贫困生。此种方法有较大的主观性。三是经济生活比照法。包括横向比较认定法、最低生活保障线比照认定法、月生活消费比较法。第一种方法需要申请贫困生的学生提交《家庭经济情况调查表》后，根据学生所填写的家庭经济情况，将学生家庭经济收入与学生在校学习生活所必需支出的费用进行横向比较，以此来甄选中贫困生以及贫困等级；最低生活保障线比照认定法是将学生的实际生活费用与高校所在地居民最低生活保障线进行比较，将学生的生活费与这个绝对数值进行比较，是一种“绝对贫困”的认定方法；月生活消费比较法是根据学生月平均生活消费水平来认定贫困生的方法。现在我国高校基本实现了校园一卡通消费，根据学生一卡通的消费记录可以统计出学校在校学生月消费水平的平均值，以学生的月消费水平是否高于在校生的平均水平来认定该生贫困与否。四是实地调查法。它是指在学生提交贫困申请的基础之上进行实地调查，通过抽查走访提交贫困证明文件的学生家庭，核实该生的家庭经济情况。但是这种方法对于高校来说成本较高，所以很少有高校采用这种方法。

据调查，这四种方法中使用最为普遍的是“贫困生认定法”，是各个高校在贫困生认定中最有力的依据。但是这四种方法也都很少单独使用，一般是相互结合使用，采用最多的就是“贫困生认定+参与法”，因此本文接下来所要谈到的问题也主要是针对此种认定方法所提出的。

二、高校贫困生认定存在的问题

（一）学生盲目申请

由于学校对于贫困生认定程序和管理体系的宣传不足，导致学生盲目申请现象屡见不鲜。天津市教育科学“十二五”规划重点课题项目“天津市大学贫困生教育资助研究”在2014年对某市37所普通高校进行问卷调查，数据显示53.9%的学生认为学校对贫困生资助的相关信息宣传引导力度不够[4]。从学生获取贫困生资助政策的相关信息的途径来看，主要集中在通过录取通知书内的《家庭经济调查表》和《新生须知》等文件获知、通过咨询在读大学生获知、通过对父母亲友的询问以及媒体的报道获知、通过自行上网查询获知等。而贫困生的认定程序及其管理体制具有校际差异性，更加大了学生对贫困生认定相关信息准确获取的难度。在实际的贫困生申请中，还存在不少同学由于对贫困生资助体系的不了解而误认为《家庭经济调查表》是放在通知书内必填的文件，而稀里糊涂地提交了贫困生申请，甚至最后成功进入了贫困生库。信息获取途径的不顺畅，导致绝大部分学生对于学校贫困生认定程序和管理体制都只是停留在“知道，但缺乏一定了解”的程度，并且这种了解也具有一定的局限性，甚至是误导性。由此可见，高校对于贫困生认定程序及其相关管理体制等信息的宣传力度不够，学生对于贫困生认定的相关程序、方法等缺乏准确认识。

此外，在实际情况中，还有不少学生为了私人利益获取国家资助金，虚报家庭经济情况，故意夸大自身家庭经济困难程度。学者王中对和潘玉驹在调查中发现，有45%的学生认为学校让学生填写其本人与家庭情况调查表时，由于诚信意识问题、观念心态差异等原因，有些学生故意夸大家庭经济困难程度，而有些学生却故意隐瞒家庭经济困难[5]。还有部分学生是接受了他人的建议或者跟风提交了贫困生申请，不少大学生没有经得住金钱的诱惑，以一种“国家的钱不拿白不拿”的心态对待贫困生申请。同时，贫困生高消费现象屡见不鲜，穿名牌、KTV请客无限唱、胡吃海喝摆酒局、包夜上网玩游戏，部分贫困生拿着国家的补助过着高消费的生活，背离了国家贫困生资助体系的本意。

（二）证明材料可信度低

贫困证明法是高校在进行贫困生认定中普遍采用的最主要的方法，是甄别一名学生是否贫困以及贫困程度的重要依据，然而这种方法的可信度实际上很低。其一般流程是学生自主填好学校印发的《家庭经济调查表》，然后到所在村委会或者居委会开具证明，到所在乡镇民政办或者县市民政局在《家庭经济调查表》上盖章。据了解，村委会和居委会对申请贫困生的学生家庭情况还是有一定的了解的，但是由于不存在责任问题，再加上人情关系等原因，村委会和居委会的相关负责人一般不会为难申请人，都会为前来申请的学生开具贫困证明，且证明方式也是极其简单，就是一张稿纸上简单写上“XX为本村经济困难户……”，盖上公章。学生拿着这张简单的证明到当地乡镇民政办或者县市民政局再找相关负责人盖章，而民政部门并没有居民详细的家庭情况联网信息，处理贫困生认定的人员也都是临时抽取，因此对学生的真实家庭情况并不知情，再加上每年暑假前来办理认定工作的学生很多，民政人员对此也不承担法律责任，因此在实际情况中，大多民政部门对于学生提交上来的贫困证明和《家庭经济情况调查表》只是进行大致浏览后就给予盖章，甚至即使发现了有不真实情况也不管不问，本着成人之美、举手之劳的心态依旧盖章。

天津市教育科学“十二五”规划重点课题项目“天津市大学贫困生教育资助研究”在 2013 年对某市 37 所普通高校进行问卷调查，数据显示 53.3%学生认为生源地基层提供了虚假证明[6]。贫困证明材料可信度低，导致众多非贫困生挤占贫困生名额，国家助学资源浪费，不能真正起到应有的作用。

(三)认定程序不规范

当前高校贫困生认定的程序一般是班级—学院—学校的三级认定体系，学生申请，班级评议，院里公示，最后提交到学校。这样的认定方式理论上是没有问题的，但是在实际操作过程中却存在各种各样的问题。首先是在班级评议环节，一般是班主任带领下组织班委和学生代表对学生家庭经济情况进行核实，并评议出贫困等级。但是在实际调查中发现，班主任对于贫困生认定工作的认识度普遍不高，有些班主任对于贫困生认定工作表现出极其随意的态度，甚至有些班主任为了赢得学生的喜爱，避免与学生之间发生冲突和产生不必要的麻烦，只要学生提交了贫困申请就同意通过，如果申请人数超标就实行“轮流制”或者“补助金平分制”，还有一些班主任直接把这贫困生认定工作全权交给班委去做，以避免不必要的麻烦。而学生也无法做到对同学的家庭经济情况做到完全知晓，只是凭借自己主观判断和日常观察对贫困情况进行评议。如此不负责任的审核评议之后提交到学院，学院象征性地公示后提交到学校，整个贫困生认定工作完成，十分敷衍和草率。

三、完善贫困生认定的对策

(一)成立第三方认定机构，采取“互联网+贫困生认定”方式

成立第三方认定机构，专门负责每年暑假的集中贫困生认定工作；第三方认定机构以县市为单位成立“贫困生认定中心”，下设多个地方认定小组，专门负责区域内暑假集中贫困生认定工作；地方贫困生认定小组成员组成多元化，建议抽派公安局、民政局、当地居民等社会成员担任小组成员；划区域认定，由于县市辖区范围依旧较大，一定要分区认定，区域划分要精细到乡镇或街道，分别由各认定小组负责。

在当前互联网建设高速发展的背景之下，“互联网+”逐步深入各个领域当中，贫困生认定工作同样也可以与互联网相结合。因此，关于地方各贫困生认定小组的工作方式，建议采取网上学生申请认定的方式。建设贫困生认定网上平台，由学生网上提交贫困生申请，各认定小组根据学生申请，网上调取学生

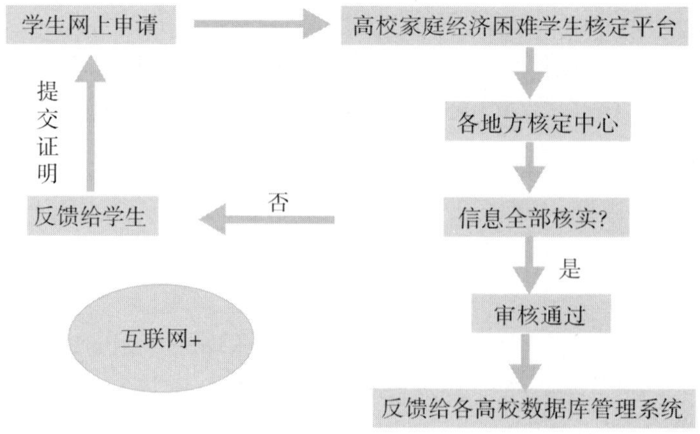

图 1　互联网+贫困生认定平台运行模式

的户籍信息进行核实，一些家庭变故和家庭突发事故等通过户籍信息无非核实的内容在网上反馈给学生要求提交相关证明材料，有必要时认定小组也可采取实地调查的方式进行核实，信息全部核实完毕后，方可通过审核。审核通过后，将学生家庭信息联网传送给学生所在的各个高校，贫困生认定中心只负责审核学生提交的家庭经济情况的真假情况，关于是否贫困以及贫困等级的判断交由高校进行处理。

第三方认定机构在一定程度上确保了学生所填写对的家庭经济情况的真实性，避免了学生作假情况的泛滥，而"互联网+贫困生认定"的工作方式，既方便了学生，也提高了工作效率，降低了认定成本，是最方便、高效的认定方式。

(二)高校建立专门认定组织，规范认定程序

生源地第三方认定机构主要负责家庭经济情况核实，而高校主要负责贫困生的甄别以及等级判定。当前贫困生认定程序的不规范在很大程度上是由于缺乏专门的机构和专门人员进行管理所造成的，院系评定小组的成员大多是由兼职人员组成的，贫困生认定工作只是他们的"时令性"工作，且经常会被淹没在繁忙的工作中，没有精力全面顾及贫困生认定工作的方方面面。因此，各高校势必要建立专门的认定组织负责每年的贫困生认定工作，学校成立贫困生认定中心，各个学院成立贫困生认定小组，为了保证公平公正，组长应该是由校级贫困生认定小组成员担任，小组成员还应包括学院辅导员、各班主任以及学生代表。负责每年的贫困生认定工作，包括贫困生助学政策的宣传教育工作，贫困申请材料的审核、民主评议会的召开、抽查走访、民意调查等工作。具体实施方案为：校级贫困生认定小组统筹全局工作，各个院系小组负责具体实施，由各院系评定小组组长牵头，全权负责各院系的贫困生认定工作；每年9月初由各个院系贫困生评定小组召开全院的贫困生助学政策的专题讲座；院系评定小组组长深入学生之间对申请贫困生的学生进行了解；召开贫困生民主评议会，根据学生学习情况和日常消费情况等因素，在"参与法"的基础上综合运用"经济生活比照法"，由小组成员讨论判别贫困生以及贫困等级；对评议结果进行院内公示，辅导员可抽选班级进行暗地走访听取民意，允许学生对评议结果质疑；将最终评议结果提交学校贫困生认定中心，完成贫困生认定工作。

(三)加强对大学生的政策宣传和诚信教育工作

加强对国家贫困生资助政策的宣传力度。当前高校对于贫困生资助政策的宣传主要停留在纸质层面，通过印发新生手册等让学生自行浏览，具有一定的局限性和不可控性。加强对贫困生资助政策的宣传力度，利用微信等网络平台或者集中对大一新生开展专题讲座，对国家奖助学金政策给予详细讲解，确保每一位大学生理解贫困生资助政策的目的和意义、了解申请条件和要求、知道申请途径和方法。

同时加强对大学生的诚信教育工作。当前高校中出现了贫困生拿着国家补助吃喝玩乐、泡吧上网的现象，各种"假贫困生"屡见不鲜的原因就是当前大学生诚信意识的淡薄，奢靡之风、拜金利己主义盛行，校园风气败坏。因此，高校作为育人机构，需要对贫困生认定工作所反映出的学生道德意识问题进行重视，从具体事件着手，通过对贫困生认定事件中学生诚信意识的强调，学生之间相互监督，营造健康的贫困生申请环境，让校园风气回归诚信、纯真、健康。

(四)加强校内民主监督、建立惩罚制度

建立起贫困生认定的最后一道屏障，要加强校内民主监督，建立相应的惩罚制度，确保每一笔资助金都可以发放到学校里最需要的学生手中。加强校内民主监督，首先要发动学生关心关注贫困生认定工作，并且开辟便于大学生反映情况的渠道：设立意见箱、公布热线电话和相关工作人员的手机号码、电子信箱等，让学生有方便顺畅的渠道反映意见。认真对待学生反映的情况，但是又不可盲信，一定要认

真核实，确保有理有据。同时，对于贫困生认定中出现的弄虚作假的情况一定要严肃对待，校贫困生评定小组建立起统一的惩罚制度，对于谎报家庭经济情况的学生一经发现首先进行批评教育，并取消资助资格，记录在案，有必要的还可以追回其已经获得的资助金。

◎ 参考文献

[1] 国家教育部，财政部．关于高等学校生活特别困难的学生进行资助的通知[Z]．教财发[1993]51 号．

[2] 国家教育部，财政部．关于认真做好高等学校家庭经济困难学生认定工作的指导意见[DB/OL]．http：//www.moe.edu.cn/publicfiles/business/htmlfiles/moe/moe_1581/200708/25283.html.

[3] 毕鹤霞．中国高校贫困生判别方法及其认同度的实证研究[J]．高教探索，2011(4)．

[4] 张妍，齐兰芬，张敬茹．高校贫困生教育资助现状调查——基于学生的视角[J]．黑龙江高教研究，2014(3)：21-24.

[5] 王中对，潘玉驹．教育公平下的高校家庭经济困难学生认定机制研究——以浙江省某大学为例[J]．中国青年研究，2011(4)：50-53.

[6] 王丹．关于开展社会诚信宣传教育的工作意见(整规办发[2003]25 号)[DB/OL]．http：//www.people.com.cn/GB/guandian/8213/8309/28296/2131460.html，2012-4-25.

[7] 赵炳起．高校贫困生认定机制——优化与重构[J]．教育财会研究，2006(4)：20-26.

[8] 毕鹤霞．国内外高校贫困生认定与研究述评[J]．比较教育研究，2009(1)：62-66.

[9] 杨晴．高校贫困生认定的路径[J]．教育学术月刊，2009(8)：51-53+78.

[10] 姜旭萍，郑俊．构建点线面三位一体的高校贫困生认定体系[J]．湖北社会科学，2009(11)：175-178.

[11] 孙涛，沈红．基于家庭经济状况调查的高校贫困生认定——国际比较的视角[J]．外国教育研究，2008(10)：26-29.

[12] 丁桂兰，周艳华．高校贫困生认定的现实困境与对策思考[J]．教育与职业，2010(26)：33-35.

[13] 王向锋．高校贫困生认定工作的现状、问题及改进措施[J]．教育探究，2011(1)：64-68.

[14] 刘长芝．高校家庭经济困难学生认定评价指标体系问题研究[J]．现代交际，2016(9)：136-137.

·教育政策与管理·

推免制度下夏令营对研究生生源质量的作用
——以 W 大学物理学院为例

胡 浩[1] 程 哲[2]

（1. 武汉大学 科学与技术发展研究院，湖北 武汉 430072；
2. 武汉大学 教育科学研究院，湖北 武汉 430072）

摘 要：研究生生源质量是影响高等院校科研创新水平的重要因素，保证研究生生源质量既有助于我国大学学院自身学术能力的提升，又有助于整体学术环境的优化。本文通过介绍我国研究生推荐免试制度以及大学生夏令营，以 W 大学物理学院 2012—2017 年的录取生源院校排名结构变化为例，指出推免制度下，夏令营对研究生生源质量的提升作用主要包括：①驱动优秀本科生进入更优质高等学府深造；②避免学术环境中"近亲繁殖"现象发生；③选拔出真正有志于从事科研事业的本科生。

关键词：推免制度；夏令营；生源质量

The Effect of Summer Camp on the Quality of Graduate Students under the Exemption Regulation

—Taking W College of Physics as an Example

Hu Hao[1], Cheng Zhe[2]

(1. Science and Technology Development Institution, Wuhan University, Wuhan, Hubei, 430072;
2. Research Institute of Educational Sciences, Wuhan University, Wuhan, Hubei, 430072)

Abstract: The quality of graduate students is an important factor affecting the innovation level of scientific research in Colleges and universities. To ensure the quality of graduate students is not only helpful to improve their academic ability, but also to optimize the overall academic environment. This paper introduces the Chinese graduate students and the exemption regulation in summer camp. We take the ranking structure change in enrolled College W in physics institution in 2012—2017 as an example. The research points out that under the regulation of free summer camp, has play a role to enhance the quality of graduate students mainly include: ① to drive the outstanding undergraduate to further their study in the higher education institution with better quality; ②to avoid the academic environment in "inbreeding coefficient" phenomenon; ③to select the undergraduates who really want to engage in scientific research.

Key words: Exemption regulation; Summer camp; Quality of student source

---

收稿日期：2017-09-13

作者简介：胡浩（1983— ），男，湖北武汉人，研究生学历，博士学位，武汉大学科学技术发展研究院，主要从事项目管理及其相关研究；程哲（1994— ），男，湖北武汉人，武汉大学教育科学研究院硕士研究生，主要研究高等教育研究。

创新是民族永葆生命力的源泉。习近平总书记在党的十八届五中全会中强调，要坚持创新发展，不断推进理论创新、科技创新、文化创新，让创新在全社会蔚然成风。[1]研究生教育作为高等教育的重要组成部分，与本科教育相比，在整个培养过程中应当更加重视创新。因此，高校在选拔过程中筛选出具有科研潜力的本科生，为研究生阶段培养创新人才提供高质量生源显得尤为重要。当前我国研究生招生录取方式主要包括两大类：推荐免试和统一考试。本文着重分析在推免制度下，高等院校通过优秀大学生暑期夏令营(以下简称夏令营)提升生源质量的效果及影响。

一、我国研究生推荐免试制度简介

研究生推免制度在我国已存在30余年，在不断调整和修正中，该制度的发展日益健全。其发展主要包括以下几个阶段：

第一阶段(1984—2003年)：1984年，国家发布《关于做好1985年招收攻读硕士学位研究生工作的通知》，文件中首次提出要在全国重点高等学校开展推荐少数优秀应届毕业生免试入学的试点工作。[2]该文件被视为我国研究生招生推荐免试制度的开端。推免制度的提出，拓宽了研究生招生方式，进一步完善了我国研究生招生考试制度，这不仅有助于更好地选拔人才，同时对提升本科生学习积极性以及高校研究生生源质量也起到了重要作用，是我国招生考试制度改革的进步。

第二阶段(2003—2014年)：2003年，教育部针对研究生推荐免试制度实施进一步改革，改革主要强调增加优秀本科生中推荐免试研究生比例。[3]同时，为避免学术“近亲繁殖”现象，设立高校接受本校推荐免试研究生人数的限额。这两大改变既体现出教育部对推荐免试制度的肯定，同时也表现出教育部针对研究生招生考试制度的调控。

第三阶段(2014年至今)：2014年，教育部公布《教育部办公厅有关进一步完善推荐优秀应届本科毕业生免试攻读研究生工作办法的通知》(以下称《通知》)，通知对推免制度的修订主要体现在以下三个方面：①学生拥有更大选择权，其推免选择不再区分学术学位和专业学位，并且高校不再设置留校限额，学生可以自由选择学校；②推免过程公开透明，推免名额、推免名单、推免成绩、推免结果以及申诉渠道等信息将及时更新公示，使整个推免过程接受学生及社会相关人员的监督；③推免程序精简高效，推免环节中的推荐、接受工作均安排在相互独立的两个时间阶段，并建立“全国推荐优秀应届本科毕业生免试攻读研究生信息公开暨管理服务系统”以保证推免学生及时获取信息。[4]

研究生推免制度实行至今，在保证优秀本科生顺利进入高等学府学习的同时，促进高校为更好地利用推免制度，在符合教育部规定的前提下，开创考察推免生能力的新模式，推免夏令营就是其中的一种。

二、大学生夏令营

高等院校大学生夏令营是指高等学校在每年七八月份，针对学习成绩优异，对学术有强烈兴趣的学生开展的学术交流与实践活动，对象通常为本科生，其建立初期是为了加强校际交流，培养高年级大学生对学术研究的兴趣，在此过程中，培养优秀大学生的创新能力与创业精神。[5]随着高校争夺高质量研究生生源压力加大，大学生夏令营承担了考查学生学术能力的功能，并最终发展成为宣传各校学科特点，考察创新人才，吸引优质研究生生源的重要途径。

最早举办高校大学生夏令营的学校院系是北京大学化学学院，此后，武汉大学、清华大学、浙江大学等国内知名院校都陆续开展夏令营。高等院校通过夏令营考察参营学员的能力，考察成绩优异，则给予本科生进入本院校奖励，包括：①若营员获取其本校推免资格并申请夏令营院系，学生将被院系直接录取；②若营员未获得本校推免资格，院系对考取本院系的学生采取适当降分录取。当前我国优秀院校的夏令营主要具有以下特征：

(1)夏令营是针对学生学术能力的重要考察形式。夏令营往往以学术活动为中心开展，在此过程中考察学生的学术能力、思维反映能力、创新能力，从而对学生的整体素质有正确的判断。

(2)夏令营是对传统推免制度的补充和完善。尽管推免制度为院校提供学习成绩优异的本科生作为选择，但在传统推免过程中，导师与学生的交流机会仅局限于面试阶段，短时间内，导师很难通过学生的面试表现对学生的能力做出准确判断。学夏令营的开展时间通常为一到两周，导师在此过程中能更好地判断学生是否适合自己的研究。

(3)夏令营更好地吸引具有科研潜力的学生从事科研活动。近年参与研究生考试的人数增加，通过统一考试被录取的难度也随之增大，许多成绩优异的本科生为避免考研失败而直接选择工作。推免制度实施后，部分优秀学生则会考虑通过争取推免资格进入研究生阶段学习，避免由于高度竞争选择找工作而放弃从事科研活动。

三、W 大学物理学院夏令营的作用分析

W 大学自 2012 年开展优秀大学生夏令营活动，为更好地反映夏令营对院校生源质量的提升作用。本文以 2016 年中国校友会大学排行榜作为参考指标，通过对 2012—2017 年录取生源所在院校排名的相关数据进行整理，得出各年份生源质量结构。为更好地反映夏令营对生源质量结构的作用，本文将校友会排名分为六段：1—30 名、31—50 名、51—100 名、101—200 名、200 名及以上、其他①。

(一)生源本科院校基本情况分析

数据整理结果如表 1 所示，从表中可以得出以下结论：

(1)举办夏令营，留在本校生源的数量在不断减少。通过对原始数据进行分析，笔者发现 W 大学排名 1—30 名的生源绝大多数都为 W 院校本校学生，每年只有少部分学生源于其他院校。由此可见，随着夏令营的开展以及相应政策的驱使，W 大学留在本校生源的数量在不断减少。

(2)举办夏令营，较优质生源的数量在稳步上升。表 1 显示，院校排名在 31—50 名、51—100 名、100—200 名的学生数量在稳步上升。尽管排名 1—30 名的院校生源数有所下降，但从整体排名前 200 名的院校数量上来判断，录取生源本科院校整体质量以及结构有所上升及优化。

(3)举办夏令营，本科学校较差的学生数量减少。表中可观察得出，2012—2017 年，W 大学录取生源本科院校排名在 200 名以后的学生逐年减少，可以推断出夏令营增加了本科较差生源学生的考研淘汰几率。

(二)本科生源院校结构性改变的深层次原因分析

表 1 院校生源质量结构发生显著改变，其原因与政策密切相关：

(1)2014 年后，W 大学本科院校留校生源数量明显下降。原因在于 2014 年教育部颁布的《通知》文件强调学生拥有自主选择权。W 院校学生在获取推免资格后，不再受到留校限制，享受更大的择校自主权，从而实现院校间的学术人员流动，避免学术“近亲繁殖”现象泛滥。

---

① “其他”指非应届毕业生或国外考取研究生的学生数量。

表 1　　**2012—2017 年 W 大学研究生录取生源本科院校排名情况**

年份 \ 名次	1—30	31—50	51—100	100—200	200 及以上	其他
2012(未举办夏令营)	56	1	4	25	39	0
2013(举办夏令营)	58	0	1	26	31	6
2014(举办夏令营)	57	1	5	37	26	0
2015(举办夏令营)	32	9	8	55	25	0
2016(举办夏令营)	36	16	13	35	25	0
2017(举办夏令营)	34	4	16	32	16	19

(2)举办夏令营后，排名 30—100 名院校的本科生数量明显上升。由于政策颁布，较 W 大学院校较差的学生也运用自主选择权，在获取推免资格后，积极争取 W 大学的推免录取资格，实现向更好院校的跨越。

(3)政策调控后，本科院校排名末位的学生竞争压力加大。2014 年《通知》发布后，许多院校开始增加推免名额的数量，部分学校院系甚至完全只接受推免，这意味着通过统一考试进入大学的学生数量在不断减少。在这种条件下，只有更加努力和优秀的学生才能获得入学资格，更好地发挥统一招生考试在筛选学生过程中的杠杆作用。

四、结论与建议

(一)结论

从 W 大学物理学院的生源录取本科院校结构中可以推断出，将夏令营与推免资格相结合有助于本校学生发展并且有利于院校生源整体结构和素质的提升。具体的夏令营对推免制度以及生源结构质量的促进作用如图 1 所示。

夏令营与推免面试制度的结合带来的积极影响主要包括以下几点：

(1)本校学生将前往更好的高等学府深造。对于已在本校接受了四年学习的学生而言，无论本科院校本身是优异或是较差，多数条件下，学生都将更加倾向于到学习条件、学术声誉更佳的学校学习。取消本校留校限制名额后，学生通往上层学府的选择和机会更多，并且更愿意尝试挑战更优秀的研究型院校。

(2)院校接纳非本校的推免学生，有助于避免学术"近亲繁殖"，为院校发展注入了新鲜的血液。学界普遍认为，学术近亲繁殖对学术发展的危害体现在三个方面：①"近亲繁殖"不利于高校学术自由；②"近亲繁殖"容易扼杀学术创新；③"近亲繁殖容易导致学术封闭"。[6]接纳非本校的推免学生，有助于避免"近亲繁殖"带来的不利影响，从而优化院校学术环境，促进院校学术良性发展。

(3)提升统一考试学生入学难度，提升生源质量。各院校推免生数量的增加，势必降低统一招生考试研究生的录取名额，在此条件下，部分仅为了文凭或名校情结的本科生会止步或被淘汰，从而选拔出真正有志于科学研究的本科生。研究表明，存在超过 10%比例的学生读研仅为获取更高的文凭。[7]因此，考研难度的提升有助于淘汰部分考研动机不符合学术要求的考生，使资源用于真正的科研预备军。

夏令营的发展固然能有效提升院校生源质量及其结构，但是在具体的实践过程中，也需要注意以下三点：

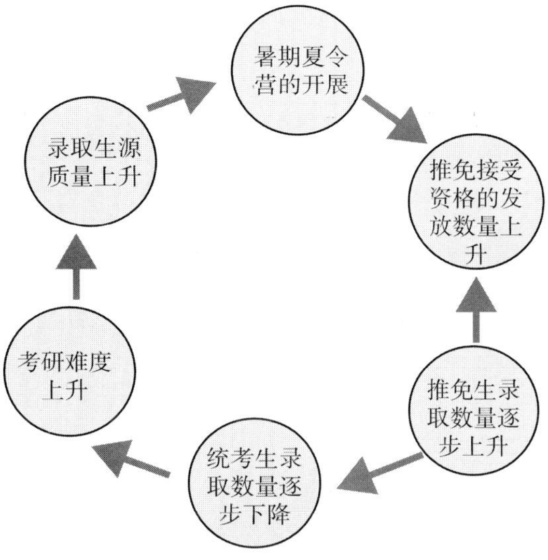

图 1　夏令营对生源结构的影响

(1)推免名额的分配。许多优秀大学学院为了保证本校研究生生源质量，更多地将推免名额和资格给予愿意留本校的学生，这既大大降低了其他优秀学生进入该大学学院的机会，同时易滋生学术近亲繁殖，不利于学术发展。

(2)推免名额的数量。近年来，许多大学学院已完全封闭了统考生的入学渠道。将所有录取名额转化为推免名额，即仅接纳推免学生。毫无疑问，完全关闭没有保研资格的学生进入优质高等学府的大门是不科学的，这种做法严重违背了学院招生工作中的公平原则。牺牲公平来保证质量既不符合可持续发展要求，也不符合社会发展趋势。

(3)夏令营的入学要求。各大优质本科院校，例如清华大学、北京大学、浙江大学等都要求夏令营入营学生本科院校至少为“985 工程”、“211 工程”院校，或者其所在学科为全国重点学科的院校。对入营学生的高要求本无问题，但是过于强调院校标签则可能增加优秀预备营员流失的几率。

(二)完善夏令营与推免制度相结合的建议

当前夏令营的开展与院校推免工作的结合已经发挥出提升生源质量作用，进一步发挥其积极作用，需要做好以下几点：

(1)充分尊重学生选择权利。夏令营结束后，对本校学生推免资格的发放应当做到完全依据标准，杜绝威胁学生留校，否则就不给予推免资格的现象。充分做到尊重优秀学生自由选择权，保证整个推免系统的良性循环。

(2)保留适量统考生招生名额。改革开放以来，国家一直强调公平和效率并行。在研究生招生考试过程当中，同样需要体现出公平与质量并行。保留适当的统考生招生名额，既有助于吸纳真正热爱科研事业的学习者，同时也能彰显高等院校的开放性与包容性，获得社会声望。

(3)适当调整夏令营入营条件。部分院校硬性规定申请者生源为“985 工程”、“211 工程”院校过于死板，夏令营的目的是吸引有学术兴趣和学术潜力的本科生前来参与，因此入营条件标准应围绕学生的科研能力制定，而非仅仅通过申请者的“标签”对学生进行区分和筛选。

◎ 参考文献

[1] 蒋南平．坚持创新发展 建设创新型国家——评《金融全球化与我国自主创新型国家发展战略研究》[J]．经济学家，2016(6)：103-104.

[2] 左庆润．我国学位和研究生教育大事记(续)[J]．学位与研究生教育，1985(1)：101-103.

[3] 李松．推荐免试研究生：人才选拔的重要途径[J]．江苏高教，2006(2)：125-127.

[4] 教育部办公厅关于进一步完善推荐优秀应届本科毕业生免试攻读研究生工作办法的通知[J]．中国大学生就业，2014(19)：4-5.

[5] 张颖，杨凤珠．高素质人才选拔的有效途径——苏州大学材化部学术夏令营探索与实践[J]．教育教学论坛，2016(20)：159-160.

[6] 罗仲尤，阳荣威．学术近亲繁殖的危害及其防范制度设计[J]．大学教育科学，2013(5)：120-124.

[7] 朱宁波，赫丽娜，李亚文．关于大学生考研动机问题的调查研究[J]．辽宁师范大学学报(社会科学版)，2010，33(6)：44-47.

·教师与教学改革·

人格心理学实践教学体系的建构

刘 毅 邬辛佳 程爱丽

(武汉大学 哲学院，湖北 武汉 430072)

摘 要：人格心理学实践教学有助于加深学生对所学知识的理解、锻炼其实验操作和实践技能；有助于提升学生的思考、创新与科研能力、提高科学素养；有助于培养学生解决实际问题的能力。该体系包括体验式实践课程与自主式实践课程两大部分，前者是基础，后者是前者的深入和提高。目前人格心理学实践教学体系建构中尚存在一些问题需要解决和完善。

关键词：人格心理学；实践教学；体验式实践课程；自主式实践课程

Construction of Practical Teaching System of Personality Psychology

Liu Yi，Wu Xinjia，Cheng Aili

(School of Philosophy，Wuhan University，Wuhan，Hubei，430072)

Abstract：The practice teaching of personality psychology helps to deepen students' understanding of knowledge，exercise their experimental operation and practical skills，help to improve students' thinking，innovation and research ability，improve their scientific literacy，and help to cultivate students' ability to solve practical problems. The system includes two parts：curriculum of experiential practice and curriculum of autonomous practice. The former is the foundation，and the latter is the depth and improvement of the former. At present，there are still some problems to be solved and perfected in the construction of personality psychology practice teaching system.

Key words：Personality psychology；Practice teaching；Curriculum of experiential practice；Curriculum of autonomous practice

作为心理学的核心基础领域之一，人格心理学既是庞大的心理学体系中的一个重要分支，也是最为繁杂的一支：大到解释人性本质，小到个体的具体行为细节，人格心理学无所不及。正因为其重要性，在国内外人格心理学通常都被设置为心理学本科专业的必修课程。总体而言，当前学界主要有4种人格心理学的知识架构：理论-理论型架构、视角-视角型架构、理论-研究型架构、问题中心架构。[1]各种架构侧

收稿日期：2017-09-04

基金项目：本文系武汉大学教学改革建设项目“人格心理学三位一体教学体系建设”(编号JG201404)的成果之一。

作者简介：刘毅(1974—)，女，武汉大学心理学系，副教授，博士；邬辛佳(1991—)，女，武汉大学心理学系，硕士研究生；程爱丽(1984—)，女，武汉大学心理学系，实验师，博士研究生。

重点各有不同，但是无论哪种架构，作为完整的人格心理学领域，不外乎包括或大或小的理论及其背后相应的各类实证研究。然而，由于各种原因，目前国内人格心理学的本科教学更注重理论授课，而相关实验教学、人格测评与人格案例分析等涉及实践方面的内容都被肢解到了其他各个课程中，例如实验心理学、心理测评、心理学研究方法等。其结果就是，面对一个具体的人格心理学问题，学生通常只掌握了一些主要理论和结论，而对于如何采用各种方法开展研究、解决问题，学生的认识始终是零散的、模糊的，缺乏一种整体、直观、明确的感受和认知。因此，十分有必要建构一个完整而系统的人格心理学实践课程教学体系。

需要特别指出的是，虽然在实验室中进行的实验教学是人格心理学实践教学的重要组成部分之一，然而该教学体系的涵盖范围要广泛得多，它并非仅指在实验室中进行的、严格采用实验法的教学，而是泛指在实验室或其他相关场所完成的实践教学。实际上，鉴于人格心理学研究对象的特殊性及其涉及领域的广泛性，其研究方法不仅包括实验法，还包括问卷法、个案法等，并且即便是实验法，研究者们也常常会在实验室外进行准实验研究。不同的研究方法有各自不同的操作步骤、测量工具、统计方法等，大多可以在实验室内进行操作、演示或体验。

一、建构人格心理学实践教学体系的意义

首先，通过系统的人格心理学实践教学，既有助于加深学生对所学知识的理解，又锻炼了学生的动手操作和实践技能，为后续各种研究方法与技术的学习、心理学知识的应用和实践奠定了基础。作为一门实证科学，实践教学在现代心理学中的重要性不言而喻，例如，作为人格心理学实践教学体系中首要组成部分的实验就是现代心理学独立的重要推动力。事实上，现代心理学作为一门学科正式成立的标志即为 1879 年冯特在莱比锡大学建立了世界上第一个心理学实验室。正是因为采用了实验法，心理学才从其他学科中独立出来，在现代科学的大家庭中获得了一席之地，并在成立后的一百多年间得到了迅速发展。因此，实验教学是整个心理学教学体系中必不可少的重要组成部分。在人格心理学教学中同样也是如此，它对于深化人格心理学课程的学习有着重要的意义，参与各种典型的人格心理学实验不仅有助于学生对人格心理学的研究方法获得整体感性认识，而且有助于学生带着这种整体感知框架和亲身体验去完成进一步的学习。

其次，接受系统的人格心理学实践学习，有助于提升学生的思考、科研与创新能力，是提高学生科学素养的一种有效方法和重要手段。时代的发展迫切地要求转变传统的教学理念，对素质教学和创新能力的培养都强调了学生不再是消极被动的知识接受者，而是积极主动的思考者。培养创新人才是时代的需要，而创新是实现价值目标的实践性活动，包含着思考、尝试、探索、体验、实践、创新等一系列活动的过程。[2] 人格心理学实践教学能够较好地体现创新的这一过程。例如，在重现经典研究的基础上，学生自己思考、设计各种研究就为培养这种能力提供了极为广阔和自由发挥的空间。同时，学生完成实验的过程也就是作为被试参加实验等研究的过程，而这一过程也能够使学生更加深刻地体验到各个方法本身的局限性和实施中要控制的各种变量，以及应当妥善解决和注意的各种事宜，为今后独立设计完善研究提供了帮助。

最后，开展人格心理学实践教学有助于培养学生解决实际问题的能力，也是培养高素质应用型心理学专门人才的必要途径。作为心理学的一门基础领域，人格心理学与实际生活密切相关，其理论与研究发现被大量运用于应用心理学领域，例如临床心理学、心理咨询与治疗、教育心理学、犯罪心理学、管理心理学等，从而改善和提高了人类的生活，服务于人类的幸福。因此，如何运用相关理论解释并初步解决现实问题，也需要通过人格心理学的实践教学来实现。对于当下的大学生，在实际问题的解决中，

所面临的主要问题之一就是个人人格和心理的健康发展。而人格心理学实践教学作为一种体验式教学，对大学生心理健康教育具有特殊意义。[3]通过这类课程，学生可以获得更加完整、清晰而准确的自我认知和自我定位，从而有助于其个人的成长和未来发展。对自我的准确认知是个体人生健康发展的心理基础，通过参与人格心理学实验和测评，学生可以根据反馈的结果，结合心理学专业知识，对自身形成更加清晰的认识，不仅有助于解决其当下面临的困难，也有助于其健康人格的形成和发展，在未来走出更加积极健康的人生之路。

二、人格心理学实践教学体系的构成

作为课堂理论教学的一种重要辅助形式，人格心理学实践教学的目的主要在于以下三方面：一是深入了解当代人格心理学的各种研究方法，并初步了解如何运用各种方法研究某一主题，二是通过实际操作更深刻地理解人格的基本理论与原理，三是初步具有运用各种研究方法考察某一问题，并运用人格心理学基本理论与原理解决实际问题的能力。以上教学目的实际上分为两个不同层次：较低层次为体验他人已有研究，较高层次为自主设计某个研究。

相应地，人格心理学实践教学体系也包括两大部分：体验式实践课程与自主式实践课程。其中，体验式实践课程是指学生作为被试或主试，亲身参与并体验由教师指定的各项人格心理学实验或实践，这可以是在实验室中的操作仪器或计算机上完成，也可以是在课堂或某特殊情境中完成。自主式实践课程则是指学生自由选择自己感兴趣的主题，围绕该主题自行完成一项研究设计。

(一)体验式实践课程

体验式实践课程是基础性实践课程，主要在教师指导下完成，这部分也是人格心理学实践教学体系中更需要教师认真规划和设计的部分。它是一种验证式实践课，内容为选取经典的人格心理学理论和原理，设计并验证人格心理学经典实验或人格测量等，即通过现场示范、观摩和演练来验证人格心理学的经典研究。有些需要通过操作实验仪器或在计算机上进行。

该部分教学内容的建构可以有三种路径：一是以研究方法为依据设计实践教学内容，二是以人格心理学当前主要的研究取向为依据，设计实践教学内容，三是将前二者结合起来，以问题为中心，选取主要问题，兼顾不同研究方法及取向对某问题的经典研究。总体而言，第三种路径结合了第一、第二种路径，是较好的选择。

以第三种路径为例，体验式实践课程的建构步骤主要包括以下三部分：(1)选出人格心理学中的重要研究主题。由于此类课程的教学目的在于帮助学生通过亲身实践、操作或现场观摩，更深刻地理解人格心理学主要理论的内涵、各自优缺点等，因而需要选择在研究内容、研究方法等方面更经典的、更具有代表性的主题。然而由于人格心理学研究内容的繁杂性、研究方法的多样，要确定出恰当的主题并不容易。此外，最好要考虑到如何选取有趣的、贴近学生日常生活的主题，激发大家的学习兴趣，提高其学习动机。(2)找出不同取向、围绕各研究主题采用不同研究方法所进行的经典研究，复原这些研究的具体实施过程，包括研究材料、研究程序、数据分析工具等。有些研究还需要完成相应的软件化，方便学生在计算机上完成和参与。近年来我国心理学界使用的专业软件工具或编程语言中，E-prime 和 DMDX 遥遥领先。[4]这些都是可以运用的软件工具。(3)根据学生课堂操作体验结果和反馈意见，对课程体系不断进行进一步的调整和完善。

以攻击性为例。攻击性历来是人格心理学家关注的重要主题之一，心理学家们采用各种研究方法，从各种取向出发，对攻击性进行了大量的研究，也提出了各自的理论来解释攻击性的个体差异。其研究结果被广泛应用于教育、犯罪等领域。此外，不同的人格取向也基于各自理论，从不同角度出发编制出了各不相同的人格攻击性测评方式和工具。通过比较各种人格测量方法对攻击性的测量，可以加深对不同取向的理解，加深对人格的理解。例如精神分析理论采用了无意识与死本能来解释攻击性的根源，因此在实践教学中可以请同学当场接受和体验与其密切相关的投射法，例如主题统觉测验、房树人测验、沙盘游戏等。特质论关注不同个体在攻击性程度上的差异，因此可以选取有代表性的攻击性自陈问卷以及其他问卷(如人际关系质量问卷等)，请同学们根据问卷结果体会攻击性特质与其他心理特征之间的关系。行为主义关注的是攻击性的外在行为表现，因此可以通过情境测量和行为评定来考察个体的攻击性，例如幼儿园实地观察，或对身边某一较熟悉者进行一周的攻击性相关行为核查。认知取向则有较多的实验考察了攻击性的内在认知机制，可以选取一个代表性的内隐联想实验，将其整个实验过程还原并编程后，请学生在电脑上完成。生物取向强调了攻击性的生理机制，在教学上可以通过实验室中生理仪器的操作和生理指标来观察和体验攻击性的生理与心理关系。

在实际教学中，教师可以根据授课需要，自行选取整个体验式实践课程中的部分内容或主题作为必做项目，由学生在课堂时间内完成，教师现场演示、指导和答疑，而另一部分内容则为选择项目，供学生课后自主选择，以帮助其完成课后作业，或满足课后自发学习兴趣的需要，促进进一步学习。

实践课程后的思考与讨论同样必不可少，因为它尤其有助于培养学生的自主学习与批判性思考的能力，并进一步激发学生课后的学习兴趣。其形式可以是实验报告或课堂讨论。教师可依托于各校的本科教学资源或网络免费资源，建立专门的网上资源平台，供教师和同学将相关资料等上传，以方便同学们充分讨论和学习。

(二)自主式实践课程

人格心理学实践教学体系的另一个组成部分为自主式实践课程，它以体验式实践课程为基础，是前者的深入，是一种提高性的实践课程。它主要是要求学生以小组为单位，根据相关的人格心理学理论、研究方法知识，自主选择某个自己感兴趣的主题(可以来自于现实生活或理论思考)，也可以是教师指定某个经典理论或热点现象，围绕该主题完成一个初步的研究设计与构想。自主式实践课程的目的在于综合考查学生灵活运用各种知识，解决实际问题的能力。各小组同学在课堂上展示本组的研究设计，并由其他同学对其研究设计进行讨论和提问，从而帮助设计者发现问题和不足，进一步改进和完善研究设计。讨论结束后，由教师最后进行点评。

需要指出的是，对于自主式实践课程的难度要求要符合其他相应课程的学习情况。独立完成整个的研究设计需要以其他研究方法课程相关知识为基础，而作为一门基础的心理学专业课程，人格心理学一般开设较早，这时学生尚未系统学习整个心理学研究方法，对相关知识的掌握尚不牢固，因此自主式实践课程的重点在于激发学生积极主动思考，对研究设计的严密性不必过于苛求。

三、今后需要解决和完善的问题

客观地说，目前在人格心理实践教学体系的建构与具体实施开展中，还存在一些需要解决和完善的问题。

第一，缺乏人格心理学实践教学的教材以及与之配套的相关教学软件。目前国内除了实验心理学具有专门教材外，其他基础心理学分支领域的实验教学均没有正式出版的教材，而教材的缺乏会使课程的教学与实施具有较大的随意性和盲目性，因此，基于人格心理学实践教学体系的建构思路，编制配套的专门教材，可以作为当前人格心理学本科教材的重要补充部分，配合实践课程的教学。

第二，需要探索如何将实践教学内容软件化，编制一套完整的人格心理学实践教学软件，并且建设教学网络信息系统，使学生能够在计算机上操作完成。现代心理学研究离不开计算机，许多经典实验或研究、人格测评等本身就是借助计算机完成的，而将实践教学内容软件化也可以极大地提高学习与授课的效率。十年前，就有学者指出心理学实验教学中没有充分体现出现代化的计算机及信息网络技术在实验教学中的应用，心理学实验计算机化方面的研究与开发工作的开展还远远不够。[5]尽管计算机技术在过去十年中获得了巨大进步，然而在心理学实验中的运用依然停留在较低水平，除了实验心理学这一课程，针对心理学其他课程的系统而全面的实验教学软件几乎没有。一些常用的人格测评工具已经有公司研发出来，直接购买使用即可，而一些经典的人格研究目前则需要教师自己将其设计为软件，在计算机上重新呈现出来。这其中的工作量相当大，并且需要计算机专业人士协助完成。如果根据不同研究取向，将可直接购买的测评软件与自己编制的程序对接起来，以每个主题为单位而将各个实践课程组成部分打包、模块化，这样使用起来会更方便，但这一工作量则更为巨大。此外，网络信息资源系统的建设也严重滞后于教学需要，今后这方面的工作可以从建立网络化实践教学信息平台、丰富网络实践教学资源、创建信息化实践教学体系等方面着手。[6]

第三，如要进一步提高教学效果、促进学生的学习以及更全面地了解和掌握相关知识，则需要配备更多相关的先进设备仪器，如多导仪、眼动仪等。这背后需要的是更多的资金支持、更为完善和规范的实验室，包括实验室硬件、完善的管理体制、良好专业背景的实验员等。这些并非任课教师一己之力可以做到，而是需要整个学科的整体建设和努力。对于某些学科设置较为齐全的综合性高校，可以借鉴的思路是集中力量建设校级实验共享平台，实现教学资源统筹安排，优势资源共享，打破学科壁垒，避免重复建设。[7]这些工作需要大量更高层面的沟通协商。

第四，关于课时设置、考核成绩、教师能力等其他相关问题也有待探讨。目前高校中人格心理学的授课学时一般设置为54学时，如果要完成整个实践教学，现有学时是远远不够的，需要另外将其作为一门独立课程开设，至少18学时较为恰当。另外，如何科学地考核学生的实践教学课程成绩，也需要进一步探索。体验式实践课程和自主式实践课程的学习之间有较大差异，各自适合何种考核形式、二者在考核成绩中的比例，都需要更多思考。最后，有些实践教学内容技术性较强，例如与精神取向有关的投射测验等，而一般教师不具备相关知识，需要接受过特殊训练和培训的教师方有能力完成相关教学。

总之，人格心理学实践教学是新时期人才培养的要求和现代化教育发展的趋势，是今后心理学本科教育中有待加强的领域。

◎ 参考文献

[1] 郭永玉，张钊．人格心理学的学科架构初探［J］．心理科学进展，2007，15(2)：267-274.

[2] 常维亚，赵莉，朱郴韦，邢鹏．将创新教学纳入本科培养方案［J］．中国高等教育，2016(2)：50-52.

[3] 凌子平，马利军．论体验式教学对心理健康的意义［J］．高教探索，2016(2)：69-71.

[4] 宫大志，李寿欣．多种心理学实验生成工具的比较分析［J］．实验室研究与探索，2008，27(10)：70-75.

[5] 张学民，何莉，舒华．国外心理学实验技术的发展趋势与国内实验室建设的思考与实践［J］．中国现代教育装备，2007(2)：94-97.

[6] 周津，徐学俊．基于网络资源的心理学实验教学改革与探索［J］．科教文汇，2013(238)：40-41.

[7] 潘发达，莫闲，丁锦宏，陈燕，孙杰．高校心理学实验教学与保障体系构建与实施［J］．实验室研究与探索，2012，31(6)：125-128.

·教师与教学改革·

基于改进层次模型的教学质量综合评估研究

孟庆祥　李　萌　彭思琪　艾明耀　王　玥

(武汉大学　遥感信息工程学院，湖北　武汉　430079)

摘　要：对高等院校的教学质量进行评估不仅能够改善教学条件、提高教学质量，还能推动专业建设、推动课程体系改革，进而调动起广大教师从教的责任感和使命感。然而目前的教学质量评估体系指标相对固化、标度选择不太合理，使得教学质量评估很难达到理想的结果。本文在分析现有教学质量评估体系的基础上，运用层次分析法AHP建立指标体系，选择更加合理的"十成"标度法标示打分标度，以获得最真实、最能体现教学质量的问卷信息。之后结合各指标在教学质量评估中的权重计算得到教学质量综合评价指数，为教学评估提供可靠科学的参考。

关键词：教学质量评估；层次分析法；标度法；综合评价指数

Research on Comprehensive Evaluation of Teaching Quality Based on Improved AHP Model

Meng Qingxiang, Li Meng, Peng Siqi, Ai Mingyao, Wang Yue

(School of Remote Sensing and Information Engineer, Wuhan Univerity, Wuhan, Hubei, 430079)

Abstract: The teaching quality is one of the most important things for the students and teachers in colleges. The teaching quality evaluation can not only improve the teaching conditions, enhance the quality of teaching, but also promote professional construction and the reform of curriculum system, and then mobilize the teachers from the sense of responsibility. However, the current teaching quality evaluation system is rigid; the scale selection is so unreasonable that teaching quality evaluation difficult to achieve the desired results. Based on the analysis of the existing teaching quality evaluation system, this paper uses the analytic hierarchy process to establish the index system, select the more reasonable "ten percent" scale methodto mark the scoring scale, so as to get the most authentic, most reflect the quality of the questionnaire information. We can get the comprehensive evaluation index of teaching quality through the weight of the indicators in the teaching quality assessment, which can provide a reliable reference.

Key words: Teaching quality evaluation; Analytic hierarchy process; Scale method; Comprehensive evaluation index

---

收稿日期：2017-06-05

基金项目：2016年武汉大学教学改革建设项目"基于OBE的地理信息工程技术教学方法研究"，"基于产出导向的遥感科学与技术专业实践教学体系构建"。

作者简介：孟庆祥(1977—　)男，内蒙古，武汉大学遥感信息工程学院讲师，工学博士，研究方向为数据挖掘。

1 引言

高等院校教学质量评估一直是学校工作的重点，是对高校本科教学工作的评价与督促。教学评估工作不仅有利于改善教学条件、提高教学质量，还有利于推动专业建设、推动课程体系改革，进而调动起广大教师从教的责任感和使命感，培养出更多的国家栋梁。除此之外，完善教学质量评估体系，也是为了从规章制度、岗位职责等方面规范教学管理，全面地提高教学管理队伍的素质和学校的管理水平，使高等教育得到长远的发展。

教学质量评估必然涉及教学质量的评价体系，而在建立一个评价体系时，指标的选取是重中之重。选取合适的指标需要遵循以下原则：

(1)完备性原则：所建立的指标体系要全面反映本科生教学质量的好坏。

(2)独立性原则：指标间的相互关联性要小，同一层次的各个指标应该能较好的说明这一问题的某一方面并且意义上互不重叠。

(3)简洁性原则：在保证全面的前提下指标应该越少越好。

(4)科学性原则：指标选择要科学合理，能切实反映某一方面的特征。同时也要注意各个指标间的因果关系、逻辑关系等，确保指标选择的科学性。

(5)可操作性原则：指标定义必须明确，不能模棱两可，以至于难以评价。

(6)通俗性原则：指标内容应尽可能通俗易懂，避免出现复杂的专业术语，给评价带来困难。

武汉大学对教学质量评估工作也十分重视，尤其注重评价体系的构建。目前，我们的教学质量评估体系由个性化特征问卷调查表、学生评价指标调查表、同行老师评价指标调查表和督导员评价指标调查表构成。整个教学质量评估流程涉及学生、教师和督导员三种身份以及学生基本素质和课堂教学质量两个体系，囊括了学生学习习惯、授课方法、授课内容、课程效果等多方面的指标，力求科学、合理、全面的评价本科教学质量，为教学评估提供可靠参考。

现行评价体系虽然涉及面广、信息完善，但是违背了选取评价指标的独立性原则和简洁性原则。庞大的指标体系中各指标间互有交叉，四个调查表中一些指标重复出现，整个体系的科学性与可操作性有待加强。经过大量的课堂调查和人员访谈，我们在现有评价体系的基础上精简指标，运用层次分析法建立新的教学评价指标体系，选择更加合理的“十成”标度法标示打分标度，构建了基于层次分析法的教学质量评估模型。

2 基于层次分析法的教学质量评估模型

2.1 教学评价指标体系的建立

教学质量评估的目的是评价一门课程的教学质量，它与诸多因素密切相关，包括前期各课程的教学质量、本门课程各个教学环节的互相配合、最终的教学效果、学生的素质及学习态度等，但课程本身的好坏即教师授课的质量是决定性因素。为了更加科学合理的评估授课质量，我们从学生、同行教师和督导员三方面入手，逐层分析，得到了如表 1 所示的武汉大学遥感信息工程学院教学质量评估指标体系。

表 1　　武汉大学遥感信息工程学院教学质量评估指标体系

一级	二级	三级	类别
学生评价（A_1）	授课方法（B_1）	（C_1）授课教师是否有自己独特、学生喜欢的教学风格	三类
		（C_2）授课过程中采用的课程案例是否契合讲解内容，理论联合实际	一类
		（C_3）教师在授课过程中言语清楚，书写工整	一类
		（C_4）授课过程中采取了丰富的有利于课堂活动开展的教学方式	二类
		（C_5）讲解内容深入浅出，易于理解	二类
		（C_6）注重预习与复习，能充分利用课堂帮助学生巩固和回忆所学内容	二类
		（C_7）有明确的课后答疑反馈机制，能及时反映作业中学生出现的问题	三类
	授课内容（B_2）	（C_8）能善于引用真实的科研案例，激发学生科研热情	二类
		（C_9）教师备课充分，课堂讲授顺畅，无人为中断	一类
		（C_{10}）讲授内容逻辑性强、重难点突出	一类
		（C_{11}）讲授内容理论联系实际，注重学生能力的培养	一类
	授课态度（B_3）	（C_{12}）授课教师按时上下课、无擅自调课记录	三类
		（C_{13}）教师上课情绪饱满，热情认真	一类
		（C_{14}）乐于回答学生问题，在课后与学生有良好的互动	二类
		（C_{15}）授课教师能够公平合理地评价每一位学生，师生关系融洽	一类
	授课效果（B_4）	（C_{16}）学生在结束本课程的学习有所收获	一类
		（C_{17}）本课程教师富有吸引力的讲解让你还愿意选择该老师的其他课程	二类
		（C_{18}）授课同时注重学生能力的培养	二类
同行教师评价（A_2）	教学准备（B_5）	（C_{19}）备课充分，教学资料准备完整	一类
		（C_{20}）教学计划详细灵活，能合理分配讲授、答疑、学生互动等教学时间	一类
		（C_{21}）授课过程中采取了丰富的教学方式且有利于课堂活动的开展	二类
		（C_{22}）包括对学生情感、品行、社会责任感等方面的培养	二类
	课堂讲授（B_6）	（C_{23}）授课过程中教师情绪饱满，热爱讲台	一类
		（C_{24}）讲授内容既涵盖课程要求又包含最新科研成果，紧跟时代潮流	二类
		（C_{25}）课堂讲授重点突出，逻辑性强	二类
		（C_{26}）启发式教育，在授课过程中能带动学生思考，注重学生能力培养	二类
		（C_{27}）注重复习，在讲授新知识前能用一定时间帮助学生回忆先导知识	二类
	课后辅导（B_7）	（C_{28}）教师课后能耐心解答学生问题，认真辅导，对作业做出及时的反馈	一类
		（C_{29}）课程考核公平，评分恰当	一类
		（C_{30}）教师能很好地与学生进行课外互动，因材施教，帮助学生拓宽视野	二类
督导员评价（A_3）	课程内容（B_8）	（C_{31}）讲授内容概念正确、重点突出	一类
		（C_{32}）讲授内容涵盖领域内最新发展动态，激发学生科研热情	二类
		（C_{33}）讲授内容理论联系实际，注重学生能力的培养	一类
		（C_{34}）讲授内容条理清晰，逻辑性强	一类
	课堂管理（B_9）	（C_{35}）课堂出勤率高	三类
		（C_{36}）有良好课堂纪律和课堂氛围	三类
	综合评定（B_{10}）	（C_{37}）课程考核公平公正，痕迹记录完整，给分有理有据	三类
		（C_{38}）学生能力得到提高，课程成绩呈正态分布	一类

如表1所示，“高等院校教学质量评估模型”为目标层，代表某课程的教学质量，它的好坏由学生、同行教师和督导员三方共同评价。由学生参与评教，是现行评教体系中大多采用的一种方法。因为学生是课堂的直接参与者，最了解课堂真实的进行状态，除此之外学生还是课程的讲授对象，是知识的接受者，教学的最终目的是让学生获得能力上、知识体系上的提高。所以学生要参与到课程的评价中来。但是学生评教的片面性也不容忽视，因为我们无法保证学生评教的客观性。一些对学生要求严格的老师并不能得到一些同学的理解。一些讲课逻辑正确条理清晰但不怎么幽默的老师也很难赢得学生的青睐。但我们不能否认这些老师的授课成果。所以在我们的教学评价指标体系中加入了同行教师评价的模块。同行教师较学生而言具有丰富的教学经验，对课程体系和课程目标的把握也十分精准。让他们参与评教，可以从专业角度评价课程的教学质量，提升评教的科学性。除此之外，我们还增加了督导员评价模块，让督导员从教学管理的角度对一门课程的教学质量进行评价。俗话说“没有规矩不成方圆”，一门真正的优秀课程不仅要获得学生的青睐、同行的肯定，还要符合学校的教学管理规范，这也是设置督导员评价的初衷。

在三级指标下还有一个属性为“三级指标类别”，它是对整个评价体系的所有直接指标的分类。

在我们的教学评价指标体系中，学生评价、同行教师评价和督导员评价之间互相独立又互为监督，既满足了指标设置的完备性原则，又保证了各个指标之间的独立性。三者的互相监督在一定程度上减少了单一评价所带来的主观性问题，增强了指标体系的科学性。

2.2 判断矩阵的构建

教学质量评价在高等教育中非常重要，在评价时既要保证结果的公平合理，有一定的科学性，又要考虑到一些难以量化的主观因素，避免硬性指标全优而口碑不佳的评价结果出现。因此在遴选评价体系的指标时要充分考虑模糊因素，将那些表示学生对课程主观看法的指标适当添加进来。例如学生是否愿意选择该老师的其他课程、教师授课是否热情饱满等。

指标选择可以考虑情感因素，但是指标评价却必须科学严谨。以往常常使用的是1—5打分制，即参与评教人员对每一项指标进行5分为满分的打分，然后根据打分结果进行教学质量评估的相关统计和计算。还有一种是采用1、3、5、7、9来分别代表“不太满意”、“基本满意”、“比较满意”、“满意”和“非常满意”5种评价结果的1—9标度法。这样的标度方法简单、容易理解，不同的数字代表不同的评判结果，同时也代表着所给问题的相应分值。利用这些方法可以方便地计算出各对比因素的排序，在传统的问卷调查中有广泛应用。

上面两种方法虽然简便高效，但是不能精确地表达受访者的意愿。因为受访者在面对一个偏主观性的问题时，大脑对“不太满意”、“基本满意”、“比较满意”、“满意”和“非常满意”这5种预设选项间的界限是不明确的，然而这些选项所代表的分值(1—9中的5个奇数)间的界限却又太过清晰，这两者的碰撞会使得受访者在选项间摇摆不定，以至于做出不符合初衷的选择。例如要回答“教师授课是否热情饱满”这一问题，可能从言语上受访者首先想到的是“还行”，那“还行”是属于“基本满意”还是“比较满意”呢，一般受访者会在这两者之间纠结。而从分数上他可能觉得老师上课的情绪饱满程度在5分以上9分以下，但7分所代表的“满意”又和他的语言评价相差较远。这样的情况下所选选项和期待分值有了差异，他就会纠结到底要选择哪一个选项，这样的纠结会使大脑中参与这一问题回答的因素变多，考虑得多了，自然无法得出最真实的判断结果。这和做心理测试时心理医生要求你在看到问题的第一时间说出结果以免受不相干因素影响是一样的。

所以在综合分析了现有的标度方法后，我们在1—9标度法的基础上采用了十成标度法。这是一种与中国人判断事物习惯紧密结合的方法。很久以前，我们的先祖在判断事物的程度时就喜欢用“二八开”、

“五五开”这样的方法，用分解十的办法来表达程度、比率的概念。将这样的方法引入标度法中，就有了我们所使用的十成标度法，具体对应关系见表 2。

表 2　　“十成标度法”标度——释义对照表

十成标度法标度	对应的分值	释　义
5/5	1	不太满意
6/4	3	基本满意
7/3	5	比较满意
8/2	7	满意
9/1	9	非常满意

“十成标度法”是根据人判断事物频度问题的习惯而形成的，它有利于我们获取评教参与者最真实的信息反馈。需要注意的是表 1 中的“5/5”、“6/4”、“7/3”、“8/2”、“9/1”等数字不代表分值，仅代表人对某一指标所涉及问题的看法。例如对待“讲解内容深入浅出易于理解”这一指标，老师讲解的深入浅出程度是“五五开”，还是“六四开”，抑或“七三开”等。在进行综合评价指数的计算时，需要将问卷上的反馈信息对照表 1 中的“对应分值”一栏得到标度值对应的分数值，才能参与计算。

2.3　各层次因素权重的计算

在我们的指标体系中，众多因素共同影响着课程教学质量，但是各因素的影响力大小却是不同的。因此我们要根据每一层中各因素的重要程度，赋予其合理的权重，建立权重集。建立权重集的方法有两种。一种是找行业内的专家对评价体系进行专业评估，给出相应的权重。另一种是利用大数据分析的相关程序对历史的评估数据进行计算，将计算结果与评价结果进行比对，得到数据上的最佳权重集。在本文中我们使用的是前一种方法。

第一层权重集为：$A = \{a^1, a^2, a^3\}$，具体权值详见表 3“一级指标权重”字段。

第二层权重集为：$A_i = \{a^1{}_i, a^2{}_i, \cdots, a^n{}_i\}$；其中 $(i = 1, 2, 3)$，n 为第一层对应指标的分指标数。具体权值详见表 3“二级指标权重”字段。

第三层权重集为：$A_{ij} = \{a^1{}_{ij}, a^2{}_{ij}, \cdots, a^m{}_{ij}\}$；其中 $(i = 1, 2, 3; j = 1, 2, \cdots, n)$，$m$ 为第二层对应指标的分指标数。具体权值详见表 3“三级指标权重”字段。

模型中每条底层指标(三级指标)的综合权重 M 计算公式为：

$$M = (M_1, M_2, \cdots, M_{10})$$

其中 $M_1 \sim M_4$ 为一级指标“学生评价”下的综合权重计算公式，$M_5 \sim M_7$ 为一级指标“同行教师评价”下的综合权重计算公式，$M_8 \sim M_{10}$ 为一级指标“督导员评价”下的综合权重计算公式。

$$M_1 = (a^1 a^1{}_1 a^1{}_{11}, a^1 a^1{}_1 a^2{}_{11}, \cdots, a^1 a^1{}_1 a^7{}_{11});$$

$$M_2 = (a^1 a_1^2 a_{12}^1, a^1 a_1^2 a_{12}^2, \cdots, a^1 a_1^2 a_{12}^4);$$

$$M_3 = (a^1 a_1^3 a_{13}^1, a^1 a_1^3 a_{13}^2, \cdots, a^1 a_1^3 a_{13}^4);$$

$$M_4 = (a^1 a_1^4 a_{14}^1, a^1 a_1^4 a_{14}^2, a^1 a_1^4 a_{14}^3);$$

$$M_5 = (a^2 a_2^1 a_{21}^1, a^2 a_2^1 a_{21}^2, \cdots, a^2 a_2^1 a_{21}^4);$$

$$M_6 = (a^2 a_2^2 a_{22}^1, a^2 a_2^2 a_{22}^2, \cdots, a^2 a_2^2 a_{22}^5);$$

表 3　　　　高等院校教学质量评估模型各层指标权重设置表

目标	一级指标	一级指标权重	二级指标	二级指标权重	三级指标	三级指标权重	综合指标权重
高等院校教学质量评估模型	A_1	0.5	B_1	0.3	C_1	0.167	0.025
					C_2	0.167	0.025
					C_3	0.167	0.025
					C_4	0.167	0.025
					C_5	0.167	0.025
					C_6	0.033	0.005
					C_7	0.133	0.02
			B_2	0.22	C_8	0.091	0.01
					C_9	0.318	0.035
					C_{10}	0.455	0.05
					C_{11}	0.136	0.015
			B_3	0.2	C_{12}	0.400	0.04
					C_{13}	0.350	0.035
					C_{14}	0.150	0.015
					C_{15}	0.100	0.010
			B_4	0.28	C_{16}	0.321	0.045
					C_{17}	0.357	0.050
					C_{18}	0.321	0.045
	A_2	0.3	B_5	0.3	C_{19}	0.333	0.030
					C_{20}	0.333	0.030
					C_{21}	0.233	0.021
					C_{22}	0.100	0.009
			B_6	0.5	C_{23}	0.200	0.030
					C_{24}	0.200	0.030
					C_{25}	0.200	0.030
					C_{26}	0.200	0.030
					C_{27}	0.200	0.030
			B_7	0.2	C_{28}	0.250	0.015
					C_{29}	0.600	0.036
					C_{30}	0.150	0.009
	A_3	0.2	B_8	0.45	C_{31}	0.444	0.040
					C_{32}	0.133	0.012
					C_{33}	0.200	0.018
					C_{34}	0.222	0.020
			B_9	0.4	C_{35}	0.500	0.040
					C_{36}	0.500	0.040
			B_{10}	0.15	C_{37}	0.800	0.024
					C_{38}	0.200	0.006

$M_7=(a^2\,a_2^3\,a_{23}^1,\ a^2\,a_2^3\,a_{23}^2,\ a^2\,a_2^3\,a_{23}^3)$；

$M_8=(a^3\,a_3^1\,a_{31}^1,\ a^3\,a_3^1\,a_{31}^2,\ \cdots,\ a^3\,a_3^1\,a_{31}^4)$；

$M_9=(a^3\,a_3^2\,a_{32}^1,\ a^3\,a_3^2\,a_{32}^2)$；

$M_{10}=(a^3\,a_3^3\,a_{33}^1,\ a^3\,a_3^3\,a_{33}^2)$。

经过计算，可得该模型的权矩阵 M 为：

M = (0.025，0.025，0.025，0.025，0.025，0.005，0.02，0.01，0.035，0.05，0.015，0.04，0.035，0.015，0.01，0.045，0.05，0.045，0.03，0.03，0.021，0.009，0.03，0.03，0.03，0.03，0.03，0.015，0.036，0.009，0.04，0.012，0.018，0.02，0.04，0.04，0.024，0.006)

为了方便计算，我们把一级指标拆分出来，得到某一一级指标下的底层指标的权重 Q_i 的计算公式如下：

$$Q_i = (a_i^1 A_{i1},\ a_i^2 A_{i2},\ \cdots,\ a_i^n A_{i4})$$

其中 n 为第 i 个一级指标所对应的分指标数。权矩阵 M 也可以是：

$$M = (0.5\,Q_1,\ 0.3\,Q_2,\ 0.2\,Q_3)$$

3　教学质量综合评价指数的计算

权重集建立之后就可以进行教学质量综合评价指数的计算了。但是仅仅根据各层指标的权重来计算综合评价指数的方案并不可取，因为只有样本数据没有粗差的情况下加权取平均才能得到一个可靠的结果。然而教学质量评估模型中涉及三种身份的人员的主观评价，我们无法保证每一个参与评价的人的评价结果都是符合事实的。我们只能通过倡导和呼吁来减少样本数据中偏离事实的粗差。为了解决这一问题，我们将“武汉大学遥感信息工程学院教学质量评估指标体系”中的指标分成了三类。

“一类”是指那些课程教学中较为基础的，大部分教师都普遍做得比较好的指标。例如指标：教师课前备课充分，教学资料准备完整。多年的教学实践证明，只有极个别教师做得不够好，大部分教师都能达到这一标准。“二类”是指能反映在当前的环境下学校大力倡导的教学理念的评价指标。这类型的指标一般是教师授课质量评价的关键指标，能体现教师的教学能力和教学水平。“三类”是指一些旨在体现课堂教学客观事实的指标，例如：有明确的课后答疑反馈机制，能及时反映作业中学生出现的问题。

对于教师普遍都做得比较好的一类指标，为了减少恶意打低分而造成的不良影响，我们将一类指标的值代入式(1)中进行计算，降低各个分值之间的差异，将分值抬升到一个较高的水平。对于着重体现教师教学水平和能力的二类指标，为了拉开距离，真正体现教学水平，我们将二类指标的值代入式(2)中进行计算，拉大各个分值之间的差异，体现对应指标的特点。而三类指标只是在客观反映课堂教学的事实，无需进行多余计算。但是为了计算方便，我们需要将它归一化到和一、二类指标计算结果一致的区间上，故而有了式(3)(见图1)。

$$f(x) = \begin{cases} 46 + 54\log(x+1) & (1) \\ 54 + 2^{\frac{x}{2}+1} & (2) \\ 5x + 55 & (3) \end{cases}$$

对于任意一次评价，因为参与评教的不同类别的人员数目并不相等，所以将其分为学生评价、同行教师评价、督导员评价三部分进行计算。

对于任一部分(以学生评价为例)，将其对应的每条底层指标(三级指标)的打分结果按照相应的类别带入对应的公式，通过计算，得到各指标的计算值，将其写入单因素评价矩阵 N。N 为一个 x 行 1 列的矩阵，x 为该一级指标下所属的三级指标数。随后将权矩阵 Q_i 和单因素评价矩阵 N 相乘，得到一次评价下某课程在该部分的教学质量综合评价指数 s_i。假设参与评教的学生有 y 名，则表示有 y 次评价，计算每次评价的综合评价指数 $s_i^k (k = 1, 2, 3, \cdots, y)$ 并取平均得到 $\bar{s_i}$。

分别计算三部分的综合评价指数，得到 $S = (\bar{s_1},\ \bar{s_2},\ \bar{s_3})^{\mathrm{T}}$

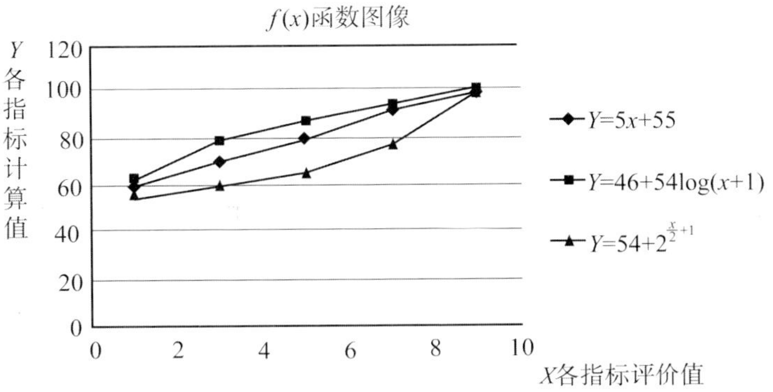

图 1　$f(x)$ 函数表达

则最终的某一课程的教学质量综合评价指数 T 为：$T = A \cdot S$。

在实验中，我们以学院开设的 20 门课程作为样本数据，代入模型中进行计算，计算结果如表 4 所示，每门课程各部分评价分数的得出都是参与课程评价的众多人员给分的平均值(为了保护参与实验的教师的个人隐私，具体课程名和教师名在此隐去)。在表 4 中我们可以发现，有 6 门课程得分≥90 分，有 10 门课程得分在 80 与 90 之间，只有 4 门课程得分<80 分，但也在 75 分以上。这表明 20 门课程的评价结果大致符合正态分布，评分过高和过低都是少数，绝大多数课程处于 80 与 90 之间的中间区域，同样也可以看出我院的教学水平整体较高，课程的考核评分都在一个较高的分数段。

表 4　**20 组样本数据实验结果表**

课程序号	学生评价分数(均值)	同行教师评价分数(均值)	督导员评价分数(均值)	课程综合评价指数
1	98. 329	98. 805	98. 082	98. 423
2	98. 030	94. 216	91. 835	95. 647
3	96. 138	93. 494	95. 028	95. 123
4	95. 491	97. 245	90. 009	94. 921
5	94. 402	91. 5364	96. 293	93. 921
6	90. 371	92. 470	94. 599	91. 846
7	86. 215	93. 975	88. 028	88. 906
8	90. 512	83. 575	92. 630	88. 855
9	91. 071	82. 495	88. 484	87. 981
10	91. 541	79. 030	92. 222	87. 924
11	86. 305	83. 486	96. 401	87. 478
12	92. 043	80. 383	86. 491	87. 435
13	90. 349	79. 246	88. 692	86. 686
14	88. 683	80. 059	91. 633	86. 686
15	85. 331	87. 091	84. 881	85. 769
16	87. 697	82. 700	82. 133	85. 085

续表

课程序号	学生评价分数(均值)	同行教师评价分数(均值)	督导员评价分数(均值)	课程综合评价指数
17	78.279	79.311	84.111	79.755
18	81.102	76.969	80.560	79.754
19	74.984	77.720	84.154	77.639
20	75.856	74.556	86.708	77.636

在课程的评价结果中我们可以发现，有那些学生评价、同行教师评价、督导员评价都很高的课程，也有一些课程虽然在学生中评价比较好，但是在同行教师和督导员中间得分较低(例如课程 8、9、12)，这就提醒任课教师在今后的教学计划中可以多和同行教师交流教学经验，找出不足，进一步提高课程教学质量。还有一些个别课程学生评价一般，但同行教师或督导员评价很高，这种情况也是存在的。可能这些教师的教学方式确实是有利于学生发展和课程教学的，但是课堂氛围不够轻松活泼，或是课程过于繁难，所以学生评价不高。这类型的任课教师可以在今后的教学中多注意一下课堂气氛，让课堂活跃起来，多和学生交流，让利于学生发展的课程能得到学生的喜欢。虽然细节上学生评价和同行教师评价、督导员评价有些微差别，但总体而言，真正好的课程，三方的评价都不会太低。而综合得分较低的课程，可能真的需要改进教学中的一些方式方法了。

我们还拿模型计算的结果和学院中对课程及教师的考核结果做了对比。在综合指标上评价指数高的任课教师，在学术研究、学生评价等方面都做得比较好，其中一部分教师还在本年度“学生最喜爱的教师”评选中榜上有名。由此可见我们的这个模型有很好的准确性，经该模型计算所得的结果是可信的。

4　结论与展望

用上述方法建立的基于层次分析法的教学质量评估模型，可以很好地算出任一门课程的教学质量综合评价指数，为教学评估提供科学依据。我们拿模型计算结果和实际评价结果进行比对，发现该模型可以较好地反映一门课程的教学质量，但是也有一些不太准确的案例存在。这是因为影响最终教学质量的因素很多，虽然我们抓住了主要因素，但是像学生基本素质、课程本身特点等因素也会对教学质量产生影响。除此之外，同样的指标对不同的课程影响也有所差异，所以整个模型中的权重分配是变化的。只有适应了这种变化，才能进一步提高评价结果的客观性。

◎ 参考文献

[1] 黄丽冰．论高校本科教学质量评估的意义及有效举措[J]．惠州学院学报，2007，27(6)：126-128.
[2] 张琳，张祖忻．将教学设计原理转化为评教指标——外语教学同行专家评教指标体系设计[J]．开放教育研究，2010，16(3)：151-155.
[3] 刘晓林．四川高职院校航海技术专业教学质量综合评估研究[D]．大连海事大学，2015.
[4] 张力中．软件工程个性化教学质量评估与改进模型的设计与开发[D]．南昌大学，2014.
[5] 周大朋．高校教师教学质量评估系统的分析与设计[D]．南昌大学，2015.
[6] 樊锰．构建基于改进的 AHP 方法的中小企业融资信用评级模型[D]．西南财经大学，2010.

[7] 韩欲青，温晓春．基于 AHP 的高职院校教学质量评估的综合评价模型研究[J]．武汉船舶职业技术学院学报，2011，10(3)：4-7.
[8] 谢代邑．基于数据挖掘的福建师范大学教学质量评估系统的设计与实现[D]．电子科技大学，2013.
[9] 曾庆黎，车燕，李林杉，等．教学质量评估的几个数学模型浅析[J]．北京联合大学学报，2007，21(1)：69-73.
[10] 郑齐弥．深度学习在预后评估中的应用研究[D]．广东工业大学，2016.

·教师与教学改革·

将部分几何内容引入高等数学教学的一点思考

龚亚方　羿旭明

(武汉大学　数学与统计学院，湖北　武汉　430072)

摘　要：高等数学由于偏重于分析方法，导致许多结论从证明过程到结论表述都过于抽象化、符号化，使得目前教学存在一定的弊端。本文提出引入部分几何内容到高数数学，利用几何方法简洁直观的特点可以有效地改进高等数学教学出现的繁琐枯燥等弊端，并在理论上讨论这个想法的必要性和可行性。

关键词：高等数学教学

The Thinking about Introducing Some Geometric Content into Higher Mathematics Teaching

Gong Yafang, Yi Xuming

(College of Mathematics and Statistics, Wuhan University, Wuhan, Hubei, 430072)

Abstract: Due to the emphasis on analytical methods of higher mathematics, it results in some drawbacks in current teaching, for example, the process of proof to the conclusion are always too abstract and symbolic. This paper aims to introduce some geometric content to the higher mathematics, by using a concise geometric method can effectively improve the appearance of higher mathematics teaching, and it also discusses the necessity and feasibility of this idea in theory.

Key words: Advanced mathematics teaching

大学高等数学的主要内容是微积分，包括一元函数微积分和多元函数微积分。高等数学需要用到函数的许多性质。有些性质除了分析方法外，还可以用几何方法来求得。这些内容是“微分几何”曲线论和曲面论里的东西。高等数学里许多结论要是运用这些几何方法来处理的话将会非常简洁明了，同时也会让学生开阔视野，学会从另外的角度来思考同样的问题，增加学习兴趣。遗憾的是高等数学是绝大部分大学生的一门必修课，相对地，“微分几何”只有少部分专业才选修。因此非常有必要将函数的部分几何性质引入高等数学教学中来。作者在长期教学实践中做过此类尝试，教学效果非常好。因为同样的问题，

收稿日期：2017-06-08

作者简介：龚亚方(1973—　)，男，湖北荆门人，武汉大学数学与统计学院副教授，博士学位，主要研究方向：复分析及其应用。羿旭明(1964—　)，男，湖南澧县人，武汉大学数学与统计学院教授，博士学位，主要研究方向：小波分析及其在图像处理中的应用。

几何方法与抽象的数学公式推导相比，学生普遍反映几何方法要容易接受得多，而且学习兴趣也大些，掌握效果也要好得多。作者在教学实践的基础上对本文提出的问题进行了必要性和可行性的理论探讨。

一、可以在不增加现有学时和难度的基础上完善高等数学教材中的知识体系

目前我国高校的高等数学教材都着重于分析，注重符号演算，导致有些推导证明过于抽象。引入部分几何内容不会从根本上改变高等数学教材原有的知识体系，但是利用几何工具可使很多结论简单化、形象化，还可以对原有知识体系进行一定的补充和整合。

下面用向量函数来表示一元函数和空间曲线的切向量和弧微分等性质，以此来说明本文的观点。

一元函数的标准形式：$y=f(x)$，$x\in[a, b]$

$\Rightarrow$ 一元函数的向量表示形式：$\boldsymbol{r}(x)=\{x, f(x)\}$，$x\in[a, b]$。

一元函数的参数方程形式：$\begin{cases}x=\varphi(t)\\ y=\varphi(t)\end{cases}$，$t\in[\alpha, \beta]$

$\Rightarrow$　向量表示：$\boldsymbol{r}(t)=\{\varphi(t), \phi(t)\}$，$t\in[\alpha, \beta]$。

空间曲线的参数方程形式：

$$\begin{cases}x=\varphi(t)\\ y=\phi(t), \quad t\in[\alpha, \beta]\\ z=\omega(t)\end{cases} \Rightarrow \boldsymbol{r}(t)=\{\varphi(t), \phi(t), \omega(t)\}, \quad t\in[\alpha, \beta].$$

曲线的这三种分析形式看起来好像差异很大，但是它们的向量函数形式具有共性。这种向量表示给出了自变量所在的区间（如 $x\in[a, b]$ 或 $t\in[\alpha, \beta]$）与曲线之间的一种对应关系。由于实数具有有序性，自变量从小变到大这种走向也理所当然地决定了曲线的一种走向，这种走向叫作曲线的自然走向。向量函数对其自变量的导数，即 $\boldsymbol{r}'(x)=\{1, f'(x)\}$，$\boldsymbol{r}'(t)=\{\varphi'(t), \phi'(t)\}$，$\boldsymbol{r}'(t)=\{\varphi'(t), \phi'(t), \omega'(t)\}$，则分别是曲线上对应点处的切向量，并且这些切向量的方向与曲线的自然走向一致。这种几何性质和分析表达式之间的关系非常简洁清楚，还可以用图示法来表示，学生很容易掌握。

曲线的切向量是整个数学体系中一个关键概念，曲线的弧长微分元与之有关，曲线的切线方程和法平面方程与之有关，第一类与第二类曲线积分中更是与此有关，贯穿于整个高等数学理论体系。

二元函数（或者空间曲面）也可以做类似的处理。

二元函数的显式表达式：$z=f(x, y)$，$x\in D$

$\Rightarrow$　二元函数向量形式：$\boldsymbol{r}(x, y)=\{x, y, f(x, y)\}$，$x\in D$。

向量函数 $\boldsymbol{r}(x, y)$ 给出了 $O\text{-}xy$ 坐标面上某个平面区域 D 与三维空间 $O\text{-}xyz$ 内某个空间曲面之间的对应。当 $y=y_0$ 为常数时，$\boldsymbol{r}(x, y_0)=\{x, y_0, f(x, y_0)\}$ 就是曲面上经过点 $\boldsymbol{r}(x_0, y_0)$ 一条曲线，则由前面结论可知 $\boldsymbol{r}_x(x_0, y_0)=\{1, 0, f_x(x_0, y_0)\}$ 为这条曲线在 $\boldsymbol{r}(x_0, y_0)$ 点处的切向量。这比经典教材里给出的偏导数的几何解释更加清楚明了。

类似地，当 $x=x_0$ 时，$\boldsymbol{r}(x_0, y)=\{x_0, y, f(x_0, y)\}$ 也是曲面上经过点 $\boldsymbol{r}(x_0, y_0)$ 的另一条曲线，$\boldsymbol{r}_y(x_0, y_0)=\{0, 1, f_y(x_0, y_0)\}$ 为这条曲线在该点处的切向量。下面如果不强调 (x, y)，一般简记 $\boldsymbol{r}_x(x, y)$ 为 $\boldsymbol{r}_x$，$\boldsymbol{r}_y(x, y)$ 为 $\boldsymbol{r}_y$。

区域 D 上点 (x, y) 处的两条垂直直线叫作曲纹坐标，对应地，在曲面上有两条曲线，叫做曲纹坐标线。这些曲纹坐标线共同构成了曲纹坐标网。曲面的所有性质都体现在这个曲纹坐标网上。比如，曲面上任意点 $\boldsymbol{r}(x, y)$ 点处的法向量就是叉积 $\boldsymbol{r}_x\times\boldsymbol{r}_y$，而曲面的面积微分元就是 $\mathrm{d}S=|\boldsymbol{r}_x\times\boldsymbol{r}_y|\mathrm{d}x\mathrm{d}y$。现有高等

数学教材里的这些结论都是用分析方法证明的，证明过程比较复杂烦琐。

二元函数还有参数方程形式 $\begin{cases} x = x(u, v) \\ y = y(u, v), \\ z = z(u, v) \end{cases}$ $(u, v) \in D'$。同样地，记 $\boldsymbol{r}(u, v) = \{x(u, v), y(u, v), z(u, v)\}$，$(u, v) \in D'$，则建立了平面区域 D' 与三维空间里某个曲面之间的对应关系，$\boldsymbol{r}_u = \{x_u, y_u, z_u\}$，$\boldsymbol{r}_v = \{x_v, y_v, z_v\}$ 分别为曲纹坐标线在 $(u, v) \in D'$ 对应的点处的切向量。

$\boldsymbol{r}(x, y) = \{x, y, f(x, y)\}$ 也可以看作 $\boldsymbol{r}(u, v) = \{x(u, v), y(u, v), z(u, v)\}$ 的一种特殊的参数方程形式。高等数学教材里有许多涉及一般参数变换下的结论大多只介绍了结论，因为从 O-xy 直角坐标系下的结论转换到一般参量下，其分析过程比较曲折复杂。如果利用上面介绍的曲纹坐标网，这些结论的证明将会简洁明了，因为它们的证明思想是一致的。比如，曲面的面积微分元在 (u, v) 参数下是 $\mathrm{d}S = |\boldsymbol{r}_u \times \boldsymbol{r}_v|\mathrm{d}u\mathrm{d}v$，与 O-xy 直角坐标系下的结论 $\mathrm{d}S = |\boldsymbol{r}_x \times \boldsymbol{r}_y|\mathrm{d}x\mathrm{d}y$ 并无本质上的不同。

还有，比如 二重积分和三重积分的一般换元公式推导，第一类和第二类曲面积分的积分曲面为参数方程表达形式的计算公式，这些内容在现有的高等数学教材中都是不做要求的。因为这些内容用分析方法来推导非常烦琐复杂，在有限的教学时间里是不可能用来课堂教学的。现在用几何的观点来证明可以大大地降低原来证明的复杂度。

由上面简单介绍的内容可知引入函数的向量表示形式可以用分析和几何相结合的方式将高等数学里的各个知识点通成一片，形成一个完善的知识体系，也可将之前冗长的分析证明用几何简洁直观地把思路揭示出来。

具体的解决方法很简单，只需在现有教材的教学过程中将这些几何内容逐步补充进去就可以了。笔者在教学实践过程中发现，在不增加教学学时和学生学习负担的条件下，可以很好地实现这个想法。并且，由于提高了学生的学习兴趣，开阔了学生的视野，学生也收获了较好的学习成绩。在 2015—2016 学年下学期电信学院所授课的一个班上，87 人中有 40 人成绩在 90 分以上，2 人获得满分 100 分，22 人在 80 与 89 分之间。不及格有 7 人，其中有 4 人是重修生，3 人是新生。不及格的同学都是因为经常旷课，不能完整上完整个课程，导致获得的知识残缺不全，更不要说以合理优化的方法从宏观角度掌握整个知识体系了。

二、可以提高学生的思考能力和学习兴趣，为培养具有创新能力的大学生提供新的实验地

许多大学生对高等数学高度单调抽象的思维以及复杂的符号演算望而生畏，同时又因为它是其他学科里必需的工具而又不得不学。许多大学生对高等数学是又爱又怕。即使数学考试成绩非常好的大学生也时常疑惑高等数学有什么用。还有的同学被怎样才能学好数学、学哪些数学知识最有用等问题所困惑。

高等数学的内容都是千百年来沉淀下来的思想结晶，是人类思维发展史上的一次大飞跃。它但并不是目前社会上所认知的科学技术，只是为科学技术理论上的证明提供工具。大学生专业课里所需要的数学知识又不太可能从高等数学里找得到，尤其是现在大力弘扬科学技术，提倡教学与实践相结合，重视科学技术成果的社会产品转化。这使得很多大学生对于学习数学感到很矛盾，花费了大量的时间和精力来学习数学，除了可能收获一个较好的考试分数外，剩下的却很茫然：不知道数学该学习什么，怎样才能学好数学，也不知道学数学的目的所在。

笔者常常对所授课学生给出自己对这些问题的看法：除了要掌握高等数学里所规定的数学知识外，更重要的是通过这个学习过程来提高自己分析问题和解决问题的能力，从而最终达到具备敏锐发现问题的能力。这种能力的培养才是我们教育的根本目的所在。仅仅让学生掌握那点数学知识是不够的。高等

数学都是从实际问题中归纳出来的理论，都具有严密的理论体系和精心设计的符号系统。通过掌握好每个数学问题的历史渊源、来龙去脉以及如何用符号来表达出结论应该是培养科研探索思维最好的方式之一。在高等数学的教学过程中笔者经常用上面提到的几何工具来对比讲授高等数学，常给人耳目一新的感觉，许多同学听完觉得有恍然大悟的感觉。同样的问题居然有不同的思路和解决方法，而且是思路清楚简洁的方法，当然会引发大学生们的学习兴趣。

高等数学里有许多地方可以用几何方法给出另外的证明和解释，即简洁又清晰明了。这些地方都可以作为培养大学生们创新思维能力的实验地，是教师教学、学生学习思考的好地方。

三、顺应大学数学教育发展的时代潮流

现在人类的知识积累以加速度的方式在发展，即使是抽象、高深、单调的数学领域也是如此。目前数学已经有了一个非常庞大的领域。就大类而言，数学分为分析、代数、几何等几大类。小类就更多了，美国《数学评论》将数学分成了100多个大目录及几千个小类别。虽然我国的数学爱好者非常多，专业从事数学教学和科研工作的人也不少，由于数学领域过于庞大，绝大部分人穷其一生也只能了解自己的那个研究领域。

就历史发展来看，高等数学一直是其他许多数学分支的出发点和基础。但是几十年来大学高等数学教材的内容一直比较固定，注重分析推导和计算，很少涉及几何工具。毫无疑问，在学习的初步阶段就如此细分会无形中禁锢学生的创新思维发展。长期以来我们的教学模式都是老师教什么学生就学什么，很少从宏观整体上来研究知识体系的构成和从历史发展角度来了解数学体系的形成。同样的，具体到一个个小问题上，也很少从多角度来看待。

虽然目前教学现状无法很好地解决这些问题，但是将部分微分几何内容引入高等数学教学还是很有意义的。至少可以让学生从不同角度看待数学问题，可以管中窥豹了解一下高等数学的知识体系，丰富学生的思路，学会将高深的数学思想更简洁直观地表达出来。这些都是当前高等数学教学中可以努力改进的方向。

·比较教育·

香港中文大学E-learning教学模式与武汉大学思政MOOC的比较及启示

胡建兰

(武汉大学 马克思主义学院，湖北 武汉 430072)

摘 要：近几年来，中国大学MOOC汹涌来袭，2016年9月武汉大学马克思主义学院思想政治教育四门课程MOOC正式上线，如何协调好网络在线与课堂授课的关系，提升思政教育的实效性成为不得不考虑的重要课题。21世纪以来，香港中文大学基本上采用的是一种网络平台与课堂授课、课后实践相互融合的网络(E-learning)教学模式。本文以笔者在香港中文大学访学期间全程参与学习、并多次与老师交流沟通的“社会理论、社会福利和社会工作”课程为例，介绍香港中文大学E-learning教学模式的概况和特点，为内地高校思想政治MOOC教育教学提供一些参考与启示。

关键词：香港中文大学；E-learning教学；概况；比较；启示

Comparison E-learning Teaching of CUHK with MOOC in Ideological and Political Lesson of Wuhan University and Its Enlightenment

Hu Jianlan

(School of Marxism Studies, Wuhan university, Wuhan, Hubei, 430072)

Abstract: In recent years, the Chinese university MOOC raging storm. In September 2016, MOOC formally launched four courses of ideological and political education at Wuhan University Marxism College. How to coordinate the online course and traditional class and enhance the effectiveness of ideological and political education has become an important topic that must be taken into account. Since this century, the Chinese university of Hong Kong is basically a network platform and network classroom teaching, after-school practice mutual fusion(E-learning) teaching mode. This article introduces the general situation and characteristics of E-learning teaching mode of CUHK based on the course of “Social Theory, Social Welfare and Social Work” that the author participated in during the period of his visit to the CUHK and communicated with the teacher many times. It provides some reference and enlightenment for MOOC education in ideological and political education in the Mainland universities.

Key words: The Chinese University of Hong Kong; E-learning teaching; Generalization; Comparison; Enlightenment

---

收稿日期：2017-05-11

基金项目：武汉大学教学基金：在“马克思主义基本原理概论”课程中凸显社会主义核心价值观的研究(项目号2015JG17)。

作者简介：胡建兰(1971—)，女，武汉大学马克思主义学院副教授，法学博士，专业：马克思主义基本原理及其中国化研究。

香港中文大学成立50多年就跻身于亚洲顶尖和世界一流大学，其先进的教学理念与教学模式功不可没。2016年，笔者有幸作为香港中文大学的访问学者，在香港中文大学学习、交流半年。本文主要通过参与学习聆听课程的实际体验，以香港中文大学社会工作学系主任倪锡钦教授开设的“社会理论、社会福利和社会工作”课为例，介绍香港中文大学E-learning教学模式概况及特点，希望为内地高校方兴正浓的MOOC教学改革提供一些参考与启示。

一、香港中文大学E-learning教学概况

香港中文大学E-learning教学是一种网络辅助和课堂授课、课后实践教学相互融合的教学方式与技术，其概况大致包括三个大的进程与步骤。

(一)学生选课前E-learning网络平台提供课程简介

全校所有课程的简介部分内容是公开的，即：香港中文大学所有师生员工包括访问学者，只要拥有港中大的ID(校园公共网络账户及与此相关联的图书证账户)，就可以根据课程名称号或者教师姓名上网搜索到全校所有课程及其简介，包括授课老师、课程学习目标、课程内容大纲、教学时间安排(授课、期中考试、实践项目等)。学生可以根据自己的兴趣、目标、上课时间决定选修哪些课程，然后可以与该课程任课老师直接联系或者与学系秘书联系选修某门课程(所有老师的信息，姓名、图像、职称、学历、研究方向及成果、简介、联系方式都在各个学系网站上面可以查询到)。

(二)学生选课成功后E-learning平台提供的详细教学内容及安排

这部分内容是不公开的，必须是学生申请后、由任课老师授权获批后，方能通过输入自己的ID账户，进入、查看、参与该课程的详细学习内容和教学计划等。内容详尽而完整，包括下列几个部分[1]：

(1)在线课程(Course Online)。在线课程是开课前任课老师对课程的简介，基本上是整学期安排的概述，主要内容有6个方面：课程简述(Course Description)、学习目标或者成果(Learning Outcomes)、课程内容简介(Course Content)、教学方法(Methods of Instruction)、课程要求和评估(Course Requirements and Assessment)、参考书目(References)。

(2)同学演示作业(Classmates Presentations)。这部分是老师根据教学安排布置给学生的作业，学生分小组完成一个项目并课堂演示后上传到E-learning上的文本。以《社会理论、社会福利和社会工作》课为例，倪老师在开课前的“在线课程”的教学方法和考试评估中就注明：同学们分为六组，各组完成一篇与课程相关的具有现实意义的项目研究，在学期第8~11周课堂演示，并网上提交演示文本[2]。

(3)补充资料(Supplementary References)。这部分是老师推荐给学生自己课后阅读的与课程相关的中英文教材、论著、论文及评论等书目，包括基本参考书目和扩展参考书目。基本参考书目是学生必须阅读的，这部分资料并非泛泛的推荐，而是老师根据学科发展极为详尽的指导。还是以《社会理论、社会福利和社会工作》课为例，其阅读书目第一个内容是Payne (2005) Chapter 1 *The Construction of Social Work Theory*，老师直接指出哪本书的具体章节不是整本书，具体明确。扩展参考书目相对而言，比较宽泛，学生根据自己兴趣选择性阅读，不作严格要求。

(4)往年考卷(Past Exam Paper)，包括往年期末考试试卷及答案，以供学生考前复习参考所用。

(5)课件PPT和补充材料(Lecture Powerpoint & Supplementary Material)。这是老师课堂上展示的所有内容，包括课件、老师在课堂上传阅的资料及视频等。

(6)考试(Examination)、讨论(Discussion Board)、分数(Grades)。考试采用开卷和闭卷两种方式，一

般科研型研究生和本科必修课程考试是在校内考场闭卷考试，授课型研究生和本科生部分选修课程采取网上开卷考试，但是并非意味着开卷考试就很容易。老师给予的考题在老师课件和教材中都不能找到直接答案，学系具备查重软件，要求学生严格遵守学术诚信与防止剽窃、独立完成。这意味着学生必须在掌握基本知识前提下有所创新和独特见解。讨论也是有两种，一种是老师课堂授课中穿插的短时间讨论，学生针对课堂教学内容提问、回答、发言等与老师互动；另外一种是同学项目演示时，其他同学参与其项目的提问、发言等。分数，即学生该门课程的评分。老师按照授课前的“在线课程”中预先告知同学的分数占比，给每位同学一个课程成绩，以“社会理论、社会福利和社会工作”课为例，学生的分数构成是期末考试占50%、课堂展示及作业占25%、课堂讨论占20%、学生考勤占5%。

(7)邮件(E-mail)。教师通过电子邮件发送给学校要求的个人用户，包括学生、秘书、教学助理、教学督导和观察员等。

(三)学生的个性化学习安排表

这一步与第二步同时形成，每个学生选修完课程后，凭借个人账户登录即可获得自己的学习安排表。包括五个内容：公告(Announcements)、个人课程表(Calendar)、任务(Tasks)、分数(Grades)、目标(Goals)。这样每个学生可以轻松方便地了解到自己当前的学习任务、课程安排(课程名称、老师、上课时间、地点)、学生要求、分数、个人信息及学习目标等。并且，每个学生可以随时随地网络学习自己选修的课程，完成任务目标。

二、香港中文大学 E-learning 与武汉大学思政 MOOC 教学模式比较

与 MOOC 一样，香港中文大学 E-learning 教学模式不是以网络平台取代课堂授课和老师的实践教学，而是相互补充和完善。与 MOOC 相比，香港中文大学 E-learning 教学有以下特点：

(一)针对性

MOOC 的特点是公开和大规模，与此不同，香港中文大学的 E-learning 教学是老师针对本课堂学生的授课模式，教学对象和教学内容更新更快，相对 MOOC 而言，针对性要更强。

MOOC 是一种大规模网络开放课程，任何人借助网络都可以收看到课程内容；E-learning 的详细教学内容不是对所有人开放，必须征得授课老师允许，参与本课程学习、讨论、研究的同学才能查看得到教学内容和同学之间的讨论、展示等。尊重教师制作课件的劳动成果和个性化的教学设计，也使学生们的学习、实践成果相对保密。

为了节省人力、物力，武汉大学思政 MOOC 是一次性把整门课的教学内容全部在线公开，即：学习者可以在开学时就获得整门课程的视频、PPT 等教学内容。与此不同，香港中文大学 E-learning 教学模式没有教师的授课视频，没有固定的教材，而是由授课教师根据自己的教学经验和专业知识，不断更新课件和推荐参考教材、学习资料供学生阅读。教师的全球化来源及其熟练的中英文双语能力，使得香港中文大学的教师熟悉国际上同一课程(学科)的教学体系，能够借鉴国内外重点大学的课程科目及教材设置，充分吸收和反映相关领域最新成果，教师能够及时把与课程相关的新事件、论文和报道等补充资料发给学生，以“社会理论、社会福利和社会工作”课为例，每次课前一周左右，倪老师会上传下次讲授的课件、课堂资料等，最后一次授课前卡斯特罗去世，倪老师的课堂辅导资料就以此为教学案例，紧扣国际前沿知识和最新实践，针对性、实用性、时效性都很强。

（二）多元化

香港中文大学 E-learning 教学既考虑到学生来源的全球化，也鼓励尊重学生的独创思想。

1. 教学语言上“两文三语”

我国香港地区 100 多年的殖民历史下英语是其官方语言，日常交流多用粤语。1997 年回归之后，香港中文大学率先在内地招生，考虑到内地学生的英语水平，香港中文大学教学语言以英语为主，但是对于专业词汇、生僻词汇及重点难点老师会详细讲解，或者用汉语解释。以倪锡钦教授讲授的“社会理论、社会福利和社会工作”课为例，遇见难懂的词汇，他会用粤语解释，然后用普通话和内地学生交流说：“用普通话说是……的意思。”课堂讨论和与学生交流沟通时候，倪教授会尽量使用与学生一致的语言。比如，课堂讨论时，针对内地学生，他会说：“你们也可以用中文来提问和回答，我只是普通话说得不好，但是能够听懂”，之后倪教授会用英语解释问题及回答，以方便普通话不好的同学，同时也提高了内地学生的专业英语水平。考试评估上，考虑到班上内地学生的英语水平，无论是课堂讨论、项目作业还是期末考试，倪老师允许学生自由运用中英文；期末开卷考试学生在家或者任何网络上完成提交即可，照顾到香港地区高校学生走读生较多和生源国际化的特点。

2. 鼓励学生创新思维

与武汉大学思政 MOOC 比较，香港中文大学教学网络平台上老师布置给学生的平时作业习题以及期末考试题，都没有预设的固定答案，允许学生持自己观点、特别鼓励独创思想。以“社会理论、社会福利和社会工作”课程为例，由于教学课件事先已经放在网络上，为了保持学生在学习中的持续性兴趣，老师对课件的讲解比较简洁和粗略，更多的是运用讨论等引导和启发学生自己深入学习。课程学时总共 13 周，倪老师安排老师授课 10 周，学生演示课 3 周。第 1~8 周和第 12~13 周是以老师课堂授课为主，穿插大量讨论和师生互动。倪老师每次课大约简述两种社会理论与社会福利思想，如福柯主义、马克思主义、解构主义、现代主义、后现代主义等，以及其对社会工作的影响，然后结合最新社会现实和事件，展开案例研究和学生课堂讨论，让学生阐明对这个理论或者某些实践的不同看法及原因，课堂极为活跃。学期第 9~11 周为学生演示周，老师不讲授，每周两组共六组同学展示其课余时间小组协作完成的项目，要求小组每个同学都上台发言演示，每组演示完毕后，先是针对展示内容班上同学之间互问和回答，最后老师给予详细点评。无论是授课中的互动还是学生演示作业，倪老师的点评并不预设或给予结论性评论，而是紧随学生的思维给予引导，“Your topic is very important, I think you can more indepth research in this subject , I suggest you can learn from…”，这是倪老师回应学生的常用语，不论学生提问和回答的深度与相关度如何，倪教授始终面带微笑、给予鼓励性建议和相关资料，引导、激发学生的学习兴趣和热情。除了中间休息一刻钟，四个小时的课堂教学，倪老师始终站着授课并且情绪饱满、充满激情，课间休息和课后，被学生群围着答疑时，也是微笑鼓励，课堂极具感染力。

（三）教学与实践结合

香港中文大学鼓励和提供给师生大量的社会实践机会。

（1）学校提供给学生大量社会实践项目，包括：暑期实习、师友计划、领袖培育课程计划等。老师也强调学生的实践学习，比如：学生展示作业的项目要求其必须结合社会现实，调研实践、收集资料、分析研究后撰写报告，这些为学生的实践提供了可能性和必要性。

（2）香港中文大学鼓励教师参加各种范围的科学研究和社会服务，如到政府和私人机构担任顾问等。教师的社会实践参与能够促进其理论与实践的结合，促进教学内容的时效性，并为学生参与实践提供纽带。以“社会理论、社会服务和社会工作”课为例，倪锡钦教授就担任了香港教育局、香港社会福利署下社会咨询局等众多NGO组织的委员，参与香港社会福利的调查及政府建议等，同时社会工作学系建立了与南开大学、山东大学、北京师范大学等高校的友好合作关系，老师与这些机构的紧密联系为学生提供了各种参观学习的交流和实践机会。本人访学期间前3个月，倪老师就提供了去香港友乐坊精神健康综合社区中心、精神科医院、青少年关爱中心等5次社会实践机会，这为教学内容提供了丰富的实践经验和现实案例。

(3)各个学系会组织在校学生参与欧美社会工作及东南亚儿童援助等，让学生直面世界各地社会状况，引导学生树立积极的人生价值观，增强其对社会和他人的责任感和互爱互助精神。此外，香港地区相关就业单位对社会实践的重视，比如香港社会工作从业者要求其从业前必须有100次参加学习社会实践的经历，也推动了教学的理论与实践结合，开阔了学生的视野，有助于学生树立社会责任感和公民意识。

(四)考核方式的网络化和公开化

武汉大学"思政"MOOC的考评由网络成绩和课堂表现及期末试卷考试成绩构成，网络成绩公开与任课老师平时考核、期末试卷评分结合。香港中文大学E-learning所有考核成绩网络化与公开化，老师对学生的考核和评分在网上全部公开。选修该课程的所有同学在E-learning网络平台上既能够看见自己的小组报告、考勤记录、课堂讨论的活跃度、期末考卷回答，也能够看见其他同学的相关内容，还有老师的详细点评和对考试题目的全方位解释。以倪老师的"社会理论、社会福利及社会工作"课为例，授课结束后，老师采用开卷方式进行期末考试，在E-learning网络平台上布置两道论述题，学生任选其中一题作答。倪老师的考题大致可以简化为：第一题，举例说明福柯主义的形成原因及对社会工作的影响？第二题，社会工作应该怎样发展以适应经济全球化和政治分化？如何评价和解决香港的贫富分化与代际贫困问题？要求学生用中文或者英文5000字左右论述，严格遵守学术诚信与防止剽窃，独立完成后10天内网上提交。期末考试完毕后，倪老师上传了他对这两道题的全面解释，分别用了19页面和18页面[5]，极其认真严谨。这种网络公开的考核方式，提高了对学生学习评定的公平公正度。

三、香港中文大学E-learning教学对内地高校的参考和启示

毋庸置疑，武汉大学"思政"MOOC与香港中文大学E-learning教学模式各有特色与利弊，为了进一步推进内地"互联网+"时代高校的教学改革，"思政"MOOC可以在以下几方面借鉴和参考香港中文大学E-learning教学的积极之处。

(一)扩展教学的国际化内容

近年来，内地高校特别是知名高校国际化程度日益提高，笔者所在的武汉大学已经与欧美、亚洲及海外等诸多海外名校建立了友好合作和师生交流计划，也在全球招聘专业人才任教，拥有海外学历的教师日渐增多。但是，相对于香港高校而言，其教学内容的国际化程度有待提高：首先，课程设置老套，教材体系和教学内容相对陈旧，不仅不能与国际最新知识接轨，甚至不能跟上国内现实的发展，时效性滞后，导致学生就业难以适应市场需求。其次，部分教学内容重复。有些教学内容在本科生和研究生教学中重复，有些是博士生与硕士生的课程内容重复，教学内容的层次性不够清晰。以笔者所在的马克思主义理论专业为例，本科生开设"毛泽东思想与中国特色社会主义理论"课程内容有部分与研究生课程"中国特色社会主义理论与实践"内容重复，硕士研究生与博士研究生的专题讲座亦有重复内容。笔者建议，应该根据不同学生层次，特别是针对研究生等，逐步引入国际化教学体系和内容，扩展其知识体系和国际视野。最后，应该增加国际性学术会议，更多邀请国际名人、知名专家参会或作学术报告。香港中文

大学几乎一到两个月就会邀请到诺贝尔获得者来参加会议或者讲座，每周会邀请国内外文学、宗教、科技、电影文娱届各个领域的名人作报告。内地高校举办会议邀请的专家多为内地知名学者，本土化强，国际化程度有待提高。

(二)运用多样化教学方式提升教学效果

教学技术的创新必须促进教学方式的创新，而不是取代和弱化老师的教学。目前各地高校“互联网+”教学、慕课等方兴正浓，笔者所在的武汉大学马克思主义学院本科生四门课程的慕课在2016年9月全线推出。课堂授课前，学生已经视听完课程所有教学内容，这就倒逼老师采用多样化教学方式，来增强课堂的吸引力和调动学生学习积极性。简介香港中文大学授课方式，首先，课程安排上可以减少老师授课时间、增加学生互动时间。目前内地大部分高校的教学方式仍然以灌输式教学为主，侧重于理论和结论的传递，不可否认，这种教学方法能够将大量专业知识传授给学生，迅速扩展学生的理论深度。但是，这种教学方式，阻碍了学生的发散性思维方式，使其习惯于被动接受与记忆。因此，为了培养学生的自主学习习惯和能力，应该增加学生的课堂展示、课堂讨论等。并且，笔者认为可以借鉴倪老师对学生讨论的点评模式，多鼓励和建议，不给标准结论和批评，增加学生的自信与学习动力。其次，强化实践教学。内地高校由于教学经费等诸多问题，社会实践教学活动极少，所学知识容易与社会脱节，理论知识丰富而解决实际问题的能力较弱，也不利于培养学生的社会责任感。这点，应该由学校、学院和老师共同协调解决。最后，很重要的一点，内地高校应该鼓励老师社会兼职、提供老师参与社会兼职机会。内地大部分老师是从高校毕业直接进入高校任教，其自身理论缺乏实践根基，也缺乏提供学生社会实践的资源。

(三)增强考核方式的开放性和公开性

目前内地高校对学生的评分机制基本上客观，以武汉大学为例，学生的科目分数与香港中文大学类似，平时成绩(包括考勤、讨论、作业等)占比30%~50%、期末考试占比50%~70%，能够相对客观公平地反映学生学习状况。但是，内地高校的本科生期末考卷依旧制定统一的标准答案，对知识内容的开放度不高，导致学生更多以记忆来获取高分，不利于学生创新思维的培养。此外，学生答卷和老师评阅可以适当网络公开。武汉大学马克思主义学院老师期末考试的阅卷量达到500份左右，而且要求在一周内批阅、提交分数及各种表格，庞大的阅卷工作量导致老师难免偶尔出现评阅的误差，或者个别老师为了赶进度而不够严谨。如果公开学生考核和评阅，能够监督以避免老师的偶尔失误与懈怠。

◎ 参考文献

[1] E-learning@ CUHK[EB/OL].(1996-09-05).http://www.cuhk.edu.hk/eLearning/index.html.

[2] Prof.NGAI Sek Yum, Steven: SOWK5111(2016-2017)pdf(175.856KB)[EB/OL].(2016-09-05).http://www.cuhk.edu.hk/eLearning.

[3] Welcome to Library Search[EB/OL].(2016-09-05).http://www.lib.cuhk.edu.hk/sc/libraries.http://www.lib.cuhk.edu.hk/tc.

[4] 香港小童群益会80周年学术会议.[EB/OL].(2016-10-08).http://www.bgca.org.hk/page.aspx?corpname=bgca&i=671.

[5] Ngai. S. S. Y, Parental bonding and character strengths among Chinese adolescents in Hong Kong[J], International Journal of Adolescence and Youth, 2015, 20(3): 317-333.

[6] 朱志勇,高鸾,韩倩,香港地区教育博士项目制度改革的动因及其历程——以香港大学和香港中文大学为例[J],全球教育展望,2015,11.

·比较教育·

中美大学教师发展中心比较研究

任小琴　程廷廷

（大连理工大学　高等教育研究院，辽宁　大连　116024）

摘　要：教师是大学赖以生存和发展的基础，是大学教育质量的根本保证。最近备受关注的高等教育改革，也无疑都把教师能力作为大学教育改革的关键。教师发展中心在教师培训、能力提升、专业发展等方面起着至关重要的作用。通过对美国教师发展中心成立的理念、服务对象、职能和运行机制这四方面与我国教师发展中心进行比较研究，有助于进一步认识我国教师发展中心现状、存在的问题和与其的差距。借鉴其成功经验，对于推动我国大学教师发展中心的发展，形成适合我国国情的教师发展中心有着重要作用。

关键词：教师发展中心；中美比较研究；启示

The Comparative Study about Faculty Development Center between Chinese Universities and American Universities

Ren Xiaoqin，Cheng Tingting

(Institute of Higher Education，Dalian University of Technology，Dalian，Liaoning，116024)

Abstract：Teachers are the basis for the survival and development of universities，and the fundamental guarantee of the quality of university education. The recent higher education reform has also undoubtedly regarded teacher's ability as the key to reforming university education. The faculty development center plays an important role in the teacher training，ability promotion，professional development and other aspects. Through the comparative study between China and America，we analyze the similarities and differences from the four aspects，including the concept of the faculty development center，its service object，functions and operating mechanism，which contributes to face withChinese faculty development center's present situation well，find existing problems and narrow gap. Finally，learning from successful experience of American，which has an important role on promoting and establish our own Faculty development center which are suitable for Chinese universities conditions.

Key words：Faculty development center；Comparative study between China and America；Enlightenment

收稿日期：2017-05-29

作者简介：任小琴（1990—　），女，高等教育研究院，硕士。研究方向：教育经济与管理。程廷廷（1994—　），女，高等教育研究院，硕士。研究方向：高等教育管理与评估。

一、引言

大学教师的质量和水平决定了学生培养的质量、学校的科研水平，以及服务社会的能力。在我国，教师发展理论和实践主要集中于基础教育和中等教育领域，而在高等教育领域普遍关注较少。人们普遍认为，大学教师作为社会精英和教学领域的权威人士，没有必要“被发展”[1]，因此，无论是我国大学教师发展的相关理论还是实践活动都相对缺乏。然而，美国对大学教师发展的理论研究和实践活动都非常丰富，并且起步较早。早在1965年威尔伯特在密歇根大学创立第一个教师发展中心起，美国对大学教师发展的研究便逐渐深入。20世纪70年代以后，美国对大学教师发展的研究扩展到了更多的领域，越来越多的大学也专门成立了负责管理和发展大学教师的组织机构，虽名称不同但普遍被称为大学教师发展中心(Faculty Development Center)。据统计，现在美国大学教师发展中心的数量已达百所，享誉全球的如哈佛大学博克教学中心、密歇根大学教学中心、加州大学伯克利分校教学中心、伊利诺伊大学香槟分校教学中心等，这些大学教师发展中心在满足本校教师发展需求的同时，在提升教师教学水平和发展高等教育教学理论、实践中起着不可忽视的作用。21世纪后，随着通信和网络技术的发展，利用新技术促进大学教师创新便成了美国大学教师发展中心的主要任务。美国学者对大学教师发展中心的理论研究主要是对相关政策和制度、中心所服务教师的项目类型和范围、教师发展的目标规划、教学质量评估、教师生涯拓展等方面的探讨，致力于发现和解决实践中出现的难题，不断促进教师发展中心更加合理化、适应化，促进研究成果的转化，在教师发展过程中提供理论指导和智力支持[2]。

相比美国如此重视大学教师发展中心的建设，我国大学教师发展中心成立之初，其角色更多的是由教务处或人事处充当，或者被认为是它们的附属机构，我国对大学教师发展中心在教师职业生涯中发挥的作用，往往没有给予足够的重视，更多的是将其当作一个处理教师人事关系、工资等保障工作的行政部门。我国对大学教师发展中心的研究，多数是对美国大学教师发展中心的组织架构、发展模式、运行机制等方面的介绍或者国际上的比较研究，而剖析本土大学教师发展中心的研究屈指可数，而且研究更多的是个案研究，而不是放眼于全貌，是局限于某一方面的研究而不是着眼于整体。现阶段我国高等教育正处于由规模扩张向以质量为中心的内涵式发展道路，这与历史上美国高等教育的发展历程有着相似之处。本文着眼于宏观、整体，通过对中美教师发展中心的成立的理念、服务对象、职能及运行机制的比较，认识到发展教师中心的被动与主动、注重眼前与长远利益、着眼于单一发展与全面发展等存在的差距，从而为改善我国教师发展中心、发展适合我国教育需要的教师发展中心，提供经验和新的发展思路。

二、中美大学教师发展中心比较研究

(一)中美大学教师发展中心理念比较研究

1. 美国大学教师发展中心成立的理念

美国之前的大学教师发展任务是由各个院系所承担，到了20世纪70年代随着大学教师发展中心的蓬勃发展，逐渐由其代替。在这一时期有关大学教师发展的观念也有了很大的变化。人们不再坚持“教学好坏是由教师个人禀赋所决定”，教师并非天生知道如何讲好课、如何传递知识，而是需要随时代变化、后天培训的。即使是一些天生擅长教学的好教师，也有着继续提升的需求。哈佛大学曾指出：“擅长做研究的教师，不一定擅长教学。”因此，美国大学教师发展中心成立之初，就以“没有好老师是天生的”为宗旨，认为大学有任务给教师的后天发展提供成长的土壤。帮助教师成为好的研究者与教学者是大学教师发展中心的终极目标，教师不仅要有较高的科研水平，还必须有较高的教学水平，教学能力是最基本的教师能力。在美国，教师要获得终身教授的教职，教学技能是不可或缺的一环，教师只有把课讲明白了才能获得终身教授。[3]因此，如何让教师主动参与进来，便是大学教师发展中心成立的首要任务。为了让更多的教师主动积极地参与进来，美国大学教师发展中心不仅为教师提供教学能力发展的培训，还非常注重教师个人交往能力的训练及职业生涯的指导[4]，并关注不同年龄阶段教师的生理变化和情感需求，为解决教师教学中的困惑、难题提供决策支持，成为教师成长发展的服务站。

2. 中国大学教师发展中心成立的理念

与美国大学教师发展中心致力于教师长远、全面发展的理念相比，我国大学教师发展中心往往关注的是教师日常相关事务的处理和问题的解决。如表1所示，我国普遍认为大学教师属于社会比较上层的知识精英，是经过大学深造，具有深厚专业底蕴的专业化的队伍，没有对教师的后天发展给予普遍的重视，或者给予了重视却只关注了教师表面需求。我国大学普遍注重教师的科研水平，一个教师如果科研成果、产出丰盛，那么更可能获得更高的职称或者优厚待遇，导致教师把主要精力投放于科学研究而忽略教学，教师拥有较大的教学与研究自主权，教师如何教和学生如何学由教师自主决定。虽然充当大学教师发展中心的教务处也会对教师的教学水平进行评价，但往往达不到效果，教师教学水平只要达到学校的最低要求便万无一失，没有提升教学水平的动力。而且也仅限于被动地解决教师日常的琐碎事务，很少有教师积极主动地表露自己的职业困惑，或去申请教学帮助，大学教师发展中心完全成为教师的后勤保障处。

表1　中美大学教师发展中心成立理念比较

	美　国	中　国
成立理念比较	没有好教师是天生的 帮助教师成为好的研究者与教学者 着眼于如何让全体教师主动参与 关注教师的生理变化、感情需求 教师的成长服务站	知识精英、专业化人员 评估教学水平，达到最低教学标准即可 教师自愿、在于教师自主进取心 机械处理教师单一事务 教师的后勤保障处

(二)中美大学教师发展中心服务对象比较研究

1. 美国大学教师发展中心服务对象

美国大学教师发展中心服务对象包括由教授、讲师、访问学者、助教在内的全体教师，服务都是免费的。[5]由于从事本科教学的教师越来越多，“教师”的内涵也在扩大，包含研究生助教。在美国的大学中，研究生们通常辅助本科生教师的教学，担任着助教的工作。他们负责每周组织一次本科大课讨论，或者在实验课中负责指导学生。甚至在美国一些大学，表现优秀的研究生还能成为本科生导师。对于这些缺乏教学经验的研究生，如何帮助其成为一名合格的教学者，便成了教师发展中心的重要任务。因此，在20世纪80年代的一段时间内，为了适应这种变化，相关的研究生助教培训项目便很快发展起来。1995年，哈佛大学决定对研究生进行教学培训，并通过了学校院系可以自由决定研究生培训项目的规定，最后很多大学也都通过类似的规定。教学能力也逐渐成为美国大学聘请教师的主要指标之一，这种现象在文理学院尤其明显。研究生助教培训项目这一举动，不仅让学校受益颇多，而且也为这些研究生在获得博士学位之后的教学工作积累了丰富的经验。最重要的是，美国的教师发展中心致力于吸引至少80%甚至全体教师的主动参与，对解决教师的个人困惑、职业瓶颈和生涯发展起到了不可估量的作用，美国教师甚至认为参加教师发展中心的项目或服务，是其教学工作中必不可少的需求。

2. 中国教师发展中心服务对象

中国教师发展中心的服务对象也基本上包括教授、讲师和助教等在内的全体教师。但是由于我国教师服务中心多多少少具有一些行政色彩，还有一些严苛的规定，很难调动起教师的积极性，导致参与性非常低，学生助教免费享受这一服务基本上是没有的。所以，美国为研究生在获得博士学位之后的教学工作积累经验而提供的研究生助教培训项目，这样的做法在我国国内大学还是很少见的。由于国内大学发展中心具有层层管理的特色，外来访学者基本没有享受教师发展中心的任何服务。基本上只承接了青年教师的培训工作或者教师的例行培训，活动项目也很少见。所以说，中国教师发展中心的服务对象相比美国教师发展中心来说，实际上服务范围要小得多。

(三)中美大学教师发展中心职能比较研究

1. 美国教师发展中心职能

1975年，伯格威斯特(William H. Bergquist)和菲利普斯(Steven R. Phillips)在《有效大学教师发展项目组成部分》(*Components of an Effective Faculty Development Program*)中对大学教师发展中心的职能进行了界定。伯格威斯特和菲利普斯认为大学教师发展中心的职能主要包括三个方面：教师教学发展(Instructional Development)，如课程开发、教学评价以及师资培训；教师个人发展(Instructional Development)，如个人交往能力的训练及职业生涯的指导；教师组织发展(Organizational Development)，如为教学人员和行政人员提供良好的教学环境和决策环境，团队建设及管理[6]。大部分研究将美国大学教师发展中心的职能普遍分为教学支持、教学评价及反馈、教学研究出版和咨询服务四方面。为教师提供教学支持是教师发展中心的首要任务，包括教师任职前培训、教学资源共享、满足教师需求、促进教学合作及开展系列讨论会。教学评价中设置教学奖，让学生做出客观的教师评价，通过反馈了解学生需求与水平，并及时做出解答或调解。教学研究出版是将教师卓越的研究成果及调研等整合成书籍或报告形式出版，对于总结经验和成果学习共享是很好的做法。咨询服务围绕教学而开展，主要解答教师在教学工作产生的困难、疑惑或采纳教师提出的有益建议等。

2. 中国教师发展中心职能

与美国高校的教师发展中心相比，中国教师发展中心的职能尚处于探索期。尽管我国各个大学教师发展机构的名称、组织规模、岗位设置及权责不同，但共同的作用都是促进教师发展和负责管理教师事务。陈志勇(2013)曾将教师教学发展中心定义为："将教学研究的成果应用与大学教师发展，以提高和改进教学水平为基本目标的专门化服务组织"[7]，并指出中国教师发展中心的主要职能包括教师培训、教学资源建设、教学质量评估及教学咨询服务。其中，教师培训主要是为大学教师提供教学的理念和进行技能、研究的能力和研究方法、学术道德与规范及职业发展等方面的专业化培训。教学资源建设是教学资源的整合、共享，教学平台建设与管理，并开展教师发展研究交流工作，提供学术和专业化支撑，发挥引领示范作用。教学质量评估主要是开展日常性的教学评估、质量监控，从而推动教育理念更新、教学方法改革、培养模式创新。咨询服务是提供教学促进、教师发展、有效学习等咨询服务，满足教师和学生的个性化需要；为职能部门和专业学院提供教育教学改革政策咨询服务。然而，实际中大学教师发展中心在国外是一个集研究、学术、技术支持和服务管理为一体的综合机构，而在我国高校大学教师发展中心更多的是作为一个行政管理或服务机构存在的"后勤处"，远远没有发挥出它实际的作用。

（四）中美大学教师发展中心运行机制比较研究

1. 美国教师发展中心运行机制

教师发展中心的运行机制具体是指教师发展中心组织的构成要素及在功能发挥过程中的相互之间的联系和作用方式。美国教师发展中心经过长期的实践和发展，形成了基本的组织架构模式和运行机制。基本上可分为三类：直属于学校一层，作为一个独立于大学其他单位之外并服务于其他单位的组织；隶属于学院一层，作为一个协助院系教师发展的附属组织；隶属于多个单位或部门，作为一个发散型服务机构。一般来说，直属于学校的教师发展中心是学校的一级教学单位，一般具有较大的自主管理权，整合和获取资源的能力也比较强；而不直属于学校的教师发展中心，隶属于学院层级，作为某些部门如教务处、人事处的挂靠机构，只负责本教学范围内教学事务且拥有有限的教学管理权；而兼属于学校、学院教学单位，如教育学院，其发挥作用通常较复杂、花费时间较长。不论是哪一层级的教师发展中心机构，美国高校通常设有主任、副主任、助理主任这些主要管理岗位和资源项目开发、平台建设与维护等技术人员和协调联络的服务人员。美国早期承担教师发展任务的机构一般是院系，从 20 世纪 70 年代逐渐转移到教师发展中心，普遍是直属于学校的一级机构，在美国，教师发展中心主任占据较重要的位置，对外具有话语权，还可因为赫赫成绩晋升为副校长一职。如图 1 所示，目前美国的教师发展中心普遍由教务长领导，组织层级比较高，往往是大学内独立的校级单位，并具有较高的自治权，其获取资源和整合资源的能力往往也比较强，所开展的活动项目比较丰富多样，[8] 对于加强教师发展中心与校内其他部门、院系的联系和交流发挥着重要的作用。

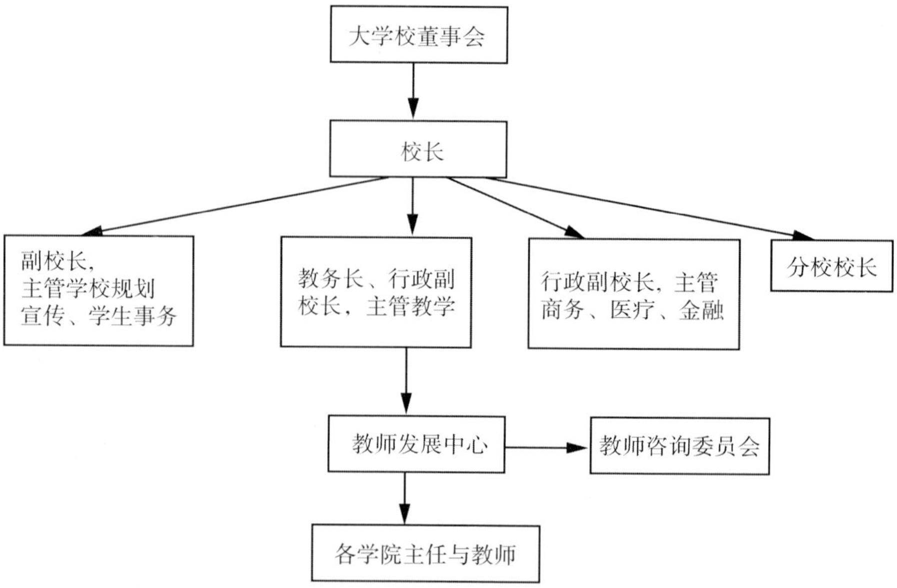

图 1　美国高校教师发展中心设置

2. 中国教师发展中心运行机制

我国高校成立教师发展中心时间较短，普遍以本科教务中心为依存，作为其附属机构如教务处或人事处等形式存在，所处的组织层级往往不高，带有一定的行政性质，发展速度也较缓慢。如图 2 所示，我国高校教师发展中心普遍设置于本科生院下，属于二级组织机构，具有分担学校各个院系教学管理的职能。中国教师发展中心设置的岗位主要有主任、副主任、主任助理及行政文员等，中心主任也常常在本科生院院长和常务副院长的指导下，全面开展工作。中心主任的遴选往往是在教学领域德高望重的教育专家，或者是由直属机构的行政领导兼任，如教务处处长、人事处处长或挂靠的学院院长。主任的工作内容一般包括日常事务、内部管理及公共管理服务如规章制度的建立、人事财务、课题项目、对外交流及向上级汇报等工作。我国教师发展中心副主任或助理主任一般不多，会设置一到两位，主要负责各个领域事务实施和执行，在不同的学校相应会有一些差异。其他行政人员有专职和兼职之分，其工作内容琐碎，主要是辅助完成一些行政性和服务咨询性工作，由于岗位设置笼统和工作内容不明晰，在实际工作中往往会有重复或重叠现象。不同的是，由于我国高校是处于党委领导下的主任负责制，往往行政权力高于学术权利，科层制色彩较重，通常也会有相应的一位副主任专门负责中心党务工作（这是不同于美国教师发展中心的明显所在）[9]。

与美国相比，可以明显看出中国教师发展中心普遍作为学校的一个行政性机构存在，组织性质定位迷糊，组织职权较低，具有严格的层级，运行程序化、灵活性小，这也是我国教师发展中心发展不起来的主要原因之一。

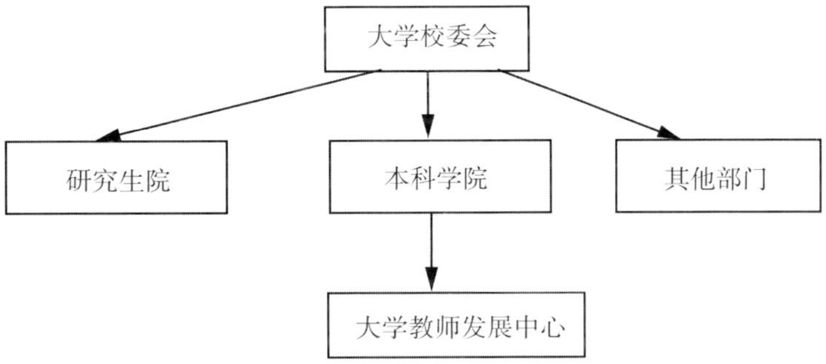

图 2　中国高校教师发展中心设置

三、对我国大学教师发展中心的启示

美国教师发展中心实践与发展取得的成功经验，已经被多个国家所借鉴，教师发展中心在提升高校教学质量、促进教师发展及提高教师教学与科研水平中发挥着不可估量的作用，也越来越成为一所高校持续发展的动力站，这已然在各个国家达成共识。目前我国的高等教育逐渐走向以质量为核心的内涵式发展道路，借鉴美国高校教师发展中心的成功经验，是我们提升教学质量的应然选择。

（一）学校角度

1. 重视教师教学能力的发展

首先，学校要给予教师足够的重视，即给予教师教学能力足够的重视。教学是教师的首要职责，那么教师提升自身的教学能力便是本职工作。只有全校上下重视教师教学，才有教师教学发展的可能。学校要合理地制定教师科研产生与教学发展的考核体系，使教师能够在科研和教学之间取得一个平衡点，而不至于普遍出现“重科研、轻教学”的现象。同时，学校应该认识到“没有天生会教学的教师”，要注重教师在各个阶段的教学发展需求，认识到教师教学存在的困惑和难题，为教师教学发展提供便利，并能保证教师取得的教学成果得到认可。

2. 重视教师发展中心建设

教师发展中心是承载一所大学教师教学发展任务的中心机构，在促进教师教学能力及教学质量提升方面所具有的强大作用。我国高校要重视教师发展中心的建设，合理设置教师发展中心的层级，厘清教师发展中心各职能边界和权利界限，在考虑高校的实际情况基础上赋予教师发展中心更大的自主管理权限。我国高校应该务必形成以教学为本的基本观念，采取一切措施保证教学经费的投入，并建立适合本校特色的教师发展中心，致力于为满足教师个性化专业发展和自我实现需求创造出路。

（二）教师角度

1. 改变自身教学理念

教师发展离不开外部组织的培训锻炼，但更离不开教师自身的自我实现。所以，教师发展不仅要依靠学校为教师提供的服务，更要重视教师自身的自主性，强调自我实现和发展。教师自身应该形成止于至善的人格，养成善于教学并反思教学的习惯，共同营造出一种以教学为中心的优良教学文化，改变自身"只要达到最低学校教学标准就万无一失"的教学观念。要认识到教学是教师首要也是最重要的职责，只有把教学这一份内之事做好的教师才称得上一位合格的教师。

2. 积极参与教学发展

教师不仅要改变自身的教学理念，更要积极主动地为提升自己的教学能力寻求帮助或创造机会。如积极参加教师发展中心的活动或项目，并对不合理的地方提出自己的建议；经常参加同事们的研讨会，向有经验的教师学习；观摩老教师的教学过程；建立教学创新团队，进行教学创新；乐于与学生沟通，客观评价自己的教学，并适时进行教学反思与改进；撰写教学书稿，分享自身的教学经验等。

结　束　语

学校的发展要依靠教学，人才培养也要依靠教学，重视教师教学发展是高校不可忽视的重任。回顾美国的教师发展中心所取得的辉煌成绩，我们可以看出其在提升教师教学能力和人才培养方面发挥了关键作用。借鉴美国教师发展中心发展过程中的经验，努力建设适合我国本土化的教师发展中心，对于改善我国教师教学现状，培养出更多优秀人才，促进高校"双一流"建设势在必行。

◎ 参考文献

[1][2]　房立安．中美大学教师发展中心运行机制比较研究[D]．山东大学，2015.

[3][5]　林杰．哈佛大学博克教学和学习中心——美国大学教师发展机构的标杆[J]．清华大学教育研究，2011(2)：34-39.

[4][6]　Bergquist W H.，Phillips S R. Components of Effective Faculty Development Program[J]. Joumal of Higher Education. 1975，49(2)：175-215.

[7]　陈志勇．大学教师教学发展中心：是什么？做什么？[J]．高等工程教育研究，2013(6)：92-96.

[8]　汪霞，崔军．中外大学教学发展中心研究[M]．南京：南京大学出版社，2013：13-14.

[9]　龙江莉．中美大学教师发展中心组织架构研究[D]．陕西师范大学，2014.

·比较教育·

德国一流大学的本科课程：现状与经验

黄芷薇[1] 余保平[2]

(1. 武汉大学 教育科学研究院，湖北 武汉 430072；2. 武汉大学 医学部，湖北 武汉 430072)

摘 要：八所德国一流大学的案例分析与留德本科生访谈结果显示，德国本科教育形成了以讲座课、练习课为主，研讨课、实习实验课为辅的课程设置模式，对本科生的成人成才产生了巨大作用。其课程设置的经验在于：很好地融合了赫尔巴特教学法与“洪堡原则”的同时，以制度保障了教学目标与教学方法的匹配度，同时形成了师生自律的教学文化。

关键词：德国一流大学；本科教育；课程

Undergraduate Courses in Germany's World-Class Universities: Current Situation and Experience

Huang Zhiwei[1], Yu Baoping[2]

(1. Institute of Education Sciences, Wuhan University, Wuhan, Hubei, 430072;

2. School of Medicine, Wuhan University, Wuhan University, Wuhan, Hubei, 430072)

Abstract: The case study of eight top German colleges and interviews of students who have studied in Germanyshows that there has already formed a curriculum model on German undergraduate education. This curriculum model is mainly based on lecture classes and practices, and supplemented by seminars and experimental classes. It plays an vital role in developing talents. The model is the combination of Helbart teaching methods and Humboldt principle. The teaching methods and teaching contents are highly matched under the teaching system. What's more, teachers and students' self-discipline has formed a dispensable culture.

Key words: Germany's world-class universities; Undergraduate education; Curriculum

自国务院印发《统筹推进世界一流大学和一流学科建设总体方案》以来，如何建设世界一流大学和一流学科成为各高校积极探索的问题。一部分高校开始大刀阔斧地改革学科结构，削减对ESI排名贡献不大或学科评估排名与学校地位不符的学科；一部分高校开始花重金开展“昂贵”的科学研究，聘请世界知名学者、做全球性研究、在世界顶级期刊发表论文。热闹之余，本科教育这一“世界知名大学的立校之本”

收稿日期：2017-08-30

作者简介：黄芷薇(1994—)，湖北武汉人，武汉大学教育科学研究院硕士研究生。余保平(1962—)，湖北英山人，教授，博士，主要研究方向：消化内科、医学教育与管理。

似乎被改革的喧嚣所掩盖，将主要精力投放于提高本科课程教学质量似乎成为一种“不太明智”的行为。

事实上，正如中国高教学会副会长邬大光教授所言：“重视本科教育是一流大学成熟的标志。”[1]一流大学一定具有一流的本科教育。当中国大学在追求“世界一流”之时，也应当以一流的眼光来审视其从事的本科教育。

德国大学是现代大学之滥觞。自柏林大学建立以来，世界各国高等教育体系无不深受“洪堡原则”的影响，德国众多大学也一直伫立于世界一流大学行列，孕育出许多影响人类社会发展的重大成果。然而，正如德国著名教育史学家包尔生所言：“在我们人民的心目中，德国的学者通常就是一名大学的教师。像费希特、谢林、黑格尔、施莱尔马赫等人，主要是作为大学教师来影响他们的时代，而非他们的著作。”[2]故对于德国大学的解读不能仅仅停留在科学研究的维度，更应该从人才培养的角度来加以剖析。

当然限于各类原因(主要是语言障碍)，专门致力于德国大学本科课程的研究尚不多见，且大多数文章对于德国大学本科课程的研究都仅限于某一种课程的解读分析，少有文章论及多种课程类型协作以及课程设置体系的优势所在。本研究不仅仅限于单一本科课程类型的分析，更多的是解读德国大学本科课程设置体系中各类课程的分配比例、协作方案特点以及该课程设置体系的优势所在。

故本研究将综合运用案例解剖和访谈研究的方法，案例分析法主要是搜集了德国八所进入“卓越计划”的一流大学(慕尼黑大学、亚琛工业大学、柏林自由大学、海德堡大学、康斯坦茨大学、德累斯顿工业大学、不莱梅大学和科隆大学)的本科课程设置培养方案，采用一手数据资料，具有更高的客观性、真实性和可信度；访谈法主要是选取了几位具有德国大学本科学习经历的学生进行了访谈，德国本科课程的亲历者对于课程的体验感受以及自身学习的影响更加具有说服力与身历其境感。运用这两种研究方法进行进一步分析，从而为我国一流大学和一流学科建设进程中本科课程的优化提供参考。

一、本科课程类型概览

通过对八所大学相关专业本科生培养方案的文本分析发现，德国一流大学本科课程的类型主要包括讲座课(Vorlesung)、研讨课(Seminar)、练习课(Übung)、实验实习课(Praktikum)四类，它们大致占德国大学本科生修读课程总数的90%。此外，还设有若干其他类型的课程，因校、因专业而异，主要包括语言课(Sprachkurs)、阅读课(Lektürekurs)、辅导课(Toutorium)以及学术考察课(Exkursion)。整体来看，德国一流大学本科课程类型丰富、形式多样。

(一)讲座课(Vorlesung)

讲座课起源于中世纪德国大学的讲座制，它是运用传统的讲授法进行教学，旨在介绍专业基础知识、概念、方法及理论。课堂授课基本以系统的学科知识单向传输为主，很少通过提问、小组讨论等互动的形式来进行。一般而言，讲座课是“大课”，上课人数往往在90与180人之间，根据学校和专业不同，人数会有小幅度的波动。其考核方式通常为闭卷考试或是课程论文。

讲座课中除了普通的讲座课，还包含高级讲座课(Vertiefungsvorlesung)，与讲座课的区别主要在于学科专业-知识内容的深度。高级讲座课往往讲授更加专业、深入的专业知识理论。

值得一提的是，随着信息技术在高等教育领域的深入应用，很多大学，特别是一流大学的讲座课都逐步探索以MOOC的形式推行，从而优化课程的教学方式。

(二)练习课(Übung)

练习课是学生在教师的监督和指导下，通过完成任务导向的实践训练方式，掌握专业理论知识、习得相关能力。通常练习课是作为讲座课、实验实习课的一种补充。其授课方式主要包括：询问对话、实操演练及小组合作等。每门练习课的学生人数在 60 人左右。由于练习课强调依据个体差异开展教学、辅导，故往往会将讲座课、实验实习课的学生划分为几个小组进行授课。

此外，练习课依据其形式可分为：普通练习课(Übung)和上机练习课(PC Übung)。与普通练习课不同，上机练习课主要是针对那些需要使用专业软件的课程来设置。当然，一门课程可能同时设有普通练习课和上机练习课。例如海德堡大学政治经济学专业的“经济学和社会学统计(计量方法)”课程就设立有普通练习课和上机练习课两种类型。[3]其考核通常镶嵌于讲座课内，以完成练习作业、闭卷考试以及撰写课程论文为主。

(三)研讨课(Seminar)

研讨课是专门针对专业领域中特定主题，运用师生互动讨论的方式来习得知识并对知识进行加深巩固的授课形式。根据研讨内容的深浅程度分为初级研讨课(Proseminar)、高级研讨课(Hauptseminar/Oberseminar)以及专门针对学生学位论文或者实习报告等学术成果汇报的学术讨论会(Kolloquium)。研讨课是德国大学标志性的课程，它起源于 18 世纪的德国柏林大学，其目的在于在传授知识的同时将科研精神引入学生培养过程，让学生获得获取知识的学问。当然，由于学科性质的不同，研讨课的形式也有所差异。在语言、历史等人文学科中，研讨课主要是培养学生阅读、解释、课文批判、历史批判及解释的能力；在法学、神学学科中，研讨课通常是以“实习”的方式体现；在医学中，研讨课是以所谓的研究所(Institutes)和临床诊疗实践所代替。[4]一般而言，每门研讨课的人数大约在 30 人，其考核方式通常为完成阶段性的课堂汇报或课程论文。

(四)实习实验课(Praktikum)

实习实验课是一种培养学生实践操作能力的课程，学生通过观察和实验，运用习得的知识、技能解决问题，从而使之对所学专业知识融会贯通。实习实验课主要分为两种：一种是校外企业实习课程(Berufpraktikum)，学生自主在校外企业或单位工作，从而审视个人的职业理想，了解工作现实，设计职业规划；另一种是针对某些具体专业课程的实验操作课程(Praktikum)，主要是就某一门专业具体需要掌握的技能在实验室或是直接在课堂上进行实践操作和培训。企业实习课程的考核方式为完成实习报告，而实验操作课程的考核方式是提交一份包含实验步骤和实验结果的详细报告。

(五)其他类型课程

不同院校和专业还依据其培养目标的不同在培养方案中纳入了其他类型的课程。

语言课(Sprachkurs)主要培养学生的外语能力，并常常与具体的应用场景相联系。如柏林自由大学的“中东历史与文化——阿拉伯方向”专业设有阿拉伯语的语言课，便于进一步理解阿拉伯的文化和历史。[5]考核方式为语言水平考试、口语对话考试和闭卷考试。

阅读课(Lektürekurs)是对重要文献、资料深入阅读和理解的课程，通常与研讨课共同进行考核，考核方式为课程论文或课堂汇报。如柏林自由大学“中东历史与文化——伊朗方向”专业的“伊朗历史的延续与变化”课程就设置了阅读课，研读伊朗的一手文献，为下一步研讨课的进行奠定基础。[6]

辅导课(Toutorium)是助教针对讲座课的内容向学生解答疑惑以及组织学生进行练习讨论的课程。助教往往由研究生或高年级学生担任，与练习课的授课形式基本相同。例如海德堡大学古代史专业的“辅导课程：针对哈维纳和卡拉美教授的初级研讨课(Tutoriumzu den Proseminaren von Dr. Havener und

Dr. Kramer)”主要是针对参加初级研讨课的学生进行练习辅导和问题解答。[7]其考核与讲座课一同进行，方式为完成练习作业、闭卷考试或完成课程论文。

学术考察(Exkursion)——主要是通过短期学术旅行的方式对实地进行探索与考察。例如海德堡大学、康斯坦茨大学的历史学专业、斯图加特大学的生物技术专业均设有“学术考察(Exkursion)”的课程。其中斯图加特大学生物技术专业的学术考察课程是为期3周的格陵兰极地生物学游览考察，在此期间通过测量、观察、采样等方式对格陵兰西部地区的植被、水域以及昆虫进行了实验研究探索，形成包含考察目的、探究方法、测量采样结果以及小组讨论成果的详细学术考察报告作为课程考核。[8]

二、本科课程的结构特征

本研究借鉴伯顿·克拉克的研究思路，充分考虑人文社科和理工科的区别、基础学科和应用学科的区别，对德国八所一流大学(慕尼黑大学、亚琛工业大学、柏林自由大学、海德堡大学、康斯坦茨大学、德累斯顿工业大学、不莱梅大学、科隆大学)的工程学、物理学、历史学和经济学进行案例剖析，分析不同类型课程的设置特点。

由于选修课程模块和跨专业课程模块的内容并不固定，本研究的课程模块仅包含该专业培养方案中的专业基础模块和专业深化模块(专业基础模块类似于我国的学科通开课、专业深化模块类似于我国的专业必修课)。

表1　德国一流大学本科课程的结构特征

学科	学校	专业基础模块(%)				专业深化模块(%)			
		V	U	S	P	V	U	S	P
经济学	海德堡大学[9]	50	50	—	—	40	40	20	—
	慕尼黑大学[10]	48	48	4	—	55	45	—	—
	康斯坦茨大学[11]	50	50	—	—	54	46	—	—
	科隆大学[12]	50	50	—	—	40	34	26	—
	不莱梅大学[13]	46	50	4	—	—	—	100	—
	柏林自由大学[14]	53	47	—	—	50	42	8	—
历史学	海德堡大学[15]	30	40	30	—	27	39	22	12
	慕尼黑大学[16]	71	8	21	—	100	—	—	—
	康斯坦茨大学①[17]	20	40	40	—	0	50	50	—
	科隆大学[18]	50	—	50	—	60	—	40	—
	不莱梅大学[19]	23	14	63	—	—	—	100	—
	柏林自由大学[20]	50	—	50	—	42	—	58	—

① 康斯坦茨大学经济学专业在专业深化模块中划分了6个不同的专业方向，各方向的课程不同，表中仅以“国际金融经济学”方向作为示例。

续表

学科	学校	专业基础模块(%)				专业深化模块(%)			
		V	U	S	P	V	U	S	P
物理学	海德堡大学[21]	45	45	—	10	30	30	15	25
	慕尼黑大学[22]	47	44	—	9	47	47	6	—
	康斯坦茨大学[23]	46	41	—	13	43	43	7	7
	科隆大学[24]	47	47	—	22	37	37	—	4
	不莱梅大学[25]	42	42	—	8	38	38	—	24
	柏林自由大学[26]	45	45	—	10	40	40	10	10
	德累斯顿工业大学[27]	45	45	—	10	45	45	—	10
工程学①	不莱梅大学[28]	54	33	3	10	45	30	—	—
	德累斯顿工业大学[29]	46	41	—	13	56	28	—	16
	亚琛工业大学[30]	48	52	—	—	44	44	—	12

注：(1)课程类型以首字母表示，讲座课(V)、练习课(U)、研讨课(S)和实习实验课(P)；(2)表格内数字为培养方案中的课程数量占课程总数的百分比，由于各校课程开设总量不同，为统一比较分析的口径，采用相对数的形式。

表1显示，德国大学本科课程设置有着以下突出特点：

第一，几乎所有的学科都同时开设讲座课和练习课，且两类课程在培养方案中所占比例很大，课程设置主要以讲座课和练习课为主，在专业基础模块所占比例在90%左右，研讨课和实验实习课所占比例很小，在专业深化模块，不同专业比例有所不同，但大多超过了70%。以海德堡大学为例，其经济学和物理学领域的讲座课和练习课在专业基础模块占比均达90%以上，在专业深化阶段，讲座课和练习课占比显著降低，研讨课和实习实验课占比显著增加，特别是在物理学领域研讨课和实习实验课占比达40%。

第二，讲座课和练习课往往配套出现。在经济学、物理学和工程学领域，讲座课和练习课的比例基本上保持在1∶1，在历史学领域，练习课的比例较低，其原因在于人文学科主要研究历史、文化、语言、哲学等方面的文献知识，其练习课中的练习内容往往更偏向于主观性的思考以及观点阐述，与研讨课的内容相近，故以研讨课替代练习课作为讲座课的补充。

第三，研讨课和实习实验课设置与学科性质密切相关。研讨课往往集中于经济学和历史学领域，科隆大学、不莱梅大学和康斯坦茨大学历史学专业深化模块的研讨课在其培养方案中所占比例高达40%以上。实习实验课往往集中于物理学和工程学领域。当然，有的院校，如海德堡大学、康斯坦茨大学以及柏林自由大学的物理学中既包括研讨课，也包括实习实验课。

三、课程对本科生学习的影响

为充分了解德国一流大学本科课程的优势，本研究专门针对同时具有中、德两国本科学习经历的在德本科留学生进行访谈，以更好地了解德国大学本科课程在对学生学习影响上所具有的比较优势。

① 由于工程学所含学科较多，基于数据资料的丰富程度，选取不莱梅大学系统工程学专业中“自动化和机器人技术”方向、德累斯顿工业大学机械制造专业“汽车以及轨道车辆技术”方向以及亚琛工业大学机械制造专业“动力技术”方向作为示例。

受访学生共计五位：学生 A 就读于拜罗伊特大学经济学专业，学生 B 就读于亚琛工业大学机械制造专业，学生 C 就读于海德堡大学日耳曼文学专业，学生 D 就读于德累斯顿工业大学物理学专业，学生 E 就读于科隆大学企业经济学专业。

(一)多元化课程显著提升学习收益

学生们认为，在传统的讲座课之外，与之并行的练习课、实习实验课以及研讨课会有效地提高教学质量，增加学生学习收益。“通常一门课程的知识都由两种或者两种以上的课程类型来进行授课，能有效地让学生通过各种不同的学习方式来掌握知识和理解知识。”(学生 A、学生 B、学生 C 和学生 E)

具体而言，“练习课有高年级学生或研究生对练习作业进行解答，对于解决实际问题更有帮助，在练习中加深了对专业知识的理解和掌握”(学生 A)。实习实验课可使学生获益良多，它“要求学生完成入学前实习和实习必修两个环节，两个实习期一共要求了至少 18 周的实习时间，包含 20 个学分。同时，对需要掌握的实践操作能力都有明确地提出，比如在切割技术、成型技术、热接合技术、还原程序、热处理技术、模具和夹具设计等都有明确地规定。最后需要自己根据讲授的步骤和图解自主完成实验，并提交一份实验的详细方案报告，其中包括：研究主题(问题)、实验前的假设、所需材料、实验设计、实施步骤、观察实验结果、结果解释以及评价”(学生 B)。研讨课也对学生学习能力有着重要促进，“虽然研讨课的内容相对来说较难，并且需要比讲座课投入更多的精力，但是在研讨课中可以真正掌握更加专业的知识、拓展自己的知识面、锻炼自我表达能力以及培养辩证思维和发散性思维，有助于自我学习和思考能力的提升，也有效地加深了师生间以及学生间的互动”(学生 C)。

(二)多形式生师互动辅助学生应对课程挑战度

课程挑战度是指学生为通过课程考试获得学分所付出的努力程度。德国本科生的课程挑战度是很大的。课后学习的时间往往不低于课堂学习时间，有的甚至远超过课堂学习时间。“如果课堂上所需要提前看的材料多的话，每天大概也会花费课堂上两倍的时间来准备材料”(学生 B)，同时课外的学习时间有的是用于练习课的准备，“需要提前在网上下载练习作业然后完成，对于存在的疑问可以在练习课上向助教提问获得解答”(学生 E)。

如何应对如此大的学业挑战度呢？多样化的生师互动是保障学生顺利完成课程的重要因素。“你可以从授课老师或者他的助教、博士生那里获得帮助，他们很乐意帮助学习有困难的学生。”(学生 D，学生 E)“课堂上可以随时举手提问，课程结束后也能与教授进行进一步的讨论”(学生 A、学生 B)，当然“也可以通过 E-Mail 的方式联系和沟通，不过基本都是高年级的学生来帮助教授回复 E-Mail”(学生 B)。此外，“可以在教授的会客时间段与他进行相关的讨论”(学生 C、学生 E)。生师互动程度在不同类型的课程上也有所不同，“讲座课基本没有互动，研讨课基本是讨论，老师引导和补充为主，大多数时间是学生间的讨论交流”(学生 C)。

(三)自律文化保障课程教学质量

德国大学对于学生学习和教师教学质量很少有吸引眼球的保障举措。对于学生而言，其考试内容“主要来自于老师上课所提供的讲义以及练习课上完成的练习作业”(学生 A、学生 B 和学生 C)。“教师不会勾画重点，平时讲授的内容都是重点”(学生 F)，但也有教授“会给出大概的考试方向”(学生 B)。“但与国内的‘毕业清考’政策不同的是，德国大学的课程只能重修一次，即只有两次考试机会，如果两次考试都未通过，则不能再修读该课程。当不及格的课程达到一定数目时，就会影响毕业”(学生 C)。对于教师而言，教师教学质量的监督主要是每学期课程结束时向学生发放问卷开展课程质量调查。但这种问卷调查主要是一种“形式”，“并没有硬性要求学生一定要填，都是自愿性质的，也不会对课程或者授课教师有什么影响”(学生 A)。当然，“学校会根据问卷评价的结果对(有问题的)课程提出建议，但也并没有实质上的整改政策”(学生 C)。

事实上，德国大学对课程教学质量的保障融入了学生学习的每个环节，从而潜移默化地形成了一种自律文化，规范着教师的“教”和学生的“学”。对于教师而言，“(我遇到的)教师不会敷衍授课，他们都很认真，即使一些老师说不上对他们的教学工作由衷热爱，但至少是一丝不苟，讲义和课件内容都是经过精心准备的，无一例外”(学生 D)。特别是研讨课的教授，“必须对讨论主题有非常深入的了解和深厚的积淀，否则根本无法掌控课堂”。对于学生而言，“每一堂课都不能马虎，如果课前不将老师规定的书目读完，根本跟不上上课的节奏，如果是讨论课的话，完全融不进讨论的话题，这堂课基本相当于白上了”(学生 E)。此外，“平时作业都不能马虎，有的可能只是老师建议完成的，但很有可能在期末考试中就考了”(学生 E)。在实习实验课上，“主要是让学生在做好充分的前期准备下进行自己尝试，而不是过多地由老师来讲授具体操作步骤。因此，在实验课之前，需要学生通过能力测试获得听课证明，然后会强制要求有充足的实验准备时间”(学生 B)。

四、本科课程设置的经验及启示

基于案例剖析和个体访谈，本研究对德国一流大学本科课程类型、结构及其对学生学习的影响有了较为直观的认识。事实上，德国大学自身对于教学的重视在某种意义上，可能超过了其作为研究型大学鼻祖对人类发展所作出的贡献。“在德国，人民创造知识的直接目的就是为了口耳相传，这与其他任何一个地方都不相同”，[31]“那些在大学里直接与思想领袖接触的德国年轻人，因此获得了最为深刻、最为持久的思想烙印”。[32]总的来看，德国一流大学本科课程设置的经验和对于我国一流大学本科课程设置的启示主要在于三个方面。

(一)推陈出新：实现“赫氏”教学与“洪堡原则”的结合

从某种意义上讲，德国一流大学本科课程的设置并没有创新之处，其运用传统的讲授法所开设的讲座课及练习课主要沿袭了赫尔巴特“五步教学法”的精髓，而研讨课、实习实验课又深深地打上了“洪堡原则”的烙印，以追求本科层次的“教学与科研相结合”。

但正是这两项 18 世纪的教育遗产，在今天德国一流大学的本科教育中仍显示出巨大的生命力，发出熠熠光辉，形成了以讲座课、练习课为主，研讨课、实习实验课为辅的课程设置模式，对本科生的人才培养发挥着巨大的作用。

因此，对于我国一流大学而言，在不断高呼教学改革创新的今天，恪守宝贵的教育传统，充分发挥不同类型课程的教学优势是真正构建“以学生为中心”教学体系的关键。我国本科课程类型多数以教师单一传授式教学为主，并不更多地关注到学生究竟对课程教学的内容理解了多少、吸收了多少，单纯地对学生进行灌输型的教育，不宜于培养学生自主思考的能力，影响到学生创新型、启发型思维的建立。应考虑转变为“多元化教学”，更多地设立类似于德国综合性大学所提供的“练习课”和“研讨课”的课程类型，以学生为中心，在学生拥有一定专业知识的基础上，针对实践中的问题采用练习、小组讨论、小组报告、研究文献汇报等课程形式，有利于培养学生的发散性思维能力，提升学生独立思考问题、解决问题的能力，提高学生对于更加专业化、深层次知识的理解。

（二）分类建制：保障教学目标和教学方式的匹配

德国一流大学本科课程以教学方式来划分类型，并以制度形式规定下来，使教师能够明确地依据学生学习的预期成果采用适当教学方式授课，从而有效地保障了教学目标和教学方式的匹配度，大大提高了教学的有效性。

事实上，制度设立是德国大学强制教育者遵循教育规律的一种方式。按照戴维斯·阿伦德的观点，不同学习成果的获得必须要求教师采用不同的教学方法。[33]传统的讲授法往往适用于讲授学科领域的基本信息、概念和术语，练习课往往适用于动作技能、程序性技能习得，研讨课往往适用于批判性思维、创造性思维等能力的训练，实验实习课适用于观念、态度、技能以及体验方面的获得。

对于我国一流大学的本科教学而言，应当建立更为科学规范的课程教学模式。在本科教育的不同阶段、不同方面，有效的教学方法应当是大不相同的，而以教学方式不同来对课程类型进行划分有利于教师遵循教育规律地传道、授业和解惑。

（三）润物无声：以自律文化保障教学质量

德国高校内部对课程教学质量保障的举措是“软弱无力”的：既没有严密的监督体系，也没有刚性的处罚措施。貌似较之于质量监督体系健全、奖惩机制有力的中国高校有较大距离。

但从访谈留德本科生的反馈来看，德国一流大学的本科课程教学质量并未因为其监督的“软弱无力”而降低，反之，是颇有保障的。其原因在于课程教学质量的保障融入了学生学习的每个环节，潜移默化地形成了一种自律文化规范着教师的“教”和学生的“学”。对待授课，教授是严肃的，也必须严肃；对待课业，学生是认真的，也只有认真。课程教学的质量在师生共同建构的“教”和“学”的文化中得到了有力保障，从而塑造了世界一流的本科教育。而这些也正是我国一流大学本科课程教学中所欠缺的，课程中应当多涉及学生可以自主学习研讨的部分，更多地“放权”于学生，在保证教师教学质量的基础上，同样需要保证学生的学习质量，逐步形成良好的“自律教学文化”，从而进一步提高我国一流大学的本科课程教学质量。

◎ 参考文献

[1] 邬大光. 重视本科教育：一流大学成熟的标志[J]. 中国高教研究，2016(6)：5-10.

[2][4][31][32] 弗里德里希·包尔生. 德国大学与大学学习[M]. 张弛，等，译. 北京：人民教育出版社，2009.

[3] Universität Heidelberg. LSF：Lehre，Studium und Forschung [EB/OL]. (2014-05-09) [2017-06-03]. https：//lsf. uni-heidelberg. de/qisserver/rds? state = verpublish&status = init&vmfile = no&publishid = 250499&moduleCall = webInfo&publishConfFile = webInfo&publishSubDir = veranstaltung.

[5][6] FreiUniversität Berlin. Geschichte und Kultur des VorderenOrientsMitteilungen[EB/OL]. (2016-06-30) [2017-06-03]. http：//www. fu-berlin. de/service/zuvdocs/amtsblatt/2016/ab262016. pdf#G2139115.

[7] Universität Heidelberg. LSF：Lehre，Studium und Forschung [EB/OL]. (2014-05-09) [2017-06-03]. https：//lsf. uni-heidelberg. de/qisserver/rds? state = wtree&search = 1&trex = total&root120171 = 87342 | 85460 | 86145 | 87734&P. vx = mittel.

[8] OPUS. Universität Stuttgart. 04 Fakutät Energie-Verfahres-und Biotechnik. Grönland2003：Berichte von der Polarbiologischen Exkursion des Studiengangs Technische Biologie[EB/OL]. (2004-10-05) [2017-06-03].

https: //elib. uni-stuttgart. de/bitstream/11682/1656/1/Groenland_2003_OPUS. pdf
[9] UniversitätHeidelberg. Bachelor-Studiengang: B. Sc. Economics (Politischeökonomik) Modulhandbuch[EB/OL]. (2016-07-18)[2017-06-03]. http: //www. uni-heidelberg. de/md/awi/studium/bachelor/bachelor_hf/modulhandbuch_bsc_economics. pdf.
[10] Ludwig-Maximilians-UniversitätMünchen. Bachelorstudiengang: Volkswirtschaftslehre(Bachelor of Science, B. Sc.)Modulhandbuch[EB/OL]. (2015-05-27)[2017-06-03]. http: //www. econ. uni-muenchen. de/studium/studieninfos/stud_pl/kvv/modulhandbuch-vwl. pdf.
[11] Universität Konstanz. BachelorstudiengangWirtschaftswissenschaftenModulhandbuch[EB/OL]. (2015-08-05)[2017-06-03]. https: //www. wiwi. uni-konstanz. de/index. php? eID = tx_nawsecuredl&u = 0&g = 0&t = 1496672475&hash = 8f52b921bc60770a477ab3fe157701eb61d19e3f&file = fileadmin/wiwi/fachbereich/downloads/B. Sc. WiWi/ModulhandbuchWS14/Modulkatalog_Bachelor_Wiwi. pdf.
[12] Universitätzu Köln. VolkswirtschaftslehreBachelor of ScienceModulhandbuch [EB/OL]. (2016-12-02)[2017-06-03]. https: //www. wiso. uni-koeln. de/sites/fakultaet/dokumente/downloads/bachelor/b_mhb_po15_vwl. pdf.
[13] UniversitätBremen. WirtschaftswissenschaftBachelor of ScienceLehrveranstaltungen SOSE 2017[EB/OL]. (2013-09-11)[2017-06-03]. http: //www. uni-bremen. de/studium/lehrveranstaltungen/veranstaltungsverzeichnis. html? tx_hbulvp_pi1%5Bmodule%5D=01a0c19065562a2b39c9a07779edcb3e.
[14] Frei Universität Berlin. VolkswirtschaftslehreBachelor of ScienceMitteilungen [EB/OL]. (2016-08-30)[2017-06-03]. http: //www. fu-berlin. de/service/zuvdocs/amtsblatt/2016/ab372016. pdf#G2158296.
[15] UniversitätHeidelberg. Bachelorstudiengang Geschichte Modulhandbuch[EB/OL]. (2015-01-19)[2017-06-03]. http: //www. uni-heidelberg. de/md/zegk/histsem/lehre/moha_ba_gesch_75_20152. pdf.
[16] Ludwig- Maximilians-UniversitätMünchen. Bachelorstudiengang: GeschichteModulhandbuch [EB/OL]. (2015-07-22) [2017-06-03]. http: //www. geschichte. uni-muenchen. de/download/frey/ba _ hf _ modulhandbuch. pdf.
[17] UniversitätKonstanz. Bachelor-Studiengang GeschichteModulhandbuch[EB/OL]. (2017-01-01)[2017-06-03]. https: //www. geschichte. uni-konstanz. de/uploads/tx _ studiengang/modulebook _ 32 _ 1484140725. pdf.
[18] UniversitätzuKöln. Zwei-Fach-Bachelor Geschichte Modulhandbuch[EB/OL]. (2017-02-14)[2017-06-03]. http: //phil-fak. uni-koeln. de/sites/phil-fak/lehre _ studium/bachelor/modulhandbuecher/2015BA2FGesch. pdf.
[19] Universität Bremen. Geschichte BachelorLehrveranstaltungen SOSE 2017[EB/OL]. (2013-09-11)[2017-06-03]. http: //www. uni-bremen. de/de/print/studium/lehrveranstaltungen/veranstaltungsverzeichnis. html? tx_hbulvp_pi1%5Bmodule%5D= 1c3df5ff146b56b01ea0b7ac096bb4cc.
[20] Frei Universität Berlin. BachelorstudiengangGeschichteMitteilungen[EB/OL]. (2012-08-21)[2017-06-03]. http: //www. fu-berlin. de/service/zuvdocs/amtsblatt/2012/ab782012. pdf#G2344013.
[21] UniversitätHeidelberg. Bachelor of Science (B. Sc.)PhysikModule des Studiengangs[EB/OL]. (2012-11-28) [2017-06-03]. http: //www. physik. uni-heidelberg. de/c/image/d/studium/bachelor/pdf/BSc Physik Modulhandbuch. pdf.
[22] Ludwig-Maximilians-UniversitätMünchen. BachelorstudiengangPhysikModulhandbuch[EB/OL]. (2013-06-13) [2017-06-03]. http: //www. uni-muenchen. de/studium/studienangebot/studiengaenge/studien-

faecher/physik/sgbach/bachelor/modulhandbuch/17_mhdb_bsc_physik_180_ects_psto_31_01_2007_stand_13_06_2013. pdf.
[23] Universität Konstanz. BachelorstudiengangPhysikStudienpläne [EB/OL]. (2014-05-01) [2017-06-03]. https://www. physik. uni-konstanz. de/index. php? eID=tx_nawsecuredl&u=0&g=0&t=1496520323&hash=d58d2643b23180cd50e0a1079ee4cc6ddc1e73b7&file=fileadmin/physik/fachbereich/Dokumente/Studienplaene/Studienplan_BSc_Physik_mathematisch. pdf.
[24] Universitätzu Köln. PhysikBachelor of ScienceModulhandbuch [EB/OL]. (2015-05-04) [2017-06-03]. http://physik. uni-koeln. de/fileadmin/Downloads/modulhandbuch/bachelor/Modulhandbuch_BSc_Physik. pdf.
[25] Universität Bremen. PhysikBachelor of ScienceLehrveranstaltungen SOSE 2017 [EB/OL]. (2013-09-11) [2017-06-03]. http://www. uni-bremen. de/studium/lehrveranstaltungen/veranstaltungsverzeichnis. html? tx_hbulvp_pi1%5Bmodule%5D=ea53cb573cc4a759e900fff661cdc283.
[26] Frei Universität Berlin. PhysikBachelor of ScienceMitteilungen [EB/OL]. (2012-07-23) [2017-06-03]. http://www. fu-berlin. de/service/zuvdocs/amtsblatt/2012/ab662012. pdf#G2058982.
[27] Techinische Universität Dresden. PhysikBachelor of ScienceModulhandbuch [EB/OL]. (2016-08-05) [2017-06-03]. https://tu-dresden. de/mn/ressourcen/dateien/studium/physik-bachelor/PHY_82_128_2009_AB_2015_00_MB. pdf? lang=de.
[28] Universität Bremen. Systems EngineeringBachelor of ScienceLehrveranstaltungen SOSE 2017 [EB/OL]. (2013-09-11) [2017-06-03]. http://www. uni-bremen. de/studium/lehrveranstaltungen/veranstaltungsverzeichnis. html? tx_hbulvp_pi1%5Bmodule%5D=ec538af7c568596cba67ee4d8c561520.
[29] TechinischeUniversität Dresden. BachelorstudiengangMaschinenbauModulhandbuch [EB/OL]. (2016-07-22) [2017-06-03]. https://tu-dresden. de/ing/maschinenwesen/ressourcen/dateien/studium/ordnungen_studium/folder-2014-08-04-4415580110/MB_B_14_AP_002-Anlage-1_2017-03-07. pdf? lang=de.
[30] Rheinisch- WestfaelischeTechnischeHochschule Aachen. BachelorstudiengangMaschinenbauStudienplan [EB/OL]. (2017-06-01) [2017-06-03]. https://www. rwth-aachen. de/global/show_document. asp? id=aaaaaaaaaaakvmf.
[33] 詹姆斯·R. 戴维斯，布里奇特·D. 阿伦德. 高效能教学的七种方法[M]. 陈定刚，译. 广州：华南理工大学出版社，2014.

·高等医学教育改革·

国际视野下的中国医学教育改革

——2017年中美医学教育研讨会议综述

曾德军　李金芯　宋　娟　吴　夏

（武汉大学 医学部，湖北 武汉 430071）

摘　要：2017年中美医学教育研讨会在武汉大学召开，会议吸引了国内外23所高等医学院校的一百多名专家学者与会，会议收到学术论文77篇。本次学术会议主要围绕“医学教育改革政策和进展、创新医学人才培养模式、医学课程整合、教学方法与评价方式改革、医学实验教学和临床实践教学改革、医学教师教学培训与职业发展、住院医师/专科医师规范化培训、临床执业医师资格分阶段考试”等主题，进行了深入而热烈的研讨。国内外专家的思想相互交流与碰撞，促进了双方加深了解、学习借鉴和共同提高。

关键词：医学教育改革；医学人才培养模式；临床实践教学；医师规范化培训

Chinese Medical Education Reform in the International Perspective

—A Summary of the 2017 Sino-US Medical Education Seminar

Zeng Dejun, Li Jinxin, Song Juan, Wu Xia

(Medical Department, Wuhan University, Wuhan, Hubei, 430071)

Abstract: In 2017, the Sino-US medical education seminar was held in Wuhan University. The conference attracted more than 100 experts and scholars from 23 medical colleges and universities at home and abroad, received 77 academic papers. This seminar focused on “medical education reform policies and innovative medical talents training mode, the integration, teaching and evaluation method reform of medical curriculum, medical experimental teaching and clinical practice teaching reform, teaching training and occupation development, the standardized training of resident or professional physicians, clinical physician qualification stage examination”, carrying out a deep and heated discussion. The ideas of experts at home and abroad interact with each other and promote the mutual understanding, learning and common improvement of both sides.

Key words: Medical education reform; Medical talents training mode; Clinical practice teaching reform; The standardized training of resident or professional physicians

---

收稿日期：2017-05-25

作者简介：曾德军（1972—　），男，湖北京山人，硕士研究生，六级职员，主要从事高等医学教育管理及研究。李金芯（1986—　），女，湖北荆门人，硕士研究生，八级职员，主要从事妇产科及医学教育研究。宋娟（1983—　），女，重庆万州人，硕士研究生，八级职员，主要从事高等医学教育管理与研究。吴夏（1986—　），女，湖北武汉人，硕士研究生，八级职员，主要高等医学教育比较研究。

2017年4月14—16日，由中国高等教育学会医学教育专业委员会主办，武汉大学和芝加哥大学承办的2017年中美医学教育研讨会在武汉召开。国内外23所高等医学院校的专家学者参加会议，这也是继2012年之后的又一次中美医学教育工作研讨会。出席本次研讨会的专家有：中国高等教育学会医学教育专业委员会常务副秘书长郭立，国家医学考试中心何惧，世界医学教育联合会副主席、韩国高丽大学医学院AHN Ducksun教授，美国芝加哥大学副校长Melina Hale教授，芝加哥大学国际艾滋病培训中心主任、武汉大学医学教育改革项目美方负责人Renslow Sherer教授，武汉大学常务副校长、医学部部长冯友梅教授，以及芝加哥大学医学院、国内知名医学院校教师等，共计百余人。收到会议交流论文77篇。会议围绕“医学教育改革政策和进展、创新医学人才培养模式、医学课程整合、教学方法与评价方式改革、医学实验教学和临床实践教学改革、医学教师教学培训与职业发展、住院医师/专科医师规范化培训、临床执业医师资格分阶段考试”等主题，进行了深入而热烈的研讨。国内外专家的思想相互交流与碰撞，促进了双方加深了解、学习借鉴和共同提高。

1　医学教育改革政策和进展

武汉大学与芝加哥大学的医学教育合作已有九年，Renslow Sherer教授作为合作项目的美方负责人，在主题报告中介绍了芝加哥大学普利兹克医学院课程改革，以及武汉大学与之合作进行课程整合、教学方法改革、教师能力提升方面的成就。他认为，医学知识浩瀚无边，教师不可能掌握全部的知识，更不可能教会学生所有的知识，因此引导学生的主动学习尤为关键。他提出减少传统讲授时间，增加小班授课和小组讨论学时，给予学生更多参与学生活动的机会，充分锻炼学生自主学习的能力与习惯。

韩国高丽大学医学院AHN Ducksun教授在《韩国医学教育的现状和前景》报告时指出，医学院校数量的激增使得一个质量问题尤为凸显。韩国政府在保障医学教育质量方面做出了不懈的努力。2000年，韩国医学界考试实行医学院校认证制度，促进了许多医学院校医学教育的创新。2010年，韩国执业医师考试首次引入全国范围的大规模OSCE考试作为执业医师考试的第二部分考试，大大提高了临床医学的实习效果。同时引入了各种新的教学方法，如PBL和TBL，并取得了不同程度的成功。医学院校还实施了一些非生物医学课程，如医学人文、沟通技巧、职业态度。在改革推进的过程中，社会对实习和住院医师规范化培训机制仍存在着不满。他指出，很多英美医学教育的创新在东亚地区往往无法成功，文化创新具有一定的挑战性，但这是在未来的医学教育发展中必须克服的。

武汉大学余保平教授在《国际视野下的整合式临床医学教育改革》报告中指出，深度的国际教学合作应该着重于课程体系、教师发展、教学方法和评价体系等方面。武汉大学医学教育构建的“模块化整合课程体系”，分为“人文与职业素养课程、整合课程、临床实践与思维课程、创新与科研能力课程、预防与健康促进课程”五大模块。其中整合课程是立足于机体的结构、功能、代谢与疾病的有关联系，将基础医学学科之间、基础医学与临床医学学科之间的内容进行整合融通，提升学生综合运用知识解决临床问题的能力。

吉林大学李凡教授在《白求恩式卓越医学人才培养体系改革与探索》报告中指出，人才培养模式改革是实施卓越医生教育培养计划的关键和瓶颈问题。吉林大学以培养白求恩式卓越医学人才为目标，坚持“顶层设计、宽度探索、深度整合、协同育人”管理理念，通过启动“体制改革、课程整合、学生创新创业、教改试点、教师素质提升、制度机制建立、国际交流、白求恩精神培育”8项改革计划，构建起体系完善、融合统一、协同发展、目标大、程度高的培养模式。

国家医学考试中心何惧作了《临床执业医师资格考试分阶段考试研究简介》报告。她围绕临床执业医师资格考试分阶段考试研究的背景、意义和分阶段考试拟解决的核心问题、考试设计等进行说明。对

2015年以来分阶段考试实证研究初步结果进行了分析。她认为，临床执医考试改革的主要目的和作用是：促进以岗位胜任力为导向的医学教育改革；适应和推动医学院校的整合课程改革；强化医学人文教育和沟通能力的培养；为学校提供了第三方评价的客观结果，并用于教学与学生管理中；为教育主管部门提供医学教育评价的客观指标。

复旦大学汪玲教授等在《面向健康中国建设，创新儿科学人才培养模式》中分析了儿科学人才培养的现状和存在问题，提出要创新体制机制，探索符合社会和时代需求的儿科学人才培养模式，以应对"全面二孩"政策带来的生育高峰，提高儿童医疗卫生服务质量，推进健康中国的建设。她提出了儿科学人才培养的发展战略建议：加强儿科学科专业建设，吸引一批优秀生源从事儿科医疗服务；深化面向基层的儿科学人才培养工作，缓解基层儿科医生短缺问题；进一步扩大儿科医学专业研究生招生规模，加大培养力度；积极主动承担儿科住院医师规范化培训工作，提高临床工作能力。

2　医学课程整合与体系构建

武汉大学武军驻教授在《CMG课程整合》报告中指出，传统的医学基础教育课程设置多、不同学科课程之间存在交叉重复、课程教授形式单一、基础与临床教育缺乏有效联系、不利于学生在临床上对所学基础知识的综合运用等问题。参照芝加哥大学医学院的课程设置体系，他尝试将医学遗传学、细胞生物学、分子生物学与生物化学内容进行整合，形成细胞、分子与基因整合课程。该课程以细胞为生命的基本功能单位，综合讲授细胞的结构与功能、遗传与物质代谢的关系，让学生形成一个有关真核细胞的整体的知识框架，能在细胞及分子水平解释疾病的发生机制，理解与之相关的诊断与治疗依据。通过基础知识的整合、基础与临床的结合以及灵活多样的教学形式，充分调动医学生的学习兴趣，培养其主动学习与创新的能力，逐步形成医生职业所必需的终身自我学习的习惯，并为学生后期临床知识的学习打下坚实的基础。

温州医科大学郭益民教授在《"以疾病为中心"的基础医学课程整合模式的设想与实践》报告中指出，"以器官-系统为中心"的课程整合模式存在课程整合不够彻底、基础与临床结合不够紧密、临床案例太少、各门学科的界限和各器官-系统的界限太过明显等问题，"以疾病为中心"的基础医学课程整合模式则基本上可避免上述问题的出现，这种整合模式根据临床的需要，在结构上以系统为单位，按器官-系统来组织教学内容。在教学内容上以疾病为基础，将基础医学各学科的内容进行有机融合，实现基础医学各学科间的横向融合以及基础医学与临床医学学科间的纵向融合。

台北医学大学张淇龙教授在《跨学系整合性团队学习课程：促进医学伦理、同行沟通与医学人文的开端》报告中指出，良好的医疗工作靠优质的团队合作才能带给病人安全的保证。跨学系整合性团队学习课程主要目的是通过模拟情境学习，让不同医学职业和学科间了解彼此的专业所在，给予尊重、互助与意见的交流，促进医学伦理、同行沟通与医学伦理的理解。介绍了2015—2016年台北医学大学医学模拟教育中心发展的6个团体客观性结构式临床技能测验课程，整合了一校三院的师资群，让学生模拟临床情境，学习判断临床处置，从而更进一步养成医疗团队的基本素养。从每项课程教案的回馈、定期进行教案的检讨，来提升课程质量与学习成效。

中国医科大学曲波教授在《基于国家医师资格考试的整合课程模式效果评价研究》报告中指出，"整合课程"在全球医学改革中受到越来越多的关注。中国医科大学根据哈佛医学院"新途径"课程的经验，结合我国医学教育的特点，于1999年开始进行整合课程改革。为检验整合课程的教学效果，他将3772名医学生分为整合组（$N_1=1150$，64.5%）和对照组（$N_2=2091$，35.5%），研究对比两组间国家医师执业资格考试成绩差异。结果显示，整合组学生的考试成绩较好，差异有统计学意义（$p<0.05$）。他指出，医学整合课

程改革在我国还处于起步阶段，其应用前景非常广阔。

3 住院医师规范化培训和专科医师培训

上海交通大学张斌渊教授在《上海交大医学院毕业后医学教育介绍》报告中介绍，上海交大医学院作为医学人才培养的高地，早在2004年就探索了高校统筹各附属医院开展住院医师规范化培训的模式，成为上海市乃至国家住院医师规范化培训的样板。近年来，医学院将毕业后医学教育的住院医师规范化培训、专科医师规范化培训、全科医学人才培养、医教协同深化临床医学人才培养改革纳入学校的重点工作。医学院完善各项培训管理制度、加强培训管理工作、提升管理效能，以教学平台建设、培训质量督导、年度考核、师资培训、医教协同、国际交流等为抓手，形成统一的标准和要求，提升医学院毕业后医学教育的整体培训质量，逐步形成医学院毕业后医学教育的品牌。

芝加哥大学几位教授集中介绍了芝加哥大学医学院各专科开展毕业后医学教育的经验。John McConville 博士作了《如何确保培训对象准备好毕业了》报告。他介绍美国医师培养需要4年本科、4年医学院、3~5年住院医师培训或毕业后医学教育培训、1~4年亚专科培训。毕业后还需经过美国毕业后医学教育评鉴委员会认证才能成为注册医师。医师培养需要满足社会期望，即治愈、道德和诚信、利他、公益、透明、责任心、能力保证。他指出，医学教育应该以能力为基础，以一种结果为导向的方法来设计、实施、评估和评价医学教育项目。提倡使用里程碑式培养，在培养过程中设立重要节点，评估关键能力，了解个人进步轨迹。通过总体课程结构、影子项目、临床能力委员会来确保培训对象准备充足。强调了临床能力委员会、直接观察和课程结构体系在确保住院医生项目毕业生具备合格行医能力方面发挥的重要作用。

Adam Cifu 教授介绍了《内科学临床实习轮转》。他认为，内科学临床实习轮转的目标包括：学生通过有指导的临床体验和有辅助的不断练习训练临床推理能力；广泛接触内科学不同下属专科，为职业选择作铺垫；开始学习临床医学的不同方面。芝加哥大学通过12周普内、会诊、心内、大内科轮转，门诊体验，带教体验，临床推理案例讨论，推荐阅读，让实习生以患者的主要医生身份进行临床实习，为患者提供全面服务。他指出，应该使用以临床岗位胜任力为主的评价系统，对管理人、阐释者、报告者给出与成绩相匹配的客观评价指标，从知识储备、临床技能、交流、临床推理、职业素养到以系统为主的操作、动手能力为主的进行综合评价。

Rimas Lukas 副教授作《从神经学住院医生到亚专科培训的过渡：以神经肿瘤学为例》报告。Lukas 副教授是美国西北大学医学神经肿瘤科主任，他指出，美国神经科住院医培训通过内科学一年级、神经科初级、神经科高级住院医培训，提高患者护理、医学知识、人际与交流技巧、实践为主的技能和职业素养。神经肿瘤亚专科住院医生培训主要通过管理成人原发神经系统肿瘤患者，管理儿童原发神经系统肿瘤等培训内容，着重于新知识、新临床技能、学者身份的建立。他认为，千万不要对教学方案绝对定义，但确定一套指导性的教学原则，教学设计有弹性，允许培训项目在自身的发展中有新的要求。

Sajid Shahul 副教授作《芝加哥大学麻醉和重症监护住院医生招录情况介绍》报告。Shahul 博士指出，要通过设立主任医师、住院医师发展委员会、毕业后医学教育领袖、额外服务支付管理员等手段来推动住院医师培训项目。临床训练第一年以辅导课、普通手术室、骨科、耳鼻喉科、泌尿科、妇产科、麻醉后监测病房/气管、疼痛为主，第二年以儿科、心脏科、神经科、外科重症监护、烧伤病房、血管/胸科为主，第三年以高级临床课程、儿童心脏科、麻醉、NorthShore 医院选修课为主。通过这些措施，该项目努力培养麻醉和重症监护领域勤于思考、踏实肯干、善于协作的医学专家。

Sarosh Rana 妇产科副教授作《美国妇产科住院医生培训项目介绍》报告。Rana 教授表示，美国妇产科住院医生有着外国应届毕业生变少、西医毕业生增多的趋势，平均每10个人中有8个人被培训项目录取。毕业后医学教育认证委员会为毕业后医学教育制定标准，负责监管150个专科和亚专科的10000个培训单位，负责监管125000个住培医生和专科培训医生。每年芝加哥北岸医疗系统有生产5000例、妇科手术2500例，其中，芝加哥大学有生产3000例、妇科手术2000例。她指出，美国毕业后医学教育评鉴委员会对培养以学生成为独立的从业者的要求是培养技能、知识和态度，使住院医具有各方面的综合素质，能承当照护患者的责任；而对于住培毕业人员的要求是，具备诊治和手术治疗女性生命各个阶段生殖系统的专业知识、技术和专业能力，能够担任女病人的主治医生，能够提供咨询。在评估方面，采用患者护理、医学知识、基于系统的实践、基于实践的学习、专业精神等里程碑管理。

Scott Stern主任医师作《误诊与诊断推理：症状诊断法》报告。Stern教授指出误诊很常见，对于患者危害极大，由于我们医学课程的不足，导致该问题恶化。导致误诊的原因包括诊断难，课程关注典型疾病而非症状，医学教育中的思维模式，教师/住院医生/学生联系不充分，临床反馈不充分，评价体系不合适且有设计缺陷等原因。他提出，临床诊断过程可以进行剖析、详细阐明并实施评估。用"翻转课堂"、角色扮演的方式进行互动性病例讨论，以诊断推理课程减少潜在误诊。

武汉大学叶燕青教授在《针对性培训教者与学习者》报告中指出，住院医师培训质量与老师床旁带教教学能力及住院医师自身的临床学习能力密切相关。武汉大学中南医院在住院医师规范化培训教学管理过程中，充分利用武汉大学-美国芝加哥大学教学改革项目平台，借鉴美国成熟、行之有效的教学方法，针对性提升师资床旁带教方法、技巧及住院医师的学习能力。

四川大学谭惠文博士在《多学科团体模式在住院医师培养中的应用》报告中指出，多学科专家团队(Multi-disciplinary Team，MDT)协作诊疗模式，就是以患者为中心和多学科专家团队为依托，保障患者得到最规范的诊疗方案。华西临床医学院以多学科团队教学模式，贴近临床生动直观，以案例为基础，小组病例讨论的交互式教学模式有利于激发学生独立探索的兴趣，让学生积极主动地发现问题、分析和解决问题。他认为MDT教学能更好地激发内科住院医师的学习兴趣，提高其学习的积极性，培养具有良好的职业道德、扎实的医学理论知识和临床诊疗技能的内科住院医师。

4 教师职业发展和教学培训

芝加哥大学分管教学副校长，Melina E. Hale教授作《芝大培养师资的方法》报告。Hale教授指出，芝加哥大学的教师培训包括教学及沟通技巧、撰写以及拨款项目开发、职业阶段和晋升指导几个部分，一般采用非强制性，鼓励教师参与，提供机会给教师选择。Hale教授表示，芝加哥大学塑造了丰富的师资培养传统的方法，提供资源和建立支持网络，以确保全面发展的职业生涯。她认为，应当在课堂教学中支持学习新的教学方法，鼓励创新，鼓励接收教学反馈，高素质的教学和科研工作应当是有重要性、创新性、影响力、创意、富有成效的。教师应当以杰出的学术成果为基石，同时在教育、服务、临床活动中做出努力。

武汉大学范静怡教授在《师资队伍培养在教学改革中的重要作用与面临问题的解析》中，以武汉大学医学教育改单为例，详细地讲述了师资队伍培养在医学教育改革实践中的重要意义，并分析目前存在的问题以及可能的解决方案。武汉大学医学部与美国芝加哥大学合作进行教学改革，同步进行课程负责人制的落实、教研室功能的加强、师资培训的进行等多种改革的实施，使得师资水平不断提高，师资队伍逐渐壮大。教学专家讲座、专项技能培训、美国教师教学示范、小组讨论/课程建设/评估与考试考核等多种多样的师资培训广泛开展，保证了师资水平不断提高。

西安医学院杨蕙宇讲师在《"卓越医生教育培养计划"下医学院校教师教育教学能力提升的发展策略》

中建议：一是建立专门的教师发展机构，搭建教师专业化成长平台。教师发展中心根据学校实际，制定规范、科学的培训制度，有计划地对教师开展教育教学理论知识、技能、在职培训、教学咨询等。在培训或研讨的过程中，推广先进的教学理念，营造重视教学艺术的教学文化环境，探讨符合自身要求的教学规律。二是建立激励教师提升教育教学能力的机制，充分调动起教师的主观能动性和积极性。考核评价中不以学术发展为主导一边倾斜。既要有科研业绩评价，更要有教学业绩评价；既要有学术的科研能力，更需要有教学能力、育人效果。同时，将参与教学研究与改革的情况纳入教师工作考核中，激励教师积极进行教学方法改革和教学模式创新。奖励那些在教学中取得显著成绩的教师，特别是在教学方法和教学模式中有创新的教师。

遵义医学院梁斯教授在《医学院校青年教师教学能力提升计划的探索与实践》中介绍了青年教师教学能力提升计划的探索与实践，详细讲述了开展教师教学能力培训等系列讲座活动、组织现代教育技术教学观摩及培训活动、开展集体备课专项督导活动、实施青年教师导师制、青年教师授课前试讲制度、开展各类教学竞赛等活动、实施教学激励机制、完善教学质量监控体系等情况。

5 教育信息技术应用

南京医科大学高兴亚教授在《信息技术对医学教育的流程再造——互动平台和质控手段》中认为信息化让人类突破了脑力的极限，信息技术改变了与人之间交流的方式，也必然引起教育形态的巨变。强调医学教育信息化的未来均势：沉浸式、体验式、任务式学习，课堂的形态也会从翻转课堂、混合式教学O2O，逐步发展到多中心课堂、访谈式课堂、协作式课堂、现场演示式课堂、实景转播式课堂等。未来教育信息化的建设模式将是：共建共享、深度融合、流程再造。

山东大学刘传勇教授在《在线开放课程“医学生理学”的建设与应用》报告中指出，山东大学以校内临床医学专业“生理学”课程为蓝本，制作了“医学生理学”在线开放课程，包含微视频、课堂提问、单元自测、周作业、课程论坛以及虚拟实验等内容。2016 年春季开始在中国大学慕课平台上线，已经开课 3 个学期，前两个学期选课人数均 1.6 万人，经过问卷调查，选课学员多为在校生或者医疗卫生界的从业人员，选课目的为辅助在学课程或者研究生入学考试和执业医师资格考试。2016 年秋季利用在线资源在校内实施混合式教学，学生课前在线学习基础知识，课堂上进行互动和讨论，发现在线教学资源的质量、教师课堂表现、学生平时成绩均影响在校生对这种混合式教学体验；混合式教学对学生成绩的分布产生了一定影响，平时成绩一般的学生更加适应混合式教学。2017 年该课程在智慧树在线教育平台上线，以学分课程的形式向其他学校推广，目前已经有 6 所学校 1500 人选课，选课学校多为边远地区的专科或高职院校，本科院校较少，说明在线开放的专业或者专科基础课向本科院校推广较为困难，但边远地区的专科或者高职院校有很大的需求。

南方医科大学副校长文民刚教授作《临床能力考核方法新进展》报告。首先探讨了临床实践能力与临床思维能力的区别，指出目前国内临床技能大赛对本科教育方向的误导。之后综述了 OSCE、Mini-CEX、DOPs、MSF、Portfolio 等常见临床思维能力培训和考核方法。随后，介绍了南方医科大学探索出一套符合国内临床教学实际情况的考核方法，依托自主研发的网络题库与考试系统、综合教务系统、自主实习支持系统、爱课教学支持系统，并在临床理论教学、临床见习、临床实习过程中有效地开展各种临床思维能力考核的情况。

武汉大学徐丽莹等在《基于微信平台的案例教学法在放射科住院医师培训中的教学探索》中认为，住院医师规范化培训以培养临床能力为主，而影像阅片能力是其中非常重要的一项技能。她介绍了以微信平台为媒介，精心设计、制作临床典型案例用于住院医师规范化培训教学，并总结其方法和要点。实践证明，基于微信平台的案例教学法有助于提高住院医师的影像诊断思维能力和影像学知识掌握程度，并可适应不同学科和不同层次住院医师的学习要求，是对传统医学影像学实践教学的有力补充。

中国医科大学李颖在《微课在超声诊断学实习教学中应用的研究》中认为，微课在超声诊断学实习教学中的应用可以激发学生的学习热情，提高超声诊断学实习教学的质量。选取中国医科大学附属盛京医院医学影像学专业两个实习小组50名学生，随机分为传统教学组和微课教学组，每组25人，在实习第一天、实习一个月、实习三个月时分别对学生通过理论笔试百分制考试进行测评，对二组学生的学习效果进行统计学分析。结果显示微课教学组学生的测试成绩明显优于传统教学组($p<0.05$)。

6 教学评价与考核

温州医科大学毛孙忠教授等著的《医学生物化学课程试行“机考+期末考”考核的实践与探索》介绍了2014年以来依托学校“考易网络题库与考试系统”，建立生物化学机考试题库及网络考试平台，并生物化学课程评价中试行“机考+期末考”分阶段考核模式，对学生学习成绩进行综合评定。初步研究显示，这种基于形成性评价的考核方式有力地提高学生平时学习的积极性，有效地提高学习质量，改善了生物化学课程的教学效果。

新疆石河子大学马玉龙等著的《美国医学研究生能力本位考评体系的研究与借鉴》总结了美国医学研究生评价标准的三次变革及其动因，就其多元化的考核体系进行了系统的分析，探寻其优势所在，最后对我国医学研究生考评体系建设提供借鉴与指导。

四川大学蒋金等著的《在线评教在本科临床实习评教中的应用实践与思考》介绍了四川大学华西临床医学院在2010级临床八年制实习评教中引入在线评教，利用网上问卷星平台以问卷调查形式对各科实习效果进行在线评教，对评教数据进行统计分析。实践发现学生实习评教参评率较前大幅度提高，评教数据有效反映了临床科室本科实习教学质量情况。认为在线评教是本科临床实习评教的有效实施方式，能有效提升临床科室实习教学质量。

天津医科大学王鲲鹏等著的《翻转课堂教学模式应用于牙体解剖学的效果评价》对翻转课堂教学模式在牙体解剖学教学及学生能力培养中的应用效果进行了研究。学生随机分组为翻转课堂教学模式组和传统教学模式组，教学结束后对学生进行理论与操作考核，并进行问卷调查，比较分析翻转课堂实施效果。结果显示翻转课堂模式下学生闭卷考试及蜡牙雕刻成绩有显著提高。学生也认为翻转课堂模式对培养学习兴趣、提高学习效率及自学能力很有帮助。

遵义医学院钱民章等著的《不断改进课堂教学评价指标，助推教学改革及教师成长》介绍了学校三届教学专家督导组根据学校不同时期教学基本状况、教师队伍的具体情况及高校教育教学改革的要求开展课堂教学评价的具体做法：第一届督导组针对学校新进教师数量多的情况把敬业、端正教学态度放在课堂教学评价的重要位置（占比1/2）。第二届督导组在第一届督导组工作的基础上认识到需要在精业方面提出要求，将教师传授知识的能力提到教学评价的重要地位；随医学教育改革发展。第三届督导组提出课堂教学要实现传授知识、启迪思维、培养能力、拓展视野的总目的，并进一步修订了学校的教学质量评价表。三届督导工作将课堂教学质量评价指标不断更新发展，将基本的规范、教学基本功与新的理念和要求很好融合，对建设一支敬业精业的教师队伍，提高教学质量，推动学校教学改革与理念创新发挥了积极作用。

武汉大学王燕舞、汪琳等在整合课程“组织与功能”教学中探索应用了形成性评价，并对学生成绩进行分析，发现有形成性评价学生期末考试成绩比阶段考试成绩上升。对学生个体的研究表明，有形成性评价的学生期末考试的成绩普遍高于阶段考试，而无形成性评价的学生期末考试的成绩会下降；有形成性评价学生“组织学”的正确率更高。她们认为，形成性评价对于激发和维持学生的学习兴趣，有利于教师为学生提供个性化的指导，使学生获得更好的学习效果。

7 教学模式与方法改革

北京大学口腔医院王琳等著的《规范化口腔综合教学模式探索》介绍了口腔综合医生培养的改革探索。其改革目的是培养具有全面检查、综合设计、规范诊疗且有不断学习能力的口腔综合医生。在综合教学的前两年，主要形式是进修生口腔综合分专业培养。教学组由牙体牙髓、牙周、外科、修复各专业医师组成，将门诊时间分配给各专业，学生在各个专科教师的指导下完成各专业临床培养。结业时进行病例汇报。经过六年的探索和发展，逐步形成和规范了口腔综合医生的培养模式。在这种模式下，学生的各专业水平都能得到很好的培养。而随着参加国外口腔综合医生规范化住院医培训的医生回国，逐渐形成了以口腔综合教师为主各专科教师为辅的团队，开始进一步完善一年制口腔进修医生的规范化口腔综合培养项目。

贵州医科大学吴遵秋、吴宁等在《医学院校生物化学病例式开放式教学模式的探讨——糖、脂、蛋白质代谢为例》中介绍了病例式开放式教学在生物化学代谢章节教学中运用的成功经验。通过开放式病例，促使学生将理论与实际相联系，便于理解和构建自己的知识，用理论去解释实际生活中的问题。有利于培养学生自主学习、分析问题能力、解决问题能力、逻辑思维能力和创新能力，提高学习效率、教学效果以及教师和学生的综合能力。

四川大学华西临床学院岳荣铮、左川等在《医学留学生诊断学教学的实践与探索》中介绍了医学留学生教育培养目标，强化课程设置，通过成立跨学科诊断教学组、新教师培训考核上岗、严格集体备课程序、完善教学监督与评价等措施强化师资力量，甄选优质英文原版教材和教参，采用小组混编三段式教学、英文标准化病人、双语版电子仿真模拟人等用于教学、并优化学生考核体系，以确保留学生诊断学教学质量的提高和可持续发展。

遵义医学院附属医院徐平、赵勇著的《综合教学模式在内科临床实习教学中的应用探讨》结合内科学临床实习的特点，为提高内科学临床实习的教学质量，通过综合运用 LBL 教学法、CBL 教学法、PBL 教学法，形成了一种适合学生发展的综合教学模式。这种教学模式能注重教学目的，发掘学生学习潜能，更好地引导学生自主学习，还能够激发学生的学习兴趣，提高分析和解决问题的能力，促进临床思维形成，从而全面提高教学质量。

中国医科大学附属盛京医院谭小平等在《同伴互助教学(PAL)模式联合以案例为基础的教学方法(CBL)在神经科临床实习中的应用》中介绍了新的研究成果。他们于 2016 年 3 月至 2017 年 1 月期间将神经内科病房的 154 名临床医学本科实习生随机分为试验组和对照组，试验组采用同伴互助教学模式联合以案例为基础的教学方法，对照组采用常规实习带教方法。2 周后分别进行综合成绩评定和教学效果评价，比较两组之间的差异。结果试验组综合成绩测评结果明显好于对照组，差异具有显著的统计学意义($p<0.05$)。教学效果评价显示试验组学生在教学内容的掌握程度、学习积极性、学习效率及团队合作能力等方面的表现明显好于对照组($p<0.05$)。认为 PAL 联合 CBL 教学方法是神经科临床实习教学的重要方法，能明显提高神经科临床实习学生的学习成绩及临床实践能力，有助于提高神经病学的教学质量。

西安医学院白丹等著的《基于 PBL 的耳鼻咽喉头颈外科学临床技能情景模拟教学方式的探索与分析》针对我国卓越医师培养计划对医学生临床技能培养的要求，探索了耳鼻咽喉头颈外科学的临床技能教学方式改革，借鉴 PBL(Problem-Based Learning)教学法，提出了以病例问题为导向的临床情景模拟教学方式，学生以小班为单位分组设计病例进行临床场景模拟和诊疗方案分析探索，教师辅助过程并在最后对学生表现和讨论结果进行概括和总结点评。对学生进行满意度问卷调查，并对期末考试成绩进行统计学分析，发现此教学模式实施后无论是学生还是教师，在授课和学习中的积极性和主动性都大为提高，且实施新教学方法组的学生考试成绩提高。

8　实验教学及科研能力培养

贵州医科大学基础医学院吴宁等在《化学与生物化学实验室开放实验教学改革探索》中介绍了反复实践中初步摸索出适应自身特点的“分阶段、混合搭档”开放实验教学模式，科学化、规范化实验教学，训练学生科研思维，培养学生实践能力、创新能力及初步科研能力，并取得了显著成效。

天津医科大学护理学院韩浩贤等在《护理本科生实验教学和临床实践教学改革的探索与实践——以天津医科大学护理学实验教学示范中心为例》中介绍了其在护理本科生实验教学和临床实践教学改革中的具体做法：实验教学打破传统课程设置，开设新课程、打造精品课，改进教学方法，优化管理方案；临床时间教学探索增加学生临床见习机会，院校融合、建立兼职教学团队。通过系列做法在教学改革、学科建设和人才培养方面都取得了较大进步。

温州医科大学陈俊等在《医学微生物学实验教学改革的实施体会——以设计性实验“细菌分布调查”为例》中指出医学微生物学作为基础医学的主干课程具有理论性、实践性和应用性强的特点。医学微生物学实验课程具有极强的实践性特点，是医学微生物学教学的重要组成部分。微生物学实验教学模式多采用传统“验证性”实验的教学模式，学生按老师制订的实验方案开展实验，导致学生对实验探究的兴趣不高，实验教学效果欠佳。近年来，温州医科大学基于“开发学生智能，培养与提高学生科学实验的能力和素养”开始了设计性实验教学改革的有益探索，达到提高学生项目设计、数据处理、实验动手等各项实验技能的成效。

武汉大学基础医学院薛敬玲等著的《以设计性实验为载体的病理学实验教学改革初探》选取2014级检验预防医学学生为研究对象，设计性实验教学运用于病理形态学实验教学中，学生根据给定的实验目的、条件与要求等，自行设计实验方案，独立操作并得出实验结果。对比于传统的已观察切片为主的形态学教学发现，设计性实验能极大地激发学生学习兴趣和参与积极性，增强对知识的记忆力，有利于对理论知识的综合性理解和掌握，同时也有利于动手能力的培养，是行之有效的培养“三创”型医学人才的途径。

武汉大学基础医学院谢先飞、乐江等著的《学术与发现课程教学效果的问卷调查与分析》通过问卷调查的方式，对武汉大学医学部2014级在校本科生就学术与发现课程的教学内容、教学方法及考核方式等方面进行评价，分析教学效果，发现学生对该课程满意度较高，倾向于接受更加主动和积极的学习方式，尤其是文献分析、课题解析等内容都是以学生为主体实施，给了学生充分自主学习和展示自身能力的机会，启发了科研思维，预先分组准备、课上集中讨论的教学方式亦得到普遍认同。

9　职业精神与医学人文教育

南方医科大学李春芳老师等在《浅谈临床实习生职业精神培育》中提出如何培养具有现代医学知识、人文素养，为患者提供优质服务的医学人才是摆在医学教育工作者面前的新课题。文章从医学生职业精神的核心出发，阐述了临床实习生职业精神培育的必要性；从医科院校、教学医院、带教老师、学生自身等方面，探讨临床实习生职业精神培育途径。

四川大学华西临床医学院钱永军著的《医患关系失谐对医学生价值取向冲击及重构》指出医患关系是医务人员和病患在医疗活动过程中产生的一种特殊的人际关系，医患交往具有密切相关性、积极交往性、直接交往性、定向交往性、非个性交往性、交往适度性等特点。医患关系失谐是当代中国高度显性化的社会冲突之一，对医学生的职业认同与价值取向产生一定冲击。医患之间的直接交往性特点能够使医患之间的关系具有时空接近性，而这正是建立和谐关系的前提条件。

天津医科大学医学人文学院王琳在《论构建具有中国特色的医学人文教育体系》中认为，在借鉴国外医学人文教育的同时，必须根据自身的特点，量身打造适合中国特色的医学人文教育体系。必须明确高等医学院校培养方向和宗旨，抓住全面提高人才培养能力这一核心点，将包括思想政治教育在内的医学人文教育贯穿医学教育全方位和全过程；课程内容设置应既有有普遍性又有特殊性，既能体现符合医学人文教育教学规律的课程，又具有顺应中国特色经济社会发展和医疗体制运行环境的课程；要树立“大医学教育观”，注重顶层设计，强化医学与人文的结合；要创新医学人文教育方式方法，拓宽医学人文教育新渠道；要凝心聚力，加强医学人文师资队伍建设。

武汉大学人民医院廖仕翀等著的《浅析医患关系紧张原因与对策》认为我国医患关系不容乐观，造成目前这种现象的原因众多，包括医疗体制的缺陷，医师队伍素质教育不足，医患知识结构水平的差异，医患沟通不足，信息不对称，诚信缺失造成信任危机等原因。提出以患者为中心的沟通模式、完善医疗保障制度、多角度熏陶提升医务人员医学人文素养、换位思考相互理解及注重医患沟通后的反馈等改进建议。

齐齐哈尔医学院梁玉清等著的《“三导向”人才培养模式下公共卫生学生人文素质教育实践》介绍了公共卫生学院以“三导向”人才培养目标为核心，坚持以职业精神、执业能力、社会适应能力培养为重点，依据知识、素质、能力协调发展的原则，按照年级、专业特点，总体规划并有组织的实施“第二课堂”人文素质教育的实践，将“第二课堂”人文素质教育实践与专业知识相结合，通过“三导向”人才培养模式下第二课堂人文素质教育实践，学生的人文素质普遍提高。

长江大学医学院张晓方等著的《长江大学卓越医生医学人文素质培养的实践》认为医学人文教育是“卓越医生教育培养计划”的一个重要组成部分，医学人文素质的培养，是衡量卓越医生人才培养质量的重要标准之一。提出了该校人文教育实践的六点思路：将医学人文素质教育纳入人才培养计划中，构建了医学人文素质教育体系；打破传统学科体系界限，根据培养目标和知识结构采用模块式的教学，将传统医学人文课程整合到各个教学模块；医学人文教育贯穿整个教学过程，整个五年学习和实践期间都可以接收到医学人文素质教育和熏陶；定详细的教学计划和教学目标，综合应用了现代教学方法与手段，提高人文教育教学质量；重视在临床场所培养卓越医生的人文素质，将人文素质也纳入学生实习、见习考核的内容；利用学科门类齐全的优势，注重校园文化熏陶。

遵义医学院郑明辉博士等在《人体寄生虫学教学中融入人文教育的探索》中指出人文素质如同专业素质一样不可或缺、受益终生，每一个医学教育者都应当充分认识到人文素质教育的重要性，正确理解人文教育的内涵以及自己的责任。他在人体寄生虫学教学中将专业教育与人文素质教育相结合，广泛收集人体寄生虫学人文素质教学素材并将之渗透入理论教学、实验教学和案例分析教学，鼓励和带领学生积极开展社会实践服务活动，培养适应新形势发展医学人才。

·高等医学教育改革·

基于SPOC理念的翻转课堂
——促进医学人文教育发展的新动力

谢晓立[1]　余保平[2]

(1. 武汉大学　教育科学研究院，湖北　武汉　430072；2. 武汉大学　医学部，湖北　武汉　430072)

摘　要：SPOC(Small Private Online Course)，小规模限制性在线课程，作为信息化时代极具代表性的课程范式，将MOOC与实体课堂教学进行深度融合，充分发挥两者各自优势，正以其强大的整合性与灵活性在教育领域掀起一场深刻的变革。本文通过探讨如何将SPOC教学资源与翻转课堂教学模式的优势成功引入医学人文教育领域，以期改变当前医学人文教育课堂中课程缺乏整合，杂而不精，教学方法单一，师生缺乏互动性的现状，为推动医学人文教育的发展提供方法支持。

关键词：小规模限制性在线课程；翻转课堂；医学人文教育

Flipped Classroom Based on SPOC Concept
—New Impetus to Promote the Development of Medical Humanities Education

Xie Xiaoli[1], Yu Baoping[2]

(1. Research Institute of Educational Science, Wuhan University, Wuhan, Hubei, 430072;

2. School of Medicine, Wuhan University, Wuhan University, Wuhan, Hubei, 430072)

Abstract: SPOC(small private online course), as a representative curriculum of the information age, which is combining the MOOC (massive open online course) with the real classroom teaching. Revealing the strength of these two forms. Compatibility and flexibility are the two distinguishing features of SPOC by which SPOC led the revolution in medical education career. This paper discusses how to introduce theadvantage of SPOC teaching resources and the flipped classroom mode into the field of medical humanities education, inorder to change the current medical humanities education which shows disorderly, unsystematic and lack of integration.

Key words: Small private online course; Flipped classroom; Medical humanities education

一、基于SPOC理念的翻转课堂模式

SPOC是小规模限制性在线课程的简称，与MOOC(大规模，在线开放课程)相比具有以下特点：(1)

收稿日期：2017-08-08

作者简介：谢晓立(1992—　)，男，湖北武汉人，武汉大学教育科学研究院硕士生，主要研究方向：高等医学教育。余保平(1962—　)，湖北英山人，教授，博士，主要研究方向：消化内科、医学教育与管理。

对学习者的规模有较为明确的限制，其学习者规模一般为几十人到几百人不等。(2)对于学习者，其设置有限制性的准入条件，只有当学习者达到某一指定要求才能被纳入进来。可以说 SPOC 是在 MOOC 的基础上发展而来的小规模教学模式。虽然与传统的 MOOC 相比 SPOC 的规模更小，不能保证所有在线学生都能够接受相同的教育(只有达到准入条件的学生可以参与线下实体课堂的教学活动)，但正是因为其规模相对较小，其可以更有针对性地根据学习者的学习特点和需要设计课程。同时，加入了准入条件的 SPOC 保证了课程参与者内部较高的一致性结构，更有利于教学活动的展开。SPOC 在发挥着 MOOC 课程高效率、较低成本、易于普及、包容性强等特点的同时，可以很好地利用学习者碎片化的时间进行学习，并与实体课堂紧密结合，为学习者创造更多的渠道与教师沟通，提供个性化的学习指导，有利于充分激发学习者的兴趣和学习主动性。

翻转课堂："Flipped Classroom"或"Inverted Classroom"，也可以称为"颠倒课堂"，是指将课内外时间进行重新调整，充分赋予学生学习的决定权。学生课外自主学习明确学习内容，课内采用师生交流或小组讨论等方式对相关学习内容进行深入探究，以求达到对学习内容的深层次理解。结合医学人文教育的特点及存在的问题，笔者认为在进行医学人文教育课程的规划与设计方面，应该采用以学生自主学习为主的基于 SPOC 的翻转课堂模式。充分发挥 SPOC 对于学习资源的整合优化和延伸拓展功能，并将翻转课堂教学模式作为 SPOC 的实体课堂部分的教学实现形式，更好地实现医学生在医学人文教育中的全程参与，促进学生医学人文素养的全面提升。

二、当前医学人文教育存在的问题

1. 医学人文课程的设置受当前教学计划空间的限制较大

受传统医学教育模式影响，大多数医学院校偏重于医学生医学专业知识与自然科学知识的学习，在与此相关的课程上的投入较大，而对医学人文教育的重视程度不够，在医学人文课程上的投入处于较低水平。课程设置上，医学专业类课程占据着教学计划规定的正式课程比重较大，且呈现出进一步上升趋势。医学人文教育与专业教育课时的矛盾越来越突出，在课程总量趋于饱和的情况下医学人文教育课程难以在正式教学计划中占有一席之地，不得已经常以公共选修课的形式来开展，难以取得理想的教学效果。

2. 医学人文教育课程结构不合理，缺乏系统性与规范性

大多数医学院校开设的医学人文教育课程受本校相关专业教师资源的限制较大，在医学人文课程的设置难上以从学科发展的全局性与整体性出发，导致医学人文课程的开设往往带有主观性、随意性、不完整性。传授的医学人文知识也存在着不同程度的褊狭与残缺，未能使医学生形成全面合理的医学人文素养。

3. 医学人文教育缺乏与其学科必要的整合与交叉

据目前来看，我国医学人文教育在打破学科界限，沟通整合不同人文学科的内容上做得还不够。未能形成囊括社会学、伦理学、经济学、法学等人文课程的核心内容的医学人文综合型课程。课程名目多而总体学时少的矛盾尚未解决。

4. 医学人文教育教学方法僵化，无法适应学生发展

医学人文教育传递的不仅是人文知识，更重要的是帮助医学生提高医学人文素养，形成高尚的情操与道德品质以适应未来从事医生职业的需要。但目前我国医学人文教育在教学方面过分注重知识的传授，忽视了对于情感，态度，价值观的培养，所采用的教学方法通常是课堂讲授，并且以理论灌输为主。以教师为中心忽视了学生学习主动性的培养，未能深入挖掘医学专业的人文底蕴。

5. 课程评价指标单一，评价效果不明显

现阶段医学人文课程的评价方式仍然停留在传统的纸笔考试上，评价的内容主要针对一些识记型的人文知识，过分注重对于学习结果的评价，却忽视了对于学习过程的考察。对于情感、态度、价值观等重要因素缺乏应有的考察。评价主体单一，往往以任课教师为主，未能充分调动学生的积极性，没有发挥出教学评价的启发、激励、促进的功能。

三、借助 SPOC 理念的翻转课堂开展医学人文教育的优势

1. 突破正式教学计划限制，开拓医学人文教育新空间

SPOC 理念的翻转课堂的优势在于它可以利用学生的碎片化时间进行学习，在保证医学人文教育质量的前提下，巧妙化解了医学专业课程与医学人文课程在课时分配上的矛盾。与此同时，因为 SPOC 对于学习者而言设置有限制性的准入条件，每一个课程参与者从进入课程伊始就要求提交关于自己的学习目的以及学术能力的信息，可以做到更有针对性地为学生提供契合其学习特点的课程，并且学生可以在教学计划的指导下自定学习步调，做自己学习上的主人。

2. 搭建互联平台，挖掘域外资源

相关专业教师的匮乏，是众多医学院校难以有效开展完整、全面的医学人文教育的重要原因。而基于 SPOC 理念的翻转课堂模式的突出特点就在于：它可以为众多医学院校搭建起优质的专业师资和课程交流共享平台。各个医学院校可以结合自身实际情况，整合医学人文教育的优质课程资源，将其转换成视频资源等形式与 SPOC 线上课堂部分对接，实现优势互补。而一些医学人文教育专业师资水平较差、资源相对不足的医学院校也可以通过 SPOC 平台引进优质的课程资源，进行相关学科的补强。

3. 整合学科内容，提供完整学习体验

SPOC 翻转课堂模式给学生带来的是一种完整的学习体验，通过 SPOC 线上平台可以将分属于不同学科领域的人文教育内容按主题与关联程度整合成一段段相互联系的视频课程。每一段短视频都有一个子主题，多个短视频共同服务于一个母题，对相似主题的视频内容进行筛选与重组，避免内容上的重复。并在线上课堂增添学生反馈机制，结合学生的体验及时 SPOC 线上课堂内容进行删减和更新。

4. 丰富教学方法，激发学生潜力

基于 SPOC 理念的翻转课堂模式可以较好的将线上学习与线下指导，自主学习与群组探究结合在一起。在这一模式中学生的主体地位得以凸显，医学人文教育不再是教师机械地对学生进行人文知识的灌输，而是在师生合作的基础上学生自主探究并充分挖掘医学人文内涵的主动求索。学生作为教学活动的全程参与者和自己学习的规划者，能在多种学习情境中陶铸自己的情感，训练自己的思维，锻炼自己的表达能力。如在 SPOC 翻转课堂中医学生既可以根据自己的兴趣爱好在线上平台观看教学视频自主学习，也可以就课程疑难问题通过线上社区与同学展开讨论，并且还能够及时与线上辅导教师实时互动并得到及时反馈。与此同时，线上视频教学过程中穿插关于教学内容的问题，只有当问题回答正确才能进行下一步学习。基于此 SPOC 模式既能做到督促学生学习，又能够通过线上数据库将学生的问题与困惑进行收集，以便为及时改进教学和在线下翻转课堂进行有针对性的答疑解惑与对知识的深化拓展做好准备。另外，在 SPOC 翻转课堂实体教学环节中单元学习与课程小结以知识竞赛和个人及小组报告的形式开展，每一位学生都有自我展示课程收获的机会。

5. 改进教学评价方式，突出学生的主体性

传统的医学人文教育的课程评价未能发挥出教学评价的启发，激励，引导和促进的功能。且经常性的将学生放在极为被动的位置上。但是基于 SPOC 理念的翻转课堂模式可以借助大数据对学生的学习情况

进行分析，及时对学生的学习效果进行评价，并向学生提供反馈信息，帮助学生更好地了解自己的学习状态与学习效果。在 SPOC 翻转课堂里，以时间节点和发言情况及讨论参与程度来记录学生在线上平台的具体学习过程，教师可以及时了解学生的学习进度与效果，学生的学习全程都能受到教师的关注。进行教学评价时不仅仅是考察某个单一的指标，评价的标准往往依据学生的学习成效、学习能力、协作能力、情感价值等。与之相对应的是评价主体也是多元的，既包括教师也包括学生自己，学生所在的线上讨论组与线下学习小组也是开展评价的主体之一。充分发挥学生的主体性，使学生在参与评价自己与他人的活动中不断提升自己。

四、展望

高等教育信息化的快速发展正深刻变革着当前医学教育的传统教学方法，教学模式，乃至教学环境并在持续不断地推动着人们关于医学教育观念的进一步改变。积极引进，开发，使用先进的信息技术实现高等医学教育的信息化转型以便更好地促进医学教育的发展与繁荣，是我国高等医学教育现代化的必由之路。借助基于 SPOC 理念的翻转课堂模式进行医学人文教育，突破了传统的医学人文教育理念与方式，将多种资源进行优化组合，借助互联网络平台充分实现师生之间以及线上线下教育资源间的多元互动，为学生提供机会进行自主探索，进一步凸显了作为学习主体的学生的中心地位。同时这种新模式也为我们深化医学人文教育教学改革，不断完善医学人文教育提供了借鉴。

◎ 参考文献

[1] 孙艳芹，甘思远，陈小毅，等．师生互动教学模式在病理学教学中的实践效果观察[J]．广州医学院学报，2014，32(5)：752-753.

[2] 张金萍．翻转课堂与教学改革[J]．基础医学教育，2014，16(10)：825-828.

·高等医学教育改革·

医学人文融入妇产科床旁教学的初步探索

刘文惠　李庆桂　黄凤华　郭娟娟　徐　丹　张元珍

（武汉大学　第二临床学院，湖北　武汉　430071）

摘　要：医学科学和人文科学融和是现代医学教育的特征，注重"以病人为核心"培养人文素养，以更好地服务于人类健康事业。通过对目前我国妇产科学床旁教育中的问题分析，结合国际先进的医学教育实践经验，在我院妇产科实习生中56人践行讨论式教学，并融入人文科学理念，以提高学生沟通交流方式，循序渐进提高学生人文素养。在阶段实习考核中，与同期同班级学生比较，考核优秀者明显高于未使用该方法者，由此表明，该方法有一定的可以借鉴的途径。

关键词：医学人文；床旁教学；妇产科

Preliminary Exploration of Integrating Medical Humanities into Clinical Teaching of Obstetrics and Gynecology

Liu Wenhui, Li Qinggui, Huang Fenghua, Guo Juanjuan, Xu Dan, Zhang Yuanzhen

(Second Clinical College, Wuhan University, Wuhan, Hubei, 430071)

Abstract: The integration of medical science and humanities is characteristic of modern medical education, focus on "patient as the core" to cultivate humanistic quality, to better serve the cause of human health. By analyzing the current problems in clinical teaching of obstetrics and gynecology in our country, combining with the international advanced practice of medical education, 56 trainees of obstetrics and gynecology in our hospital, discussing teaching and integrating the concept of humanities science to improve students' Communicate and exchange ways, step by step to improve students' humanities accomplishment. In the stage examination, compared with the same class students in the same period, the students who has used this method is significantly more excellent than those who did not use the method, which shows that this method has some ways to learn from.

Key words: Medical humanities; Clinical teaching; Obstetrics and gynecology

---

收稿日期：2017-05-12

基金项目：本项目由武汉大学资助，项目编号：2015026。

作者简介：刘文惠(1970—　)，女，湖北孝感人，主任医师，副教授，医学博士，从事妇产科临床与教学。李庆桂(1960—　)，女，湖北武汉人，主管技师，医学学士，从事妇产科教学管理工作。黄凤华(1966—　)，女，湖北黄陂人，主任医师，副教授，医学博士，从事妇产科临床与教学。郭娟娟(1984—　)女，主治医师，医学硕士，从事妇产科临床与教学。徐丹（1984—　)，女，主治医师，医学硕士，从事妇产科临床与教学。张元珍(1959—　)，女，湖北新洲人，主任医师，教授，博士生导师，医学学士，从事妇产科临床与教学。

现代医学教育的特征是将医学科学和人文科学高度融和，自20世纪20年代开始发展的现代医学教育，始终在医学科学与人文科学中寻找平衡点，以保证医疗技术和卫生服务的正当、公正与公平。

妇产科学涵盖产科(诞生于生理及病理妊娠的新生命)、妇科(包括恶性肿瘤)、计划生育(人工流产及避孕)、生殖与助孕(供精、供卵、冷冻胚胎等)、性教育等方面，涉及生命伦理、医学道德、死亡等诸多人文教育内容。研究表明，九成以上的医疗纠纷是医患沟通不当或沟通不充分导致。提高医生的人文素养可以明显减少医患冲突，在妇产科这样医疗纠纷高发的科室加强临床老师和医学生的人文素质是当今临床医学教育的热点话题。如何在床旁教学中融合医学人文教育也面临更多挑战。

1 新时期医学人文教育

人文概念的提出最早见于《周易》。《易·贲》中说道："文明以止，人文也。关乎天文，以察时变；关乎人文，以化成天下。"言圣人观察人文，则诗书礼乐之谓，当法此而教化天下。西方的人文——humanity，其核心价值是关怀人，尊重人和人的权利，人是世间万事万物的中心和根本。

医学人文教育的本质是"以人为本"，其目标是将医学人文精神融入临床行为中，在临床实践中彰显关爱人、关爱生命、尊重人的权利，并在终身的职业习惯中体现出来。整体上讲，医学教育是融合了医疗技术与医学人文的终身教育过程。虽然医学生在基础课程阶段系统学习了"医学伦理学"、"卫生法学"、"医学史"、"医学哲学"等基础课程，但是人文知识的传授并不意味着人文精神的形成，人文教育是在医学科学的基础上，促进人们对生命和疾病的理解，增进病人的健康和福利。加强对人类生命、死亡以及生存意义的理解，在医疗实践中根据不同情况不断思索，在与同行、患者的沟通中不断领悟并需内化为关爱生命、尊重生命的本质。在此过程中，更关注现实的带教老师所营造的人文氛围，通过各种综合方法提高学生人文素养。

2 医学人文融入妇产科床旁教学的思考与实践

2.1 优化课程设计，改善教学方法，教师熟练掌握所讲内容

随着信息技术的快速发展，知识爆炸式出现，运用专业参考书、教材、计算机网络与多媒体结合的讨论式教学可以合理学习和利用这些知识，提高学生学习兴趣，使学生始终处于主体地位和积极思考的状态，从而提高学习积极性。互动式的讨论式教学模式，以学生小组讨论为主体，培养学生探究问题和解决问题的能力，它有利于学生对教材内容的理解和掌握，激发学生的主动性和创造性、积极思维，调动学生学习的积极性，使学生获得较为鲜明的感性认识。提前给予临床案例进行预习让学生查找资料学到了书本以外的知识，增加了教学容量，有利于开阔学生的视野，同时可以了解相关疾病的研究和治疗新进展，掌握目前疾病研究中存在的问题和待解决的关键内容，拓展人文思路。

讨论式教学法，通过病例或问题情境发现关键信息，提出并解决问题，进行主动学习，近年来在全球广泛采用，我院自2004年开始实施讨论式教学，被证实为有效的教学手段，能使学生从被动学习转变为自主学习和探索性学习，有效地提高推理和沟通理解能力以及分析和解决问题的能力。研究也表明讨论式教学的学生比传统教学有更好的职业能力，对行医中可能面对的问题更有自信。毕业三年随访，他们有更好的自我学习的习惯、自我分析问题和解决问题的研究能力。医学人文教育在培养良好岗位胜任力的医师过程中不可或缺，应该贯穿于医学教育的全过程。传统的妇产科教学以老师讲授传授知识、解决妇产科专业技能问题为主，涉及医学人文内容不足。为提高本科生临床思维能力、主动学习能力，提

升社会人文素养和道德品质，在妇产科床旁讨论教学中运用实际的临床病案，融入医学伦理、哲学、法律甚至社会学等相关人文学科内容，在教学过程中呈现出良好的医患沟通方法和沟通技巧，在提高学生临床技能、综合思维、沟通理解力和终身学习能力的同时，树立正确的医师职业形象和职业态度观念，进而指导其职业行为。

教学步骤：(1)编写病例，以临床实际遇到的妇产科常见病为学习起点，如以腹痛或阴道流血为线索组织学习模块。以未婚腹痛者年轻女性者为例，设置问诊人性化，巧妙支开无关人员问出“有否停经史及性生活史?”这些有助于诊断的重要隐私信息，并引导学生注意诊断及沟通交流中的事项。以中央型前置胎盘妊娠晚期阴道流血案例中设置孕期胎儿的处理，探讨生存的权利与意义。(2)根据病例中提供的病史、体格检查结果，由学生提出需要进一步做何种辅助检查，给出相应的结果，鼓励学生提出假设。(3)自主学习，利用教材、专业杂志、参考书、网络、查询相关资料，明确各相关疾病的特点，进行鉴别诊断。各小组成员之间可以探讨，收集各种信息，此即讨论式教学的中心环节。(4)在教师带领下的床旁小组讨论：通过小组讨论，综合各种信息和资料，作出诊断及鉴别诊断，提出治疗原则及方案，以在具体实施后产生的效应验证原有假设，修正假设。(5)总结：小组内总结后每组选1名同学作中心发言，其他学生补充。最后由指导老师补充，对教学内容做总结。(1)、(2)、(3)在课前进行，(4)在床旁实行，(5)在小教室进行。学生以模块形式掌握妇产科基本知识，通过问题探讨提升学生对妇产科的兴趣、分析问题和解决问题能力、沟通交流能力、语言表达及人际关系协调能力，增强临床思维能力、主动学习能力，提升社会人文素养和道德品质，具备医生岗位所需的职业素养。医学人文教育是通过临床实践来最终实现的。妇产科床旁教学中运用合理的实际教案，融入医学伦理、哲学、法律甚至社会等相关人文学科内容，培养同理心。

人文素质教育融入床旁教学各环节：如早期人工流产探讨对生命的抉择；恶性肿瘤晚期病人治疗中探讨延续生命的意义；生殖医学中冷冻胚胎的权利；供精出生孩子亲代的社会问题等。在此过程中注意医患交谈的语气、语态、面容，注重隐私保护。带教老师从自身点滴做起，比如进病房门先敲门以示尊重，对病人寒暄几句：“×××，你好!”“你今天气色不错啊!”其实这并不是废话，体现了对病人的关怀，瞬间拉近了医患的距离，缓解了病人的紧张情绪，甚至病人的痛苦也减轻了一半，也调节了医生单调、麻木的工作与生活。查房讨论前向病人介绍“这些学生学习，可能会耽搁一下”，让患者充分知情，征得同意方才进行床旁教学；触诊病人前暖手；结束后“感谢配合”；帮忙整理衣物，将这些步骤视为常规，成为教学与工作的一部分，真正体现出视病人如亲人。

2.2 医学人文融入妇产科床旁讨论的教学优势和成绩

(1)将僵硬的一个老师对多名学生宣讲的模式转变为以问题为基础的小组讨论式学习，让每个学生都积极发言讨论，培养终身自主学习，增强沟通表达能力和团队协作精神。2016年10月至2017年5月实习的学生中随机使用该方法56人，阶段考核时发现使用该教学方法者考核优秀达42人，占75%，明显高于同班级同期未实行该方法者(优秀率为52%)。并获得学生的一致好评，普遍认为学习效率高、知识点兴趣浓厚、记忆牢固。

(2)灌输式的被动学习转变为讨论式学习，自己寻求解决问题，主动参与自主学习，提升学习兴趣。

(3)枯燥的理论学习改变为在临床环境下，让学生思维扩展，加深对知识的理解和记忆，可以说学生最初的床旁学习，很多终生难忘，并内化在以后的医疗行为和临床思路中。

(4)改变单纯临床专业技能学习途径，融入医学人文思想知识，使妇产科专业知识与医学人文教育有机结合，及早培养学生的同理心，提升医学人文素养和道德品质，树立正确的职业观。

3 结语

医学基础阶段的人文知识融入妇产科临床专业知识并以床旁讨论课的形式呈现，教师在床边教学提前把案例给学生，有助于学生自主寻找答案，提高学生兴趣和热情，自主学习，提升社会人文素养，养成临床思维、终身学习习惯，树立良好的医务人员职业形象。同时，对于教师而言在准备课程和教学过程中可以提升自身专业和职业素质。

◎ 参考文献

[1] 殷大奎．人文精神与医师职业责任[J]．中国医学伦理学，2009，22(2)：3-6.

[2] 潘宇，陈俊国．西方国家医学人文教育现状及对我国的启示[J]．医学教育探索，2009，8(11)：1344-1346.

[3] Kutac J，Osipov R，Childress A. Innovation Through Tradition：Rediscovering the "Humanist" in the Medical Humanities. J Med Humanist，2016，37(4)：371-387.

[4] 程永波，米娜娃尔·阿不都沙拉木，刘明珠．医学人文为为何难以融入临床[J]．临床决策研究，2016，37(3B)：1-4.

[5] 魏莉，陈忠良，杨红，王建．融入式人文医学教育在妇产科临床教学中的探讨[J]．基础医学教育，2013，15(3)：280-282.

[6] 何勉，张颖，李宇斌．妇产科临床见习教学中融入医学人文教育的探讨[J]．临床医学工程，2012，19(8)：1419-1421.

[7] 刘旭东，黄秀江，赵书昭，张卫东．当代西方医学人文教育探析[J]．中华医学教育杂志，2011，31(6)：953-955.

[8] 杜治政．论新的医学人文观[J]．医学哲学，2008，29(7)：8-13.

[9] 吴昊，顾晔．PBL在妇产科临床见习中的应用[J]．中国高等医学教育，2014(1)：107-108.

[10] Huang L，Cai Q，Cheng L，et. al.. Analysis of curricular reform practices at Chinese medical schools[J]. Teach Learn Med，2014，26(4)：412-419.

·高等医学教育改革·

浅析医患关系紧张原因与对策

廖仕翀[1]　李金芯[2]

(1. 武汉大学　人民医院乳甲外科，湖北　武汉　430071；
2. 武汉大学　医学部教学管理处，湖北　武汉　430071)

摘　要：我国医患关系不容乐观，造成目前这种不良医疗环境原因众多，包括医疗体制的缺陷，医师队伍素质教育不足，医患知识结构水平的差异，医患沟通不足，信息不对称，诚信缺失造成信任危机等，本文通过对目前造成医患关系紧张的原因进行分析并提出相应解决办法，以求由此提升医疗服务质量，减少医患纠纷。

关键词：医患关系；问题；对策

Analysis on the Causes and Countermeasures of the Tense Relationship between Doctors and Patients

Liao Shichong[1], Li Jinxin[2]

(1. Department of Thyroid and Breast Surgery, Renmin Hospital, Wuhan, Hubei, 430071;
2. Department of Teaching Management, Wuhan University School of Medicine, Wuhan, Hubei, 430071)

Abstract: The doctor-patient relationship is not optimistic in China, a lot of reasons result in the current adverse medical environment, such as defects in the medical system, lack of quality education for physicians, differences in the level of medical knowledge structure of the doctors and patients, lack of communication between doctors and patients, information asymmetry, confidence crisis caused by lack of credibility. This paper analyzes the causes of the tense doctor-patient relationship and puts forward the corresponding solutions, in order to improve the quality of medical services and reduce doctor-patient disputes.

Key words: Doctor-patientrelationship; Problem; Countermeasures

医疗卫生与人类健康息息相关，是社会关注的热点问题，也是构建社会主义和谐社会的重要内容。中国作为世界上拥有最多医生和最多患者的国家，在医疗方面，存在着医疗资源分配不均匀、医生水平参差不齐、患者健康需求不一等严重问题，随着近年来我国医疗卫生服务水平不断提升，人民群众对健康需求不断升高以及对医疗机构要求越来越高，医患关系紧张已经成为不争的事实。随着医疗模式的转变，现代医患关系已经广泛涉及伦理、经济、法规、政治、文化等方面，医患关系更加复杂，医患沟通

收稿日期：2017-05-12

作者简介：廖仕翀(1987—　)，男，江西赣州人，硕士研究生，主治医师，主要从事乳腺肿瘤的研究、早期诊断和综合治疗。李金芯(1986—　)，女，湖北荆门人，硕士研究生，八职职员，主要从事妇产科及医学教育研究。

更显重要。但在医疗实践中，医患沟通不足、沟通障碍现象还相当普遍，是引起医患矛盾甚至医疗事故争议的重要原因。本文拟对目前医患关系紧张相关原因及解决办法进行分析和阐述。

1　医患关系紧张相关因素

1.1　医疗体制缺陷的影响

我国各级政府对医院的投入远远不足，目前我们用世界上2%的医疗资源，治疗着世界上22%左右的人口，且存在少数卫生行政管理部门对医疗卫生专用款项“截流”挪用，医院为了自身的发展、人才队伍建设以及先进设备购置等，必须靠医疗收入来弥补政府投入的不足[1]。而这种不合理的体制实际上把医生和患者双方推到经济利益对立面。医院会不断地对一线科室布置各种指标，而这些指标又与医生切身利益息息相关，在此大背景下的医患关系，先天性蒙上了“利益”的阴影，尽管我国现存的大多数公立医疗机构均为非营利性，但实际上医院已不可避免、无可奈何地驶入营利的轨道。医疗体制存在的缺陷就不可避免地导致患者把矛头对准医院，把不满发泄到医务人员的身上。

1.2　医师队伍素质教育不足

医师队伍素质教育和人文素养不足也是导致医患纠纷的重要因素之一。我国特定国情下的医学教育体制还相对混乱，学生层次多样，三年制、五年制、七年制、八年制都存在，医学毕业生进入工作岗位后继续教育方面也存在差异，尤其是住院医师规范化培训和专科医师规范化培训大多刚刚起步，从业人员专业素质有待规范提高[2]。此外，我国的医学人文教育总体上还十分薄弱，缺乏医学人文学科建设的标准和规划，国内医学院校或多或少开设了一些医学人文课程，但课程实效甚微，导致了医学生医患沟通能力弱化、人性化医疗意识淡薄等问题，在他们走上工作岗位后，往往多偏重于应用专业知识和技能对疾病进行诊疗，而忽视医患的双向沟通和有效互动。

1.3　诊疗过程中人文素养的缺失

随着医学的不断进步，越来越多的先进医疗设备和新的诊疗方法被运用到医学诊疗过程当中，并成为诊疗过程中的医务人员最为关注的部分，使得医生与患者的交流逐渐减少，形成了医生看病过分地针对疾病本身，而忽视了患病的个体，医生与患者双方的感情、思想的交流越来越少，医疗过程逐步变成物化、程序化的一个过程，医生与患者的交流变成了操作与被操作的关系。在诊疗过程中，医生成为各种先进设备的使用者和解读者，成为机器的附属；而患者被简单地分割成器官、组织、细胞的结构，不再具有“人”的属性，医患关系成为这种程序化的诊疗过程，医生的主动性和创造力被抑制，因此在临床上我们很难听到医生与患者之间倾心的交流，而是被各种检查报告所取代，医生关心的不再是病人本身，而关心的是各种检查报告以及相关疾病与预后相关的数据研究，使得诊疗过程中相互产生不信任感[3]。

1.4　医患知识结构水平差异、信息不对称的影响

医学是当今社会最神秘和最复杂的学科之一，大多数人对疾患和健康一无所知，加之目前医学科学越来越先进，学科分化越来越细，不同学科之间也会出现巨大的知识鸿沟，即便有人接触过医学及健康相关知识，可能也仅是皮毛，就算是医务工作人员，不同学科之间也是隔行如隔山，尤其是对于庞大深奥的医学知识不能全面地认知和准确地把握，理论知识与现实的情况也会往往不一致，书本上所表述的是各种疾病典型特点，而在临床上所遇到的患者身体特征和生存环境的不同，即使是某一种疾病在不同

个体上也表现出不同的临床特点及疾病表现。因此不同医生之间以及医生与患者之间对疾病的认识不一样，对医疗服务或疾病转归出现不同程度的期望，而这种期望之间的差距也是医疗纠纷和医患关系紧张的原因之一。

2 改善医患关系的相关策略

2.1 改变目前医疗模式，完善医疗保障制度

以患者为中心的沟通模式是高质量医疗卫生的核心部分。其核心价值观在于：①考虑患者的需要、需求、观点及个人经验；②提供患者表达并参与诊疗的机会；③强化医患关系中的伙伴关系和理解力[4]。所谓以患者为中心主要是指在行动上以患者为中心，引导和理解患者的观点，包括患者的担心、想法、期望、需求、感情以及帮助病人分担压力和责任，通过参与他们的选择，使其选择最大限度地如患者所愿。

其次是加大对医疗的投入，并对现有医疗保障体系进一步完善，让居民看得起病，彻底解决看病难、看病贵的现象。患者生病时，既要承受身体上的痛苦，也要承担一定的经济压力，各种重压的共同作用，易使其产生极端情绪。而从体制上保障患者健康及经济利益，能够减轻患者后顾之忧，从而减少负面情绪的产生，并通过完善沟通制度，构建能与患者和社会平等交流、利益共享的沟通系统，从而保障医患沟通的有效实施。

2.2 多角度熏陶提升医务人员医学人文修养

当前的医学教育模式存在的短处——只是片面地重视学生理论知识和技能的掌握，忽略了医学人文教育，当真正将知识用于临床实践时，缺乏沟通技巧，有效沟通较少，直接导致了医患关系的不和谐。而良好的教育背景和成长经历很大程度上决定了一个人的修养和能力。特鲁多医生说过医生对于患者：有时是治愈，常常是帮助，总是去安慰。而医学之父希波克拉底也曾言，“医生有三大法宝，语言、药物、手术刀”。语言名列三大法宝的首位，凸显出医生除问诊、配药、开刀之外，保持与患者有效沟通的极端重要性。所以说优秀的沟通技能更能够帮助患者。优秀医生的语言经常能带给患者比药物更好的疗效。目前我国医学教育也逐年开始重视医患沟通知识以及能力的培养，并将其列为课程内容，为医学生到临床工作打下了基础。而在医院对医生的再教育上开设医患沟通课程，对医务人员进行培训，使其掌握好的沟通交流技巧，与患者充分有效地沟通，这样不仅可拉近医患之间的心理距离，甚至可对患者所处的疾病状态产生积极的影响[5]。

2.3 换位思考相互理解

医务人员要转变思想，从“以疾病为核心”转变为“以病人为核心”，多关心患者、多体贴患者，多为病人着想。使患者充分信任医生，这种信任也会使得医患沟通达到更理想的效果。医务人员在平时工作上不管有多忙都不要因为工作的原因而对患者态度生硬，在平时工作中需要更为暖心的态度和更加认真的工作态度，才会有好的沟通效果。作为患者和家属也应该理解医务人员工作的辛苦，以最佳的心理状态接受治疗和护理。

2.4 注重医患沟通后的反馈

沟通是双方相互理解的一个过程，沟通中最大的问题就是自以为已经进行了沟通。通常医患沟通过

程中，患者多数处在被动地位，因此，医患沟通更需要给患方充分表达的机会，并及时收集沟通后的反馈信息。每次同患者和家属进行沟通后，必须确保患方能够明白并理解医生需要沟通的内容，只有与患者及时互动反馈，充分考虑患者或家属关注的重点(治疗效果和医疗费用等)，留意患者的反应和情绪变化，才能确保沟通的成功性[6]。

3 总结

随着社会经济水平的飞速发展，生活水平日趋提高，加上传统医学模式的转变，人们更加重视健康及生活质量，这对医疗服务、医疗保健制度等提出了更高的要求。然而，就目前我国的医疗服务环境和医疗服务水平而言，显然还不能满足日益增长的医疗服务水平的需求，而这种供需关系越来越失衡，医患关系也越趋紧张，就医环境也不断变差。因此我们需要采取措施，改善目前现状。医患关系不仅关系到医疗服务质量的提高，也关系到医院的发展，反映了医务人员的精神风貌和情操，也是社会主义精神文明文化建设的内在体现。相信随着医改不断推进和各项社会保障制度的逐步到位，以及社会物质经济的进一步繁荣和人们文化道德修养的进一步提高，通过医患双方共同努力，互相尊重、互相理解、温馨和谐，共同改善目前医疗环境，促进医患关系朝着正确方向不断前行，必能构建更加和谐的医患关系。

◎ 参考文献

[1] 杨玲．福建某三甲医院医患关系现状调查[J]．中国现代医生，2014，52(20)：106-108.

[2] 关文卓，钟林涛．关于改善医患关系的新思考[J]．中日友好医院学报，2016，30 (2)：115-117.

[3] 李斌．孙晓阳，王锦帆．医患沟通障碍因素研究综述[J]．中国卫生事业管理，2009(5)：302-303.

[4] 郑新力，杜智．人本理念在医院管理中的实践[J]．中华医院管理杂志，2006(22)：105-108.

[5] 朱国蓉，贾雨晨．影响医患沟通的因素及改善对策探究[J]．南京医科大学学报，2013(58)：432-434.

[6] 尹秀云．医患关系认知中的两个误区及伦理分析[J]．医院管理论坛，2005(2)：37-39.

·高等医学教育改革·

运用现代多维影像技术进行人体结构学教学改革

徐丽莹　徐海波　龙清云　廖美焱
屈艳娟　鲁植艳　田志雄　张在鹏　胡金香

(武汉大学　第二临床学院，湖北　武汉　430071)

摘　要：人体结构学是医学生最早接触的医学基础课程，为了在教学中早期培养学生的临床思维能力，武汉大学医学部借鉴芝加哥大学的教学经验，在人体结构学的教学中探索性应用现代影像学技术讲解解剖学，让学生早期接触临床，对培养学生的临床思维能力取得了很好的效果，获得学生的一致好评。

关键词：人体结构学；解剖学教学；影像解剖；教学改革

The Teaching Reform of the Human Body by Using Modern Multidimensional Imaging Technology

Xu Liying, Xu Haibo, Long Qingyun, Liao Meiyan, Qu Yanjuan, Lu Zhiyan, Tian Zhixiong, Zhang Zaipeng, Hu Jinxiang

(Second Clinical College, Wuhan University, Wuhan, Hubei, 430071)

Abstract: Human body is the earliest medical basic course for medical students. In order to develop the students' ability of clinical thinking early in the class, the medical school of Wuhan University learned some successful experiences from University of Chicago. The teaching reform of the human body by using modern multidimensional imaging technology could make the students contact clinics earlier and improve their ability of clinical thinking, getting high praise from students, and it will be applied to anatomical teaching as a new method.

Key words: Human body; Anatomy teaching; Imaging anatomy; Education reform

---

收稿日期：2017-05-12

作者简介：徐丽莹(1977—　)，女，湖北黄冈，副主任医师，博士，研究方向：乳腺影像学。徐海波(1963—　)，男，浙江宁波，教授，博士，研究方向：中枢影像学。龙清云(1968—　)，男，湖北荆州，主任医师，博士，研究方向：介入放射学。廖美焱(1968—　)，男，湖北黄冈，主任医师，博士，研究方向：胸部影像学。屈艳娟(1976—　)，女，湖北黄石，副主任医师，硕士，研究方向：胸部影像学。鲁植艳(1965—　)，男，湖北黄冈，主任医师，硕士，研究方向：胸部影像学。田志雄(1963—　)，男，湖北武汉，主任医师，硕士，研究方向：中枢影像学。张在鹏(1963—　)男，湖北京山，副教授，硕士，研究方向：腹部影像学。胡金香(1965—　)，女，湖北黄冈，副主任医师，本科，研究方向：介入放射学。

1 引言

医学教育的目的是培养学生具备一定的医学基本理论知识、临床操作技能和临床思维能力，其中临床思维能力的培养至关重要。人体结构学是医学生最早接触的医学基础课程，正常人体的结构和功能是课程重点讲授的内容，结构和功能与临床表现之间的密切关系，正是教学中培养学生临床思维的基础。为使临床思维能力的培养贯穿于各教学环节之中，武汉大学医学部自 2009 年开始和芝加哥大学医学院合作，在五年制本科生中率先开展医学教育改革，覆盖了从基础教学到临床教学的方方面面[1]。在人体结构学的教学中，芝加哥大学很早就将现代影像技术运用到解剖学教学中，取得了很好的教学成效。在借鉴芝加哥大学教学经验的基础上，结合武汉大学医学部实际对教学内容和教学时间进行了调整，在每一单元系统解剖理论知识授课完成后，由放射科医生将本系统的三维成像图像进行展示，感兴趣的同学还可以自己在计算机上进行三维后处理重建，不仅加深了对所学解剖结构的认识，而且充分体会到了基础知识和临床知识之间的紧密联系，在观察解剖结构及其毗邻关系时能更深刻地理解其功能，以及发生病变时的临床症状、体征。这种教学模式对医学生临床思维能力的早期培养具有非常重要的作用。在这项教学改革中，积累了一些经验和教学体会，在此分析探讨。

2 注重由大体解剖学标本到多维影像图像的转化，引导学生形成系统解剖-局部解剖-断层解剖-断层影像-多维影像的思维模式

由于传统人体结构学中的解剖学授课主要是在人体标本上进行的，上课时学生和老师可以直接打开胸腔、腹腔等探寻内部的结构，但在临床上，医生主要是通过影像学检查图像来了解患者的内部结构，两种方法对事物的认知方式是截然不同的。引导学生将所学的解剖学知识从人体解剖学标本向影像学图像转化，是需要一个过程的。首先，需要简明扼要地介绍不同影像学技术的成像原理和特点，比如 X 线、CT 和 MRI 等不同成像技术的应用范围、图像特点和优缺点，例如为什么 X 线对胸部和骨骼系统显示较好，而对腹盆腔结构显示不清；CT 和 MRI 图像都是断层图像，与 X 线的图像的重叠影像有何不同，需要学生建立从解剖标本到影像图像的过渡。其次，需要学生建立多方位成像的概念，理解横断位、矢状位和冠状位成像，并且在不同方位图像上明确前、后、左、右、上、下关系。再次，在不同方位图像上辨认正常解剖结构，请学生讲解为何同一结构在不同方位影像学图像上形态不同，通过这种途径大部分学生能理解多维影像的含义，也能有效地将所学知识从解剖学标本转化到多维影像图像[2]。这个过程就是逐步引导学生形成系统解剖-局部解剖-断层解剖-断层影像-多维影像的思维模式。教师在教学中要使学生明白系统解剖学和局部解剖学知识是学好断层解剖学和影像解剖学的基础。

3 密切结合学生所学解剖学知识，选取重点内容进行多维影像重组，激发学生学习的主动性和积极性

由于人体结构学是将系统解剖学、局部解剖学、组织胚胎学等传统教学内容进行整合，教学内容非常繁杂，教学课时有限，因此留给影像科教师的授课时间非常有限，将最新的医学影像技术和学生刚刚所学的解剖学知识整合起来，需要授课教师在授课前做好充分的准备。首先，需要明确学生刚刚所学的这一单元的重点内容，与解剖学老师交流，选取重点并且具有临床意义的解剖结构作为主要授课内容。其次，改变传统的教学模式，激发学生学习的主动性和积极性。传统的人体结构学教学是教师每次上

课时灌输式地给学生们介绍大体标本结构，然后学生在教师的指导下辨识标本结构，而且每次课的教学内容量非常大，尽管教师要求学生每次实验课前复习理论知识，但真正能做到的学生较少，学生学习的主动性和积极性不高。针对这一问题，可以将现代影像学三维重组技术引入解剖学授课中，让学生自己在计算机上对图像进行三维重组，在重组图像上逐一辨认重要的解剖结构、毗邻结构及其之间的关系，通过这种方式能更好地激发学生的学习兴趣，也能加深对所学知识的认识。最后，在学生掌握重点解剖的正常结构功能后，可选择临床上常见的特征性的病例为学生讲解当这些结构出现病变时会发生怎样的形态和功能的变化。通过这一过程，可将基础知识的学习和临床思维能力的培养有机结合在一起[3]。

4 加强基础与临床的密切结合，注重临床思维能力的培养

临床思维是利用基础医学和临床医学知识对临床资料进行综合分析、逻辑推理，从错综复杂的线索中找出主要矛盾并加以解决的过程，是医护人员在临床实践中对疾病的诊断、治疗、预后等的诊断思维和治疗思维。临床思维能力的高低与所掌握的医学知识和临床实践经验的多少成正比，临床思维能力也直接影响对疾病的诊断和治疗[4]。人体结构学是医学生最早接触的医学基础课程，正常人体的结构和功能是课程重点讲授的内容，结构和功能与临床表现之间的密切关系，正是教学中培养学生临床思维的基础[5]。在授课过程中，教师需要对教学内容前后贯通，循序渐进，让学生们了解所学知识何时何地如何使用。例如讲到循环系统时可以将心脏大血管的 CTA 等图像展示给学生，请学生指出体循环和肺循环的构成，每一支血管的起源、走行、分支、供应部位。还可请学生亲自尝试在电脑上三维重建出主动脉及其分支，让学生更直观、更生动地理解每一血管的结构和功能，以及与临床之间的联系。通过这种方法，学生一方面学习了解解剖学的基础知识，另一方面看到这些知识在临床上的直接应用，学习成就感提高，学习兴趣也就大大提高了。

5 对医学影像学教师的要求不断提高

由于运用多维影像技术进行人体结构学教学改革是一种尝试，目前没有标准教材，并且面对的是没有基本医学知识的医学院一年级学生，另外留给医学影像学教师的授课时间也是非常有限的，怎样在有限的时间内将最新的医学影像学技术和解剖学知识整合起来，对授课教师是一个考验。首先，授课教师需积极与每一单元解剖学授课教师交流，了解这一部分的授课目标和授课内容，并且对这一部分解剖学知识重新复习梳理，结合影像学技术方法，选取其中的重点内容作为影像学讲授内容。其次，在 PACS 系统中下载图像质量好、解剖结构正常的资料作为教学图片，可针对性选择一两个解剖结构发生病变的病例进行对比。再次，为提高学生的兴趣，可鼓励学生自己在电脑上运用图像处理软件进行后处理重建，让学生直观感受如何获得不同方位图像和三维立体图像。最后，课后通过问卷调查和网络评议的方式了解学生对教学的评价，对学生的教学反馈及时进行回复和改进，使得这一教学改革方法不断完善。

综上所述，武汉大学医学部与芝加哥大学合作开展的教学模式改革，在国内创先将影像解剖学与系统解剖学有机整合在一起，在人体结构学授课中，利用现代多维医学影像技术将影像解剖与实体解剖相结合，使学生早期接触临床，激发学生学习基础知识的积极性，在培养学生的临床思维能力方面取得了很好的效果，获得学生的一致好评。

◎ 参考文献

[1] 范静怡，唐燕，Callum Ross. 中美解剖教学的对照与比较——美国芝加哥大学人体形态学课程的解析与思考[J]. 中国高等医学教育，2014，21(1)：54-55.

[2] 李筱贺，李志军，高尚，等. 虚拟三维数字化骨盆制作及在解剖学教学中的应用[J]. 中华医学教育探索杂志，2014，13(8)：853-856.

[3] 刘光久，张绍祥，谭立文，等. 数字化人体图像和三维模型在解剖教学中的应用[J]. 局解手术学杂志，2011，20(2)：210.

[4] 李鉴轶，赵卫东，张美超，等. 医学影像资料三维重建及在解剖学教学中的应用[J]. 解剖学研究，2007，29(2)：154-155.

[5] 邓长弓. 数字化可视人体在解剖教学中的应用趋势初探[J]. 川北医学院学报，2010，25(5)：504-505.

·高等医学教育改革·

学术与发现课程教学效果的问卷调查与分析

谢先飞　乐　江

(武汉大学　基础医学院，湖北　武汉　430071)

摘　要：通过问卷调查的方式，对武汉大学医学部2014级在校本科生就学术与发现课程的教学内容、教学方法及考核方式等方面进行评价，分析教学效果，探讨教学情况的优缺点，以促进本科教学质量的进一步提高，并为深化教学改革提供依据。

关键词：学术与发现；教学效果；医学生；问卷调查

Questionnaire Survey and Analysis on the Teaching Effect of Scholarship and Discovery Course

Xie Xianfei, Yue Jiang

(Basic Medical Collage, Wuhan University, Wuhan, Hubei, 430071)

Abstract: To evaluate teaching content, teaching methods and assessment methods of the scholarship and discovery coursethrough the questionnaire survey in the 2014 undergraduate students of Medical Department, Wuhan University. The teaching effect wasanalyzed, the advantages and disadvantages of teaching situation were discussed to further improve the quality of undergraduate teaching and provide a basis for deepening the teaching reform.

Key words: Scholarship and discovery; Teaching effect; Medical students; Questionnaire survey

1　引言

随着社会的发展、人口和流行病学形势的变化、疾病谱的改变以及人民群众对医疗服务需求不断增长，传统的医学人才培养模式受到严峻挑战，也对医学教育系统提出了新的要求。医学生的高等教育作为国家医疗实力的基石一直以来进行着多种改革与尝试。传统医学教育模式有其弊端和局限性，填鸭式

收稿日期：2017-05-12

基金项目：湖北省高等学校省级教学研究资助项目(JG201458)。

作者简介：谢先飞(1976—　)，男，汉族，湖北武汉，副教授，博士研究生学历，主要从事基础医学教育。乐江(1975—　)，女，汉族，湖北武汉，教授，博士研究生学历，主要从事基础医学教育及研究。

教学使医学生普遍缺乏将理论应用于临床的转化能力，呈现理论与实践脱节的现象。在教学中辅以多种教学形式，促进学生从课堂中的配角向主角转换，将学习的内容从教材扩展到与该课程相关的前沿领域，形成问题的探索性思维模式，是目前调动学生学习的主动性和积极性最可行的方式之一[1]。

为顺应这一要求，武汉大学医学部与芝加哥大学普利兹克医学院合作进行医学教育改革，借鉴美国芝加哥大学医学院对学生科研能力培养的经验[2,3]，开设学术与发现(Scholarship & Discovery)教改课程，并将其作为一门独立课程模块投入临床医学各学年制的教学工作中。为了考察教学效果，我们分别选择了刚结束该课程授课的2014级临床医学7年制和5年制的全体学生作为教学研究对象进行问卷调查，以期更好地提升该课程的教学质量和学生的教学满意度，也为今后教学模式的进一步改革提供基本的数据支持。

2 对象与方法

(1)调查对象本文选择武汉大学医学部2014级临床医学7年制和5年制学生共204人作为调查对象。

(2)方法调研小组采用自行设计的问卷进行调查，由调查老师发放到每个学生，以不记名方式填写问卷后全部回收。调查内容包括对学术与发现课程的教学内容、教学方法及考核方式等方面进行评价，从学生角度来了解什么样的授课方式最能调动学生的学习积极性。评价内容共分4个部分，分别是：理论课程评价、文献分析课程评价、课题解析课程评价和课程考核方式评价，每个部分若干问题，以完全否定、部分否定、中立、部分赞同、完全赞同5个选项选择涂黑作为回答。

(3)数据处理统计分析问卷，将有效数据录入Excel 2007建立数据库，计算百分比。

3 结果

回收有效问卷204份，问卷调查的内容及结果详见表1。在总共25个问题中，有15个的赞同(完全赞同加部分赞同)比例超过70%。具体来说，在理论课程评价部分，对问题“讨论课分组准备培养了我的团队协作精神”的赞同比例最高，达到80.39%。针对“课程内容提高了分析课题设计的能力”、“课程内容提高了我收集资料、查阅文献的能力”、“讨论课内容有助于实现教学目标”和“讨论课有助于调动我学习的主动性和积极性”，赞同比例分别是77.45%、76.96%、75.98%和75.49%。有39.22%的学生表示赞同“课程内容影响了我对未来科研方向的选择”。在文献分析教学评价、课题解析教学评价和课程考核方式的评价中，赞同比例最高是“文献分析课让我对科研论文结构有了一定的了解”(81.86%)。其次，赞同比例比较高的问题为“课题解析提高了我对文献进行批判性阅读的能力”(75.00%)和“最后的答辩过程提高了总结归纳能力和临场表现能力”(74.02%)。有53.92%的学生赞同“文献分析讨论课前你有充分的时间准备”，65.20%的学生赞同“教师与学生有充分的沟通和交流”，52.45%认为“期末测试的方式新颖，是测试能力的好方法”。

表1 学术与发现课程教学效果问卷调查结果[$n=204$, n(%)]

类别	完全否定	部分否定	中立	部分赞同	完全赞同
理论课程评价					
课程内容提高了我对学术研究的兴趣与认识	11(5.39)	16(7.84)	35(17.16)	70(34.31)	72(35.29)
课程内容影响了我对未来科研方向的选择	22(10.78)	30(14.71)	72(35.29)	36(17.65)	44(21.57)

续表

类　　别	完全否定	部分否定	中立	部分赞同	完全赞同
课程内容使我开始用科研思考方式看待临床工作	14(6.86)	12(5.88)	41(20.10)	68(33.33)	69(33.82)
教学内容的选择上得当，逻辑性强	9(4.41)	34(16.67)	56(27.45)	52(25.49)	53(25.98)
理论课老师讲述内容有助于实现教学目标	11(5.39)	20(9.80)	59(28.92)	59(28.92)	55(26.96)
讨论课内容有助于实现教学目标	9 (4.41)	18(8.82)	22(10.78)	80(39.22)	75(36.76)
课程内容提高了我收集资料、查阅文献的能力	11(5.39)	13(6.37)	23(11.27)	83(40.69)	74(36.27)
课程内容提高了分析课题设计的能力	8(3.92)	12(5.88)	26(12.75)	79(38.73)	79(38.73)
这种师生互动相互学习的学习方式给了你更好的发挥空间，更适合你的学习	8(3.92)	13(6.37)	35(17.16)	77(37.75)	71(34.80)
讨论课有助于调动我学习的主动性和积极性	11(5.39)	16(7.84)	23(11.27)	64(31.37)	90(44.12)
讨论课分组准备培养了我的团队协作精神	11(5.39)	15(7.35)	14(6.86)	71(34.80)	93(45.59)
文献分析课程评价					
文献分析讨论课前你有充分的时间准备	10(4.90)	42(20.59)	42(20.59)	63(30.88)	47(23.04)
文献分析讨论课提高了我阅读文献的能力	9(4.41)	19(9.31)	27(13.24)	86(42.16)	63(30.88)
文献分析讨论课让我想读更多的文献	16(7.84)	21(10.29)	36(17.65)	81(39.71)	50(24.51)
讨论课的学习氛围较好，你很喜欢讨论课这种学习方式	14(6.86)	11(5.39)	33(16.18)	90(44.12)	56(27.45)
文献分析课程让我初步了解了医学科研工作的特点	15(7.35)	8(3.92)	20(9.80)	79(38.73)	82(40.20)
文献分析课让我对科研论文结构有了一定的了解	15(7.35)	8(3.92)	14(6.86)	65(31.86)	102(50.00)
课题解析课程评价					
教师与学生有充分的沟通和交流	10(4.90)	18(8.82)	43(21.08)	61(29.90)	72(35.29)
课题解析对于掌握实验设计的方法起到补充作用，可以加深理解	15(7.35)	10(4.90)	30(14.71)	86(42.16)	63(30.88)
课题解析提高了我对文献进行批判性阅读的能力	17(8.33)	11(5.39)	23(11.27)	85(41.67)	68(33.33)
课题解析课程与考试无关时，我仍然希望安排相应的教学讨论课	12(5.88)	18(8.82)	37(18.14)	67(32.84)	70(34.31)
课题解析提高了我发现问题和思考问题的能力	17(8.33)	8(3.92)	34(16.67)	71(34.80)	74(36.27)
课程考核方式					
期末测试的方式新颖，是测试能力的好方法	1(5.39)	20(9.80)	66(32.35)	64(31.37)	43(21.08)
课程的学习对撰写综述与申报书有一定的帮助	16(7.84)	10(4.90)	30(14.71)	76(37.25)	72(35.29)
最后的答辩过程提高了总结归纳能力和临场表现能力	17(8.33)	9(4.41)	27(13.24)	93(45.59)	58(28.43)

4 讨论

本次问卷调查学生覆盖面较大，整体数据真实可靠，有一定的代表性，能在一定程度上反映研究性课程教学对学生的影响。

第一，在本次互动式教学实践中，除了对教学主体内容的讲授，尽可能为学生们创造主动思考、主动学习的机会，包括文献分析、课题解析都是以学生为主体实施，给学生们提供充分自主学习和展示自身能力的平台。绝大多数学生喜欢并能够接受这种新的课程模式，学生们各自有不同的收益与体会。大部分学生认为，自己的能力有所提高，这种能力的锻炼是传统的课堂教学模式不能给予的。有的同学反映通过学术与发现这门课程的学习，学会了怎么整理信息，怎么去做研究，以及和团队协作；有的认为通过学习对如何查阅、分析文献有更深入的认识，加深了对课题研究的兴趣，更加了解如何设计一个好的课题；还有的表示对科研论文结构和医学科研工作有了一定的了解，对未来研究发展方向有了更清晰的想法。早期接触科研，能尽早适应医学严谨的研究态度，有利于以后更深入的研究。

第二，从问卷调查的反馈来看，学生们倾向于接受更加主动和积极的学习方式，尤其是预先分组准备、课上集中讨论的教学方式得到大家的普遍认同。"讨论课内容有助于实现教学目标"，"课程内容提高了我收集资料、查阅文献的能力"，"课程内容提高了分析课题设计的能力"，"讨论课有助于调动我学习的主动性和积极性"，"讨论课分组准备培养了我的团队协作精神"这些问题的赞同率均在75%以上。学生不再单一地从教师处和课本中获取知识，而是通过自己动手查阅资料、相互讨论获得和理解知识。在这个学习探究的过程中，老师所起的作用仅仅是引导，学生才是问题与知识的发现者[4]，学生的主观能动性得到充分的发挥，学习的兴趣大大提高。

第三，通过总结与分析我们发现，现阶段该课程的教学还是存在一定的问题，主要在以下几方面：(1)课前给予学生们的准备时间不足，总课时数也偏少，这也是学生反馈本课程最需改进的地方。(2)教师和学生的互动仍显偏少，彼此沟通和交流不够充分。互动式课堂区别于传统教学模式，要求教师具有敏捷的思维、较强的语言表达能力和良好的课堂驾驭能力[5]，这对指导教师的综合素质有较高要求，使得教师要花更多的时间进行准备。在教学过程中，教师需要恰如其分地引导学生思考、调动学生的积极性、组织学生进行分析和讨论并做好总结工作。

总之，学术与发现作为武汉大学医学教学改革的核心课程之一，目前仍处于初步探索阶段。在具体实施过程中，还有不少问题需要进一步解决，通过反复推敲和实践，使它逐渐完善，以适应现代医学对复合型医学人才培养的要求。

◎ 参考文献

[1] 郑恒彬．浅谈高等教育教学互动模式改革[J]．中国校外教育，2010(10)：123.

[2] Pritzker School of Medicine. Scholarship and Discovery[Z]. http：//pitzker. uchicago. edumd/curriculum/scholardiscovery. shtml. 2012-11-17.

[3] 王鹏宇，聂强强，乐江，等．学术与发现课程的实践与思考[J]．中国高等医学教育，2013(5)：58-59.

[4] 周袁申，李婷，郭力恒．浅谈医学生教育教学方法改革[J]．大学教育，2015(1)：163-165.

[5] 王茉琳，王建杰，宋汉君．医学免疫学多元化互动式教学模式问卷调查分析报告[J]．中国高等医学教育，2013(12)：98-99.

·高等医学教育改革·

基础医学教育中的慕课之我见

——中美慕课教育平台现状对比

王 信 陈桃香 彭碧文

(武汉大学 基础医学院，湖北 武汉 430071)

摘 要：自2008年加拿大阿萨巴斯卡大学学者Stephen Downes和George Siemmens首次提出“大规模开放在线课程”这一术语后，2012年开始慕课被大众广为传播。很快，到了2013年我们就开始听到一些不同的声音，如创始人之一乔治·西蒙说：“如果2012年是慕课元年，2013年将成为反慕课之年。”为什么乔治·西蒙的看法会突然发生变化呢？另外，从慕课的学科特色、文化背景来看，实践性很强的基础医学教学是否需要慕课呢？或者说，基础医学教学需要怎样的慕课呢？

关键词：慕课；基础医学；教育

MOOCs in the Preclinical Medical Education

—The Comparison between American and Chinese Education Platform of MOOCs

Wang Xin，Chen Taoxiang，Peng Biwen

(School of Basic Medical Sciences，Wuhan University，Wuhan，Hubei，430071)

Abstract：Since 2008，Stephen Downes and George Siemmens，who from University of Athabasca，Canada，first proposed the term “Massive Open Online Courses”. MOOC has been widely publicized since 2012. Shortly，different voices came out at 2013，for example，George Simon，one of the founders of MOOCs stated that 2012 was the first year that MOOCs generated then 2013 would be the year of anti-MOOCs. Why did the opinions of George Simon suddenly change? Is MOOCs necessary for practical clinical medical teaching? In other words，what kind of MOOCs does it need?

Key words：MOOCs；Basic medical science；Education

一、慕课基本特征及支撑平台

慕课是为了增强知识传播而由具有分享和协作精神的由个人或组织发布于互联网上的开放课程[1]。所谓“慕课”(MOOC)，“M”代表Massive(大规模)，与传统课程只有几十个或几百个学生不同，一门

收稿日期：2017-05-12

作者简介：王信(1992—)，女，湖北武汉，基础医学院生理学硕士研究生。陈桃香(1972—)，女，湖北监利，讲师，博士。研究方向：呼吸循环病理生理研究。彭碧文(1973—)女，湖北武汉，教授，博士，博士生导师。研究方向：神经系统的离子通道病。

MOOC 课程动辄上万人，最多达几十万人，具有潜在改变高等教育形式的能力[2]；第二个字母“O”代表 Open(开放)，以兴趣导向，凡是想学习的，都可以进来学，不分国籍，只需一个邮箱，就可注册参与；第三个字母“O”代表 Online(在线)，学习在网上完成，无需旅行，不受时空限制；第四个字母“C”代表 Course，课程的意思[3]。

MOOC 的主要优点有：(1)对经常与计算机打交道的研究者具有极大的吸引力，每一次点击可能会提供有用的知识[4]。(2)在线课程也可以减少学习者的成本和时间，方便学生安排家庭和工作时间[5]。(3)有些 MOOC 提供完成课程后的证书或者勋章，强烈吸引需要此证书或者勋章的学生来完成课程[6]。但是在美国这些课程的通过率很低，不到 10%[3]，在宾夕法尼亚州的研究生院登记 MOOC 的人群中，只有 50%的人曾看过课程，最终 4%的人完成该课程[7]，大部分登记 MOOC 的人只是观察而不积极参与课程，导致课程没有被真正完成[8]。

实施 MOOC 的原因包括推广、研究以及扩大在线学位课程[9]。目前主要有三大主要的慕课平台，分别是 Coursera、EdX 和 Udacity[10]。

Coursera(https：//www. coursera. org/)：目前发展最大的 MOOC 平台，拥有将近 500 门来自世界各地不同大学的课程，课程涉及范围较广[3]。EdX(https：//www. edX. org/)：哈佛大学和麻省理工学院共同创立的非营利网络教育项目，美国 MOOC 的引领平台[11]，旨在为全球提供来自哈佛大学、麻省理工学院、加州大学伯克利分校、清华大学、北京大学、香港大学、香港科技大学等全球顶尖高校及组织的慕课。课程主题涵盖生物、数学、统计、物理、化学、电子、工程、计算机、经济、金融、文学、历史、音乐、哲学、法学、人类学、商业、医学、营养学等多个学科。课程内容质量极有保障，但要求学生自身有一定的学科前期相关知识的储备。Coursera 和 EdX 均投入数百万美元来建设 MOOC 的发展[6]。Uacity(https：//www. udacity. com/)：成立时间最早，以计算机类课程为主，课程数量不多，却极为精致，许多细节专为在线授课而设计[12]。所以 Udacity 慕课平台受众范围相对较窄。其中，EdX 和 Coursera 慕课平台在推广网络课程上作出了杰出的贡献。

二、慕课在中国及美国的推广现状

慕课平台自一出现就广受好评，其以新颖、免费为特征的教学模式甚至引起了政府部门的重视。2014 年，时任美国总统的奥巴马在白宫召开地区负责人会议，宣布了“面向未来宣言”(Future Ready Pledge)。强调了 21 世纪全球经济背景下最有价值的技能是学习能力，必须给从幼儿园到高三(K12)的孩子们提供“全球课堂”(globle-class)的教育理念，不断改善学校教育，让学生的学习实践适应未来工作和职业发展的需要。预计用 5 年时间让 99%的学生在校园和图书馆里，通过无线网络进行数字化学习。另外，新的慕课教学平台对教师提出了新的要求，教师应学习如何让基于项目的个性化学习生动有趣，这就需要一系列的职业培训。如果教室里没有一位能跟得上潮流的老师，那么所有的无线上网设备和先进的教学软件都无法发挥它们的作用。根据该宣言，EdX 已经向学生提供美国多所学校的免费先修(A-level)课程，向全国教师提供 10 多种免费培训课程。2015 年，Coursera 向全美教师提供为期两年的职业发展认证的免费课程，让他们更好地通过 Coursera 完成职业培训，提高教学水平。

那么在中国，MOOC 平台的拓展现状如何呢？2013 年，清华大学和北京大学先后宣布加入 EdX；上海交通大学、复旦大学则选择加入 Coursera[13]。2015 年 10 月北京大学校长助理、慕课工作的先行者李晓明教授提到：北京大学提出的目标是 5 年开设 100 门慕课，北大近期目标是 2018 年开 100 门慕课，远期目标是让北大所有课程都有线上版本，到时候北大将真正成为全国人的北大。这是一个令人激动的宣言，包括北京大学、清华大学、复旦大学等一批一流的学校正在领衔中国的 MOOC 市场。

我们知道，世界上的知名大学大多数为综合性大学，学科门类十分齐全。不可否认，慕课在某些课程的教学中可以体现极大的优势，比如哈佛大学公开课里的王牌课，由大牛 Michael J. Sandel 主讲的“公正”。此课程连续多年是哈佛大学报名人数最多的课程，人气极高，2014 年在 EdX 平台上开课。通过表 1，我们看看中国大学慕课平台上 2016 年最受欢迎的十大课程。位居第一名的是，哈尔滨工业大学裴秋宇老师主讲的沟通心理学，报名人数高达 26 万。除了一门数学课程以外，其余九门全部来自于文科专业。

表 1　**2016 年最受欢迎的十大课程**

名次	课程分类	学科分类
10	茶道、文化	农学，园艺学
9	张爱玲、文学经典	文学，中国现当代文学
8	财务、实战	管理学/工学，工商管理
7	心理、生活	教育学/理学，心理学
6	计算机、C 语言	工学/理学，计算机科学与技术
5	管理、人心	管理学，工商管理
4	微积分、初级	理科，数学
3	口语、对话	文学，语言文学
2	礼仪、气质	管理学，公共管理
1	沟通、交流	教育学，心理学

资料来源：中国大学 MOOC 网站：http：//www. icourse163. org/.

三、慕课在基础医学教育中的应用及局限

我们很难想象每天有几十万人在跟着屏幕学习解剖的场景！在专业性及实践性都非常强的医学院校，开展慕课的情况又如何呢？我们调查了中国、美国各 10 所知名的医学院校的慕课网站，比较它们慕课开展的部分情况。表 2 为中国 10 所知名大学的医学院部分慕课开展的情况，表 3 为美国 10 所知名大学部分医学院慕课开展的部分情况。

表 2　**国内 10 所医学院校 MOOC 开展情况**

基础医学类		临床医学类	公共卫生	药学类	护理类	口腔科学
北京大学	1. 药理学 2. 病理学 3. 解剖学 4. 医学史 5. 生物化学 6. 人体生理学 7. 神经生物学 8. 医学免疫学 9. 病理生理学 10. 医学微生物学	1. 妇产科 2. 外科学 3. 眼科学 4. 神经病学 5. 麻醉与重症医学		药物化学		1. 口腔正畸学 2. 口腔颌面医学影像诊断
清华大学	1. 病理学 2. 药理学 3. 生理学 4. 组织胚胎学 5. 医学免疫学 6. 分子生物学	1. 神经病学 2. 放射诊断学 3. 妇产科学 4. 精神病学			护理学	

续表

	基础医学类	临床医学类	公共卫生	药学类	护理类	口腔科学
复旦大学	1. 法医学 2. 生理学 3. 免疫学 4. 药理学 5. 生物化学 6. 医学导论 7. 局部解剖学 8. 医学遗传学 9. 神经生物学 10. 人体寄生虫学	1. 儿科学 2. 眼科学 3. 内科学 4. 妇产科学 5. 皮肤病学 6. 循证医学 7. 全科医学 8. 传染病学 9. 肿瘤学概论 10. 耳鼻喉科学	1. 流行病学 2. 预防医学 3. 卫生经济学 4. 卫生统计学	1. 药理学 2. 药剂学 3. 药物动力学 4. 药物化学 5. 药物设计学	1. 健康评估 2. 护理学基础	口腔科学
中山大学	1. 药理学 2. 生理学 3. 现代化学实验与技术 4. 法医病理学 5. 实验生理科学 6. 人体解剖学 7. 细胞生物学 8. 细胞与遗传学实验 9. 组织胚胎学 10. 病理生理学	1. 外科学 2. 儿科学 3. 眼科学 4. 内科学 5. 传染病学 6. 妇产科学 7. 组织胚胎学 8. 放射诊断学	医学统计学	药理学	康复护理学	
上海交通大学	1. 药理学 2. 医用化学 3. 组织胚胎学 4. 人体解剖学 5. 医学生理学 6. 医学免疫学 7. 细胞生物学 8. 病理生理学 9. 医学物理学 10. 生物化学	1. 诊断学 2. 影像学 3. 内科学 4. 外科学 5. 眼科学 6. 妇产科学 7. 儿科学 8. 神经病学	预防医学		1. 母婴护理 2. 成人护理	1. 口腔颌面外科学 2. 口腔黏膜病学 3. 口腔组织病理学
华中科技大学	1. 病理学 2. 生理科学实验	1. 内科学 2. 诊断学 3. 儿科学 4. 外科学 5. 妇产科学 6. 传染病学				口腔科学
浙江大学	1. 生理学 2. 病理学 3. 组织胚胎学 4. 生理科学实验	1. 外科学 2. 妇产科学	生物统计学	生物药剂学与药物动力学		
西安交大	1. 有机化学 2. 分子生物学		流行病学		基础护理	
武汉大学	1. 医学微生物 2. 分子生物学	急救医学	营养学			
四川大学	1. 病理学 2. 药理学 3. 生理学 4. 细胞生物学	1. 神经病学 2. 妇产科学 3. 儿科学 4. 内科学 5. 诊断学			护理学基础	口腔内科学 口腔修复学

表 3　**美国 10 所医学院校 MOOC 开展情况**

	基础医学类	临床医学类	公共卫生	药学类	护理类	口腔科学
哈佛大学	1. 化学 2. 遗传学 3. 人体解剖学 4. 神经科学 5. 精神病学 6. 分子生物学 7. 呼吸生理学					

续表

	基础医学类		临床医学类	公共卫生	药学类	护理类	口腔科学
麻省理工大学	生物工程学导论						
耶鲁大学	1. 有机化学	2. 生物医学					
哥伦比亚大学	1. 基础神经科学	2. 病毒学					
斯坦福大学	1. 神经科学	2. 生物工程	临床解剖学				
芝加哥大学	1. 神经生物学	2. 生物化学					
约翰霍普金斯				生物统计学			
密歇根大学	解剖学		临床技能评估			护理学	
加州大学伯克利分校	1. 解剖学 2. 生物学	3. 心理学 4. 神经科学			药物化学		
得克萨斯大学	1. 生物化学 2. 医学技术	3. 分子生物					
杜克大学	1. 神经科学 2. 寄生虫学	3. 人体生理学导论 4. 遗传学与进化导论					

上述中国10所知名的医学院校的网站慕课情况也许并不全面，但是给我们的印象是：

(1)从慕课涉及的范围方面上看：复旦大学和上海交通大学的慕课范围最为广泛，二者的慕课内容几乎涵盖了所有医学学科。其次是中山大学、北京大学及清华大学，医学相关学科的慕课得到大部分的建立。其他学校的医学慕课正在完善中。

(2)从慕课的内容方面：国内高校一门的慕课内容几乎包含这一学科所有的知识，一门学科的慕课视频一般有几十集，从入门到深入，贯穿整个学科的发展，完整性强。但是内容方面更近似于传统教学，只是用网络课程这一方式呈现出来。

反观美国10所知名的医学院校的网站慕课，情况大不相同：

(1)慕课涉及的范围较少，开设慕课的课程不多。

(2)从慕课的内容方面，大多是某一学科的小分支，即使慕课名称用其二级学科来命名，视频反映的也仅是学科的片段知识，而不是完整连续的学科知识，不强调整个理论知识的完整性。

(3)每个课程都经过精心设计，比如哈佛大学的神经科学慕课，课程充满了美丽的动画，描绘出大脑的丰富性和复杂性。还教会学生使用虚拟实验室模拟出神经元和相关电路，以测试学生对课程的理解，详细课程见于 http：//www.xuetangx.com/courses/course-v1：HarvardX+MCB80.3x+3T2015/about(这个在大多数的国内慕课中没有应用)。

四、基础医学需要怎样的慕课

资源共享、教学成本相对较低是慕课的天然优势。但是，能够做出高水平慕课的美国高校，其基础医学慕课却没有像国内那样广泛开展，而是依然以传统教学为主流，辅助一些相关学科的慕课开展。这一现状不得不令人思考。这至少说明了基础医学教育中传统教学与慕课之间相辅相成的发展关系。此外，影响学生参与慕课学习中保持连续性的五个因素有：英语语言能力、相关主题的早期知识积累、思路拓展能力、自我规范能力以及自我效能和交流技巧[14]。同样的，决定慕课价值的四个设计特点是：MOOC讲解的清晰性、抽象概念的可视化、支持与交流、任务的多样性。所以缺少基本能力的学生，即使参与的是设计良好的慕课，也较易在课程过程中退出。类似地，具有较高能力的学生，在一个设计不太好的慕课环境中，也是有可能中途退出课程的。与上文提到的观点一致，高退学率是 MOOC 面临的一个大挑战[15]。

极力推广慕课忽视传统教学或者极力推广传统教学忽视慕课的做法都是不可取的。众所周知，慕课的独特在线教学方式，使其同时反映出如下的天然缺陷：

(1)没有师生之间面对面的及时交流。

(2)没有集体在一个学习空间内学习、能看到别人学习状态的学习氛围。

(3)进入学习的节奏死板，需要更多的 on demand 课程。

(4)不同学校办学水平和教学质量之间存在很大的差距，这导致慕课的内容良莠不齐，这就要求学生自主学习的时候具有较强的鉴别能力。

(5)大多数慕课是课堂教学的 100%翻版呈现。

著名的慕课运动的创始人之一 George Siemens 说，近 20 年，我们步入了网络时代，技术已经重组了我们的生活交流与学习方式。正规教育不再构成我们学习的主体，非正规学习成为我们学习的重要部分。尽管这些视频和发布的内容都是高质量的，但是这种传承方式仍然属于传统的教学方式，并没有体现西蒙和唐斯所倡导的开放、联通的概念，对此，他十分不满，由此就提出"翻转慕课"的想法。

那么，不禁要提出疑问，基础医学教学到底是否需要 MOOC 呢？慕课已经确确实实地来到了我们身边。

(1)我们要的慕课：如果说传统课堂上的"满堂灌"是不受欢迎的，那么这样的慕课也同样是不受欢迎的。

(2)我们要的慕课：是压缩的课时，用于放弃容易的知识点，辅以重点难点的视频讲解。

(3)我们要的慕课：是自己看书+短小视频+实时的测试+老师的在线解惑。

我们寄希望于好的基于基础医学实际的慕课，不是传统课堂的刻板拷贝与重复，而是把可以节省时间，重点突出，利于自我学习、自我测试，与教室的传统教学相辅相成的新的慕课。

◎ 参考文献

[1] Pence H E. When will college truly leave the building：If MOOCs are the answer，what is the question[J]. Journal of Educational Technology Systems，2012，41(1)：25-33.

[2] Rehfeldt R A，Jung H L，Aguirre A，et al. Beginning the dialogue on the e-transformation：behavior analysis' first Massive Open Online Course（MOOC）[J]. Behavior Analysis in Practice，2016，9(1)：3-13.

[3] Rădoiu D. Organization and constraints of a recommender system for MOOCs[J]. Scientific Bulletin of the "Petru Maior" University of Tîrgu Mures，2014，11(1).

[4] Larreamendy-Joerns J，Leinhardt G. Going the distance with online education[J]. Review of Educational Research，2006，76(4)：567-605.

[5] Jaggars S S，Bailey T. Effectiveness of fully online courses for college students：response to a department of education meta-analysis[J]. Community College Research Center Columbia University，2010：18.

[6] Milheim W D. Massive Open Online Courses（MOOCs）：Current applications and future potential[J].

Educational Technology, 2013, 53(3): 38-42.

[7] Stein, K. Penn GSE study shows MOOCs have relatively few active users, with only a few persisting to course end[EB/OL], https: //www. gse. upenn. edu/pressroom/press-releases/2013/12.

[8] Fischer G. Beyond hype and underestimation: identifying research challenges for the future of MOOCs[J]. Distance Education, 2014, 35(2): 149-158.

[9] Macleod, H., Haywood, J., Woodgate, A. Emerging patterns in MOOCs: Learners, course designand directions[J]. TechTrends, 2015, 59(1), 56-63.

[10] 余建波. 三大 MOOC 平台比较及启发[J]. 中国教育网络, 2013(9): 21-22.

[11] Milligan C, Littlejohn A. How health professionals regulate their learning in massive open online courses [J]. Internet & Higher Education, 2016, 31: 113-121.

[12] 王颖, 张金磊, 张宝辉. 大规模网络开放课程(MOOC)典型项目特征分析及启示[J]. 远程教育杂志, 2013(4): 67-75.

[13] 冯雪松, 汪琼. 北大首批 MOOCs 的实践与思考[J]. 中国大学教学, 2013(12).

[14] Abeer W, Miri B. Students' preferences and views about learning in a MOOC [J]. Procedia-Social and Behavioral Sciences, 2014, 152: 318-323.

[15] Clow D. MOOCs and the funnel of participation[C]//International Conference on Learning Analytics and Knowledge. 2013: 185-189.

·高等医学教育改革·

形成性评价对“组织学”与“生理学”整合课程教学效果的影响初探

王燕舞 刘 俊 彭碧文 李长勇 汪 琳

（武汉大学 基础医学院，湖北 武汉 430071）

摘 要：通过对学生整体成绩进行分析发现，有形成性评价学生期末考试成绩比阶段考试成绩上升，“组织学”内容的成绩也有相同的表现。对学生个体的研究表明，有形成性评价的学生期末考试的成绩普遍高于其阶段考试的成绩，而无形成性评价的学生期末考试的成绩有所下降；有形成性评价学生“组织学”内容的正确率更接近总的正确率。因此，形成性评价对于激发和维持学生的学习兴趣，具有长期的效应，有利于教师为学生提供个性化的指导，使学生获得更好的学习效果。

关键词：形成性评价；课程整合；教学效果

Primary Investigation of Formative Assessment on Teaching Effect of Integrating Histology and Physiology Course

Wang Yanwu, Liu Jun, Peng Biwen, Li Changyong, Wang lin

(School of Basic Medical Science, Wuhan University, Wuhan, Hubei, 430072)

Abstract: The analysis of the students' achievement overall shows that the final scores with the formative evaluation of students has increased, while the scores in histology have the same trend. Research on individual students showsthat the student with formative evaluation have higher score in the final test than the stage test, the student without formative evaluation had lower score in the final test. At the same time, the formative evaluation causes them present higher accuracy in the histology contents. As a result, the formative evaluation can play a long-time influence on stimulating and maintaining the students' interestinlearning. The teachers can provide the students with personalized guidance, which will help the students to learning better.

Key words: Formative evaluation; Course integration; Teaching efficiency

---

收稿日期：2017-05-12

基金项目：武汉大学医学部教学研究基金资助项目(2014006)。

作者简介：王燕舞(1976—)，女，汉族，湖北潜江，讲师，博士学位，研究方向：模式动物与人类疾病。刘俊(1974—)，女，汉族，湖北武汉，讲师，博士学位。彭碧文(1973—)，女，汉族，湖北武汉，教授、博士生导师、系副主任，博士学位，研究方向：神经系统的离子通道病。李长勇(1979—)，男，汉族，湖北仙桃，副教授，博士学位，研究方向：肝病的天然免疫学机制。汪琳(1966—)女，汉族，湖北鄂州，教授、博士生导师、系副主任，博士学位，研究方向：生殖生理的基础与临床；围产期新生儿感染性疾病等。

1 引言

近年来，课程整合在国内外高校的推行取得了令人瞩目的成果。为适应新的人才培养模式的需求，自 2008 年以来，武汉大学医学部结合国内外的经验，开展了一系列的教学改革。将“组织学”与“生理学”两门课程，整合为一门课程“组织与功能”，便是其中之一。开设“组织与功能”整合课程从小范围的尝试到全盘铺开，其间经过了数年时间。在这几年中，课程组不断摸索课程内容整合的方式，不断加大整合的力度，在学生和教师中受到广泛的好评[1]。为适应课程的改革，“组织与功能”课题组设计引入新的评价体系[2]，形成性评价就是其中一种。英国评价改革小组对形成性评价给出的定义是“形成性评价就是由学习者和教师在学习和教学过程中搜集和分析相关信息，以判断学习者现今的学习状况，决定学习者该努力的方向和如何达成目标的一种过程”[3]。“组织学”重形态，“生理学”着力于机能，两者之间学习的特点不一致。本研究以 2014 年到 2016 年学习“组织与功能”的学生为研究对象，分析形成性评价对学生“组织与功能”课程学习效果的影响，特别是对“组织学”内容学习的影响，为今后进一步推行和改进形成性评价在本课程以及医学专业的应用提供有用的信息。

2 材料与方法

2.1 研究对象

抽取 2014 年到 2016 年，在武汉大学基础医学院学习“组织与功能”整合课程的八年制学生共计 140 人进行研究。其中 2011 级八年制学生 22 人，2012 级八年制学生 22 人，2013 级八年制学生 45 人，2014 级八年制学生 51 人。

2.2 研究方法

在“组织与功能”课程中尝试使用形成性评价：每学期共六次讨论课，从学习态度、讨论准备、交流表达、思辨能力和团队精神各方面对每个学生进行评价，各项的评价标准分为及格、良好和优秀三个等级，每个等级有对应分值。根据每项的分值计算总得分，并由教师给予学生评价。2011 级和 2012 级八年制学生在课程期间没有形成性评价，为无形成性评价组；2013 级和 2014 级学生引入形成性评价，为有形成性评价组，形成性评价的结果单独备案，并不计入终评成绩。

2.3 数据收集与统计学分析

收集整理 2011 级到 2014 级学生的阶段考试和期末考试的成绩，并分别计算阶段考试和期末考试中组织学内容的得分，转换为百分制，为组织学成绩。利用统计学分析软件 Graphpad Prism 6 对数据进行分析，比较引入形成性评价前后对于学生整体和对于学生个体成绩的影响，并关注“组织学”部分内容的得分情况的变化。同一个学生两次考试的数据采用配对的 t 检验；学生群体之间的比较采用独立样本的 t 检验。

3 结果

3.1 形成性评价对学生“组织与功能”学习效果的影响

采用独立样本的 t 检验对比分析无形成性评价（2011 级和 2012 级）的学生成绩和有形成性评价（2013

级和 2014 级)的学生成绩。研究发现对于学生整体而言，引入形成性评价之后期末考试成绩比阶段考试成绩上升($P=0.000$)，无形成性评价学生的阶段考试与期末考试成绩无差异($P=0.227$)(见图 1)。“组织学”内容得分情况与总得分类似。无形成性评价学生的阶段考试和期末考试的得分无显著性差异，有形成性评价学生期末考试成绩比阶段考试成绩上升($P=0.000$)(见图 2)。

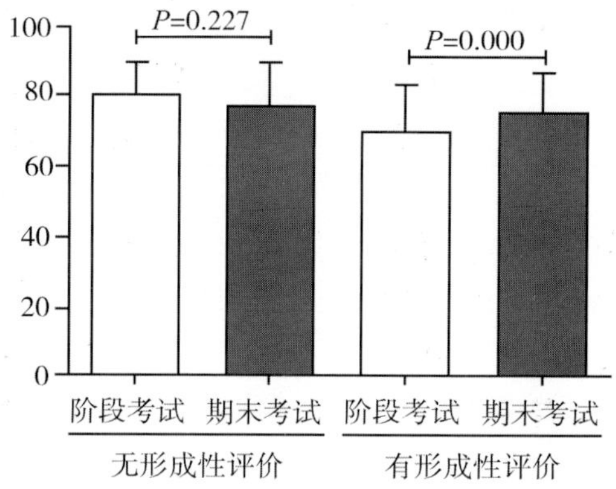

图 1　“组织与功能”阶段考试与期末考试成绩的比较(独立样本 t 检验)

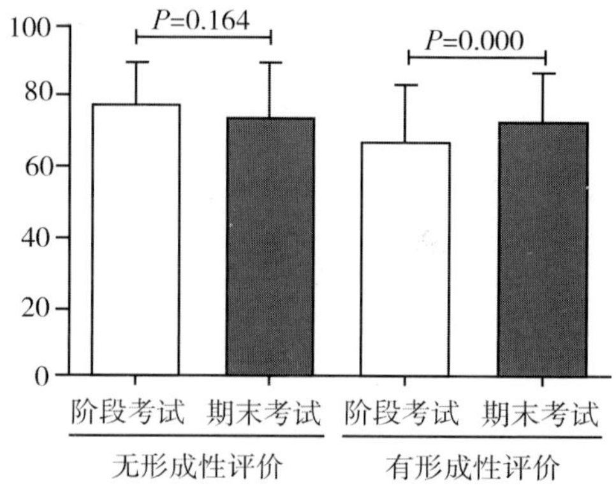

图 2　阶段考试中“组织学”部分得分与期末考试得分的比较(独立样本 t 检验)

为了更进一步了解形成性评价对学生个体成绩的影响，采用配对的 t 检验对各年级学生阶段考试成绩和期末考试成绩进行比较分析。结果显示：无形成性评价组，学生的阶段考试与期末考试成绩无差异($P=0.733$)(见图 3)，或者期末考试成绩比阶段考试成绩下降($P=0.002$)。有形成性评价组，学生的期末考试成绩比阶段考试成绩上升($P<0.001$)。与上述结果类似，无形成性评价的 2011 级和 2012 级，“组织学”期末考试成绩与阶段考试成绩相比下降($P=0.025$)(见图 4)或者无显著性差异($P=0.387$)。有形成性评价体系的 2013 级和 2014 级，组织学期末考试成绩与阶段考试成绩相比有所上升，差异有统计学意义($P<0.001$)。

3.2　形成性评价对“组织学”学习效果的影响

如果采用独立样本的 t 检验，无论是无形成性评价组，还是有形成性评价组，阶段考试和期末考试中“组织学”内容的正确率与总正确率并显著无差别(结果未提供)。为了解学生个体成绩变化，采用配对样本 t 检验对数据进行分析。结果显示阶段考试中，两组学生的“组织学”正确率均低于总正确率($P=0.048$；$P=0.012$)(见图 5)。而期末考试，无形成性评价的“组织学”仍然低于总正确率($P=0.000$)；有形成性评

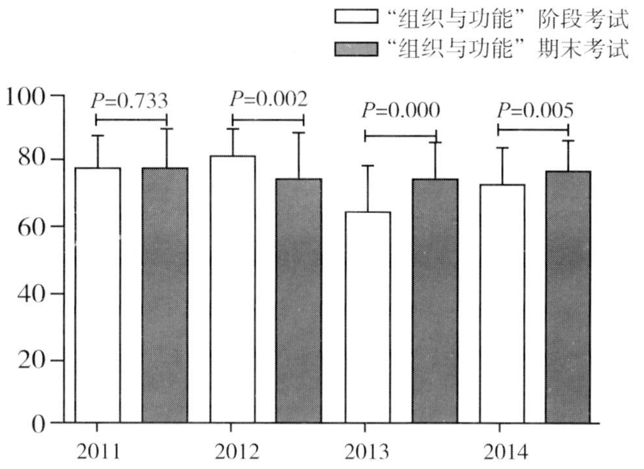

图 3　2011 级至 2014 级同一学生"组织与功能"阶段考试与期末考试成绩的比较(配对样本 t 检验)

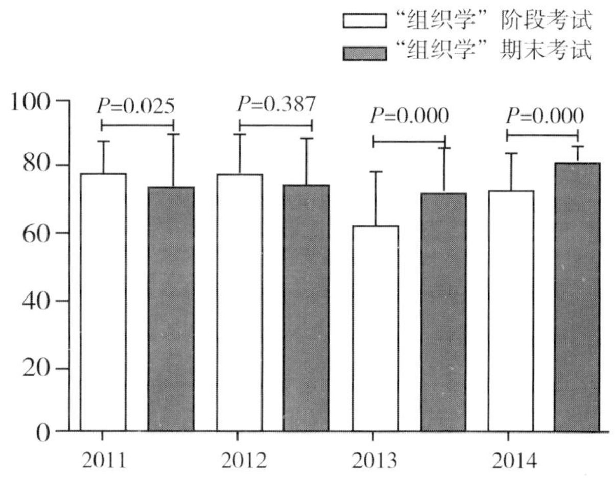

图 4　2011 级至 2014 级同一学生"组织学"阶段考试与期末考试成绩的比较(配对样本 t 检验)

价学生"组织学"正确率与总正确率并无差异($P=0.875$)(见图 6)。由此可见，形成性评价体系可以使学生"组织学"考试的正确率增加，提高学习效果。

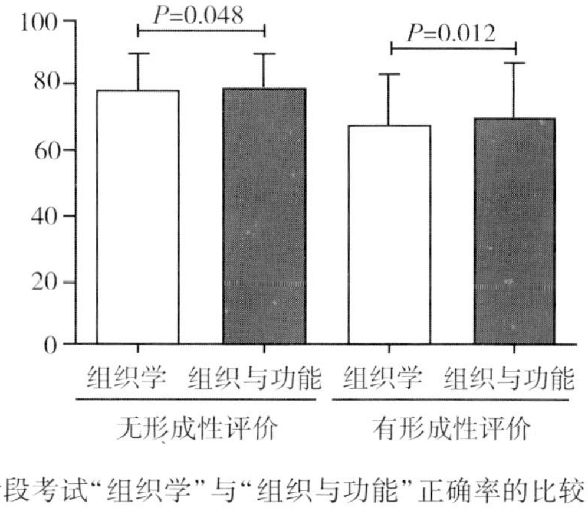

图 5　同一学生阶段考试"组织学"与"组织与功能"正确率的比较(配对样本 t 检验)

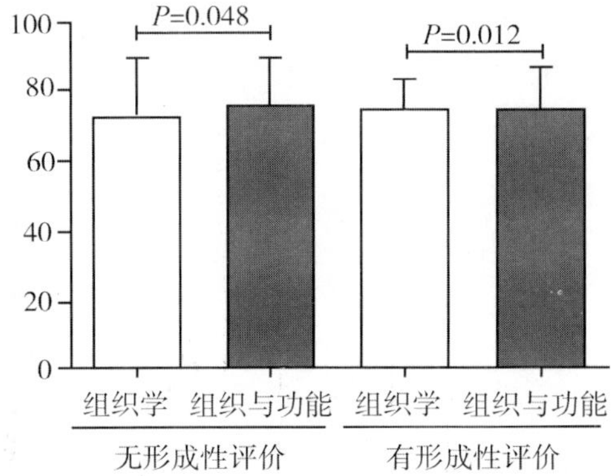

图 6　同一学生“组织学”与“组织与功能”期末考试正确率的比较(配对样本 t 检验)

4　结论

4.1　对今后教学工作的建议

4.1.1　形成性评价和阶段考试的累积效应，具有长期的效果

很多研究表明，在课程中实施阶段性考试对于提高学生学习效率有积极的作用[4]。然而正如我们在无形成性评价体系的学生中看到的那样，阶段性考试是一把双刃剑，在减轻学生的学习负担、促进学生迅速融入课程的同时，也可能造成学生放松警惕，导致学习效果下降。值得注意的是，有形成性评价学生的数据表明，从阶段考试到期末考试，学生的成绩均有不同程度的提高。由此可见，形成性评价结合阶段考试更利于长期维持学生学习兴趣，可以更有效地提高学习效率。

4.1.2　形成性评价更利于为学生个性化指导，促进教学个体化

本研究采用了独立样本的 t 检验和配对 t 检验对学生成绩进行分析，结果显示对于学生群体没有差异的，对于同一学生配对分析却显示出显著性差异。每个学生的学习特点和存在的学习问题不一致，相比于阶段性考试对学生群体的影响，形成性评价由于教师针对学生个体提出评价和反馈，更有针对性，对学生的关注度更高，对学生的指导更为明确。从以学科为中心到以系统为中心的课程整合，是适应医学教育模式和观点的产物，而实际上，课程整合的核心应是“以学生为中心”，改变教师和学生的主体地位[4]。本研究发现形成性评价引入后对于学生个体的积极影响，正是以学生为本的体现。学生在教学过程中的作用，通过形成性评价表现出来，成为指导教学过程的风向标，使教学过程由教师到学生的单向，变为教师与学生互动的双向，甚至是多向，将有助于提高教学质量。

4.1.3　对于“组织学”教学效果的积极影响

针对学生“组织学”得分的研究表明，无形成性评价学生，阶段考试和期末考试的“组织学”成绩没有差异；有形成性评价体系的学生“组织学”成绩在期末考试均明显提高，差异有高度显著性。“组织学”的理论学时为总学时的 1/3，且由于其学科特点，经常被学生认为是难以消化的部分，而且对于学生个体研究表明，“组织学”的正确率一贯低于“组织与功能”的正确率。然而，在形成性评价引入之后，“组织学”的正确率与“组织与功能”的正确率并无显著差异。因此，有目的地设计“组织学”相关内容的形成性评价，对于提高“组织学”教学效果将会有更加显著的作用。

4.2 存在的问题与今后的改进措施

4.2.1 单纯以成绩作为量化分析的指标，说服力不足

利用考试成绩对学生的学习效果和教学质量进行量化分析，得到的结论并不绝对，只能让我们管窥一豹，从中发掘出有意义的线索，指导教学工作的改进。也提示我们，进一步完善评价类型，提高评价效果的使用效率是非常必要的。

4.2.2 今后的改进措施

形成性评价在"组织与功能"整合课程中的应用尚处于起步阶段。但其引入增加了学生和老师之间的交流和反馈，对于学生的学习起到了明显的推动作用。这说明进一步推动和实施形成性评价对于整合课程将会有积极显著的意义。形成性评价对学习效果的促进作用显而易见，但是如何进一步开展并完善形成性评价体系，将其与课程的教与学，评价与教学有效地结合起来，将是下一步努力的方向。

◎ 参考文献

[1] Sherer, R., Wan, Y., Dong, H., M., et al. Positive impact of integrating histology and physiology teaching at a medical school in China [J]. Advance in Physiology Education, 2014, 38: 330-338.

[2] 彭碧文，陈桃香，孟运莲，万瑜．生理学与组织学整合教学模式的思考[J]. 教育教学论坛，2013(18)：133-135.

[3] 拜得兰，于宏伟．形成性评价及其研究综述[J]. 读与写杂志，2015，12(6)：32.

[4] 王燕舞，刘俊，孟运莲，汪琳，万瑜．课程整合中《组织学与胚胎学》的现状分析[J]. 解剖学杂志，2014，37(3)：413-415.

[5] 刘英．我国课程整合问题的回顾与展望[J]. 教学与管理，2017(3)：17-20.

·高等医学教育改革·

MDT模式在内科住院医师培养教学中的应用和体会

谭惠文 臧莎莎

(四川大学 华西医院内分泌科，四川 成都 610041)

摘 要： 多学科专家协作诊疗模式(Multi-disciplinary Team，MDT)，以患者为中心和多学科专家团队为依托，保障患者得到最规范的诊疗方案。MDT逐渐成为复杂疾病诊疗的重要模式，而且能帮助住院医师掌握内分泌疾病诊疗的具体流程，同时，各学科专家可以与住院医师深入沟通，积累更多的教学经验，达到教学相长的效果。本文旨在交流将MDT教学引进内分泌科住院医师培养过程中的一些方法和体会。

关键词： 内科学；住院医师培养；医学教育；多学科专家团队

The Experience of Multi-Disciplinary Team in Internal Medicine Teaching Practice for Resident Training

Tan Huiwen, Zang Shasha

(Department of Endocrinology and Metabolism, West China Hospital, Sichuan University, Chengdu, Sichuan, 610041)

Abstract: Multidisciplinary Team (MDT) is a diagnosis treatment model, in which patient is the core target and multidisciplinary partnerships has been performed. MDT has been an important service process to diagnose the complex disease, which makes the resident doctor easy to master the endocrinology disease's diagnosis and treatment, and help the professor obtain more experience in teaching work through the process. The article is aimed to present the experience in the application of MDT in the internal medicine education for resident training.

Key words: Internal medicine; Resident training; Medical education; Multidisciplinary team of experts

随着人民群众卫生服务需求日益增长，卫生服务模式发生重大变革，如何培养优秀的临床医学人才是医学教育的改革与发展面临的新形势和新问题。实现人人享有基本医疗卫生服务的战略目标，医学教育承担着重要的任务。由于缺乏规范化的住院医师培训制度，医学生毕业后水平相差悬殊。根据国家卫计委《关于建立住院医师规范化培训制度的指导意见》(国卫科教[2013]56号)，2015年全面启动以“5+3”

收稿日期： 2017-05-12

基金项目： 美国纽约中华医学基金会基金(CMB-00721)。

作者简介： 谭惠文(1982—)，男，重庆万州人，博士，主治医师，主要从事内分泌代谢疾病研究。臧莎莎(1988—)，女，河北人，医学硕士，住院医师，研究方向：内分泌代谢疾病。

为主要模式的住院医师规范化培训工作。华西临床医学院/华西医院2000年开始建立与北美临床住院医师培养制度接轨的住院医师规范化培训制度，经过16年的实践，华西住院医师规范化培训日臻完善。华西医院于2015年荣获全国住院医师规范化培训示范基地称号，是国内最早建立了相对完备的住院医师培养体系和相对成熟的住院医师教育质量控制体系的医学中心。住院医师已经完成了本科生阶段的教育课程，具备一定的基础理论和基本技能，但在临床实践中如何综合应用所学知识进行诊断和处理仍需进一步训练。强化住院医师的临床实践能力具有十分重要的意义，而传统医学教学模式无法全面满足住院医师规范化培训的现实要求[1]。针对传统医学教育模式的不足，我们在长期深入研究的基础上，实践以多学科团队(Multi-disciplinary Team，MDT)教学模式，旨在贴近临床，激发内科住院医师的学习兴趣，提高其学习的积极性，培养具有良好的职业道德、扎实的医学理论知识和临床诊疗技能的内科住院医师。MDT模式教学在临床教学实践中收到了良好的效果，我们在培养住院医师的临床教学实践的探索过程中积累了一定经验，笔者在此浅谈教学的一点体会。

1 MDT模式的概况

多学科综合治疗小组模式源于20世纪90年代的美国，即由相关多学科多科室专家通过会诊形式制订适合患者的最佳治疗方案[2]。目前在欧美发达国家，MDT模式已经相对成熟并显示其独特优势。2007年，英国国立卫生保健系统(NHS)甚至通过立法确定癌症患者均需接受MDT综合治疗。MDT模式在肿瘤疾病的诊疗方面开展较早，也相对成熟，对于特殊部位的肿瘤如垂体腺瘤，单独通过神经外科或内分泌科医师无法决定手术治疗、放射治疗或药物治疗能让患者更多获益时，MDT模式可以集思广益，通过各学科专家和医师的深入讨论，在充分评估风险和收益基础上为患者制订合理的治疗方案[3]。这种模式通过多学科的专家在同一个时间、同一个地点进行高效的交流，从而制定一个对患者更有利的治疗方案和策略，更高效高质地解决临床问题，同时也有利于学生更好地多渠道获取信息，学习疾病的整体思维和综合治理思想。

MDT模式有助于为住院医师营造了一个轻松愉快的学习氛围，有机会积极地畅所欲言，充分表达自己的观点，同时也可以相对容易和快捷地获取来自同学和其他专家的资讯和观点，这种碰撞有助于对于临床问题形成正确和深刻的认识；其次，该模式可使相关课程的问题尽可能暴露，通过多学科讨论可以加深对正确理论的理解，还可以不断发现新问题，解答新问题，印象更加深刻；它不仅对医学生理论学习大有益处，还可通过多学科讨论培养内科住院医师多方面的能力，如文献检索能力、逻辑推理能力、归纳总结能力、综合理解能力和口头表达的能力，这些将对今后开展临床工作奠定良好基础[4]。

加强住院医师规范化培训的核心是提高住院医师培养质量，而培养模式改革是提高医学教育质量的关键[5]。新时代的医学教育要求建立以学生为中心的自主学习模式，确立学生在教学中的主体地位，着力推进教学方法的改革与实践，加强学生终身学习能力、批判性思维能力和创新能力的培养[6]。由于传统内科学见习教学模式师生关系处于单向传输状态，教学过程缺乏互动性及实践性，而医学恰恰是一门实践性极强的学科，见习内容抽象复杂等特点，严重制约了临床见习效果，使内科住院医师的临床实践相对单一枯燥。MDT教学模式更加生动直观、以案例为基础、小组病例讨论的交互式教学模式有利于激发学生独立探索的兴趣，让学生积极主动地发现问题、分析和解决问题[1,7]。在此种教学模式中师生合作或者是多学科合作体现在见习教学的病例讨论过程中，使得不同学习能力和不同知识结构的内科医师学员均能参与，优势互补可有效地改善个体的学习能力与学习方法。

2 如何进行 MDT 教学

实践教学是保证和提高医学人才培养质量的重要环节和必要手段[8]。为了加强住院医师实践能力培养，我们在教学中创新医学实践教学体系，将传统教学法与多学科小组（MDT)模式相结合，扬长避短，发挥其优势互补的效应。多学科讨论教学中选择教学能力过硬、英语沟通能力较强并敢于创新的青年教师担当指导老师，负责教师需要具有良好的组织协调和交流沟通能力，熟练地应用英语进行教学。

(1)临床观摩：我科每周三中午都会进行垂体瘤 MDT 讨论，参与 MDT 讨论的专家来自内科(内分泌代谢科)、外科(神经外科)、影像科、病理科、伽玛刀中心和肿瘤放疗中心，讨论病人为患有各种垂体疾病的疑难患者。提前告知参与 MDT 的专家配合临床教学，讨论中使用专业术语，尽量引用教材中的内容，安排学生全程观峰，携带教材方便随时查阅，记录关注点和问题。临床观摩是临床教学的重要组成部分，学生对 MDT 讨论的临床观摩的印象极其深刻。观摩结束后由学生提出问题及疑难点，带教老师解答并点评总结，重点强调该病的诊断依据和治疗原则，从而使不同基础内科医师学员在这个讨论和总结中受到启示，提高其分析问题和解决问题的能力。

(2)临床讨论 MDT：课前发放见习提纲及相关资料，使学生有充足的课前准备。以专业分成多个小组，包括外科(神经外科)、内科(内分泌代谢科)、影像科、病理科、伽玛刀中心和肿瘤放疗中心等。先可进行传统的临床示教查房，由示教老师带领患者床旁问诊、查体等，然后各组推举代表做发言，其他学生补充，按照各自所代表学科从诊断、诊断依据、临床表现、治疗等方面阐述，发言时间不少于 10 min。讨论过程中示教老师可通过院内电子医疗系统调阅患者详细资料向各组展示。教师在课堂上要扮演主持人、讲解员、评委、旁观者等多重角色，引导和把握问题，调动现场气氛，控制讨论进程，讲授专业基础知识。发言结束后，由示教老师按照教学大纲要求进行点评。

3 实施效果和问题反馈

学习课程由临床医学院教授、副教授先课堂授课，见习教学采用 MDT 教学模式。我们在保障患者合法权益的前提下，选择多学科交叉的 MDT 临床典型病例，进行临床讨论，赋予学生主体地位，以见习疾病内容为中心，培养学生良好的临床逻辑思维能力，激发内科医师学员学习热情。住院医师临床见习中常遇的问题是科室临床工作安排密集、师资紧张、专人带教较难保证。而本研究经过提前准备安排的 MDT 教学模式可以很好地弥补这一不足。MDT 教学模式把学生设置到复杂的临床问题情景中，通过引导他们的自主探究和合作来解决问题，从而学习隐含在临床问题背后的医学知识，形成解决临床问题的技能和自主学习的能力。

住院医师在临床见习中对各专业临床进展专题讲座比较感兴趣，通过现场 MDT 讨论，可以拓宽知识面，增加住院医师学习兴趣。同时创造性地加强和改进教学工作，努力探索和建立健全学校内部的教学质量保证体系和运行机制，完善相关的规章制度，保证教育教学质量的稳步提高。当然我们也必须认识到，MDT 模式在中国受限于目前医疗资源短缺难以全面开展，但是对于医学教育而言还是有很好的价值。MDT 模式所倡导的以病人为中心、个体化治疗的方式和理念，值得让更多的医学生更深入地了解，以期推动医学教育更有温度和深度。

4 总结和展望

总之，提高人才培养质量是加强医学教育工作的核心，人才培养模式改革是提高医学教育质量的关键[8]。医学教育更重要的是医学生毕业后的住院医师规范化培训、专科医师准入和继续医学教育。住院医师规范化培训中的临床内科学的教学和实习工作是一项系统工程，需要我们不断地探索和完善，通过加强管理，应用科学、严谨的教学方法及灵活的教学手段，不断提高住院医师内科学的教学质量。我们通过住院医师临床内科学教学中采用 MDT 教学方法，提倡以学生为主体、教师为主导的启发式教学模式，培养医学生的多学科协作思维和自学能力，培养极富开拓精神的复合型医学人才，符合当今医学教育改革的重要内容和迫切要求。医学技术的进步和高等教育的快速发展，对于医学教学提出更高的要求。我校作为中国西部地区的医学中心，理应在医学教育中发挥重要作用，大力发展住院医师教育，提高办学层次，扩大华西临床医学的行业影响力。随着我国教育体制改革的不断深入，探索和完善住院医师培养模式，加强住院医师规范化培训，进一步提高教学质量，提高临床医学人才质量，是值得我们进一步思索和探讨的课题。

◎ 参考文献

[1] Stalmeijer RE, Gijselaers WH, Wolfhagen IH, et al. How interdisciplinary teams can create multi-disciplinary education: the interplay between team processes and educational quality[J]. Med. Educ., 2007, 41(11): 1059-1066.

[2] 李明松，龚伟，姜泊．外国住院医师临床医学教育的挑战和机遇[J]. 中国高等医学教育，2009(4): 21-22, 33.

[3] 马翔，阿迪拉·阿扎提，马依彤．医学住院医师内科学教学实践的探索与思考[J]. 新疆医科大学学报，2009，32(3): 367.

[4] Okubo Y, Matsushita S, Takakuwa Y, Yoshioka T, Nitta K. Longitudinal PBL in Undergraduate Medical Education Develops Lifelong-Learning Habits and Clinical Competencies in Social Aspects[J]. Tohoku J Exp Med, 2016, 238(2): 185.

[5] Chou FC, Kwan CY, Hsin DH. Examining the effects of interprofessional problem-based clinical ethics: Findings from a mixed methods study[J]. J Interprof Care, 2016, 30 (3): 362-369.

[6] Kassab SE, Hassan N, Abu-Hijleh MF, Sequeira RP. Lecturing skills as predictors of tutoring skills in a problem-based medical curriculum[J]. Adv Med Educ Pract, 2016, 6(7): 1-6.

[7] MacPherson A, Lawrie I, Collins S, Forman L. Teaching the difficult-to-teach topics [J]. BMJ Support Palliat Care, 2014, 4 (1): 87-91.

[8] 万学红，张肇达，李甘地，等．“全球医学教育最基本要求”的研究与在中国的实践[J]. 医学教育，2005，4(2): 11-13.

·高等医学教育改革·

CPPT教学模式在消化道疾病教学中的运用

孙 萌 齐 健 陈惠芳 陈志芬

(武汉大学 第二临床学院，湖北 武汉 430071)

摘 要：目的：探索医学教育改革新途径，优化医学教育方案，提高医学生对疾病理论知识及临床技能的掌握。**方法：**将临床医学五年制学生分为实验组(50人)和对照组(105人)。实验组实施CPPT(临床病理生理及治疗，Clinical Pathophisiology and Therapy)教学模式，对照组实施常规教学，通过考试及问卷调查及评价教学效果，用t检验作统计分析。**结果：**在内科消化系统疾病教学中CPPT教学模式顺利完成，采用CPPT教学模式的学生消化系统疾病部分的平均成绩为(73.3±13.6)分，高于传统教学模式的平均成绩(67.7±13.1)分($P<0.05$)。学生对CPPT教学模式的总体评价较高，学生普遍认为实践课上通过问诊、病例检查结果分析和病历书写等加深了学生对消化系统疾病的认知。**结论：**CPPT教学模式可以在内科消化系统疾病的课程中顺利实施并提高教学效果。

关键词：消化系统疾病；CPPT教学模式；教学改革

Application of CPPT Model in Teaching of Digestive System Diseases

Sun Meng, Qi Jian, Chen Huifang, Chen Zhifen

(Second Clinical Hospital, Wuhan University, Wuhan, Hubei, 430071)

Abstract: Objective To explore the reform of medical teaching model, optimize medical teaching method and improve the acquirement of theoretical knowledge as well as clinical skills of students. **Methods** We divided the five-year clinical medicine students into experimental group (50 students) and control group (105 students). The students in experimental group were taught in CPPT model while the control group in traditional model, examination and questionnaire were adopted to assess the results of different groups, t-test was used to conduct statistical tests. **Results** The results from examination and questionnaire indicated that the CPPT teaching model conducted successfully in digestive system diseases teaching, the average test score of digestive system diseases was (73.3±13.6) for students using CPPT teaching model, which was much higher than students using custom teaching method with mean score (67.7±13.1) ($P<0.05$). The CPPT model was highly praised by the students and inquiry, analysis of patients' test results and medical

收稿日期：2017-05-12

作者简介：孙萌(1991—)，女，汉族，河南安阳人，住院医师，硕士，主要从事消化道肿瘤及胃肠动力疾病研究。齐健(1978—)，女，汉族，湖北武汉人，副主任医师、副教授，博士，主要消化道肿瘤疾病研究。陈惠芳(1963—)，女，汉族，湖北武汉人，副主任技师，学士，主要从事医学教育与管理研究。陈志芬(1968—)，女，汉族，湖北武汉人，主任医师、副教授，博士，主要从事消化道肿瘤及胃肠动力疾病研究。

record writing in the department of gastroenterology enhancing the cognition of students about digestive system diseases. **Conclusion** The CPPT teaching model could be executed successfully in the teaching of digestive system diseases and improve teaching effectiveness.
Key words: Digestive system disease; CPPT teaching model; Teaching reform

医学教育以培养医学生扎实的理论知识和规范的临床技能为目的。传统的医学教育模式中学生前期在基础医学院学习基础医学课程，在临床医学院学习各系统疾病的诊断治疗，但在此过程中基础与临床的部分课程知识重叠且理论与实践衔接不够紧密，导致未能充分优化利用教育资源，且增加了学生的负担，影响对知识的掌握，因此适应新时代需求的紧跟世界前沿的医疗改革势在必行[1]。将基础医学课程与临床医学课程按系统疾病分类进行整合可避免重复，提高各学科知识间的衔接程度；同时理论课程教学与临床实践按系统疾病分类同步进行可使学生对疾病有更深入的认识[2]。

CPPT(Clinical Pathophisiology and Therapy)课程是芝加哥大学在医学教育改革中首创的按系统疾病分类的一门课程，它包含改革前的症状学、病理学、病理生理学和治疗学，改革后无内科学课程，以分系统(如消化系统、呼吸系统)授课，采取理论课(大课)+实践课的形式，比例为1∶1。教师集体备课，教师之间交流增多，课程内容整合，剔除了重复内容，提高了学生对教学内容的理解，使各个系统的授课更加紧凑，师生交流的时间增加，提高了学生的自学分析能力和沟通合作能力，密切了理论与临床的关系。我校与芝加哥大学合作根据自身实际情况在实验班中开展了 CPPT 教学模式，初步探索了 CPPT 教学模式在消化系统疾病教学中的应用情况与教学效果。

1　对象与方法

1.1　研究对象

我校 2011 级临床五年制学生，50 名学生组成的实验班为实验组，其余普通班学生 105 名为对照组。

1.2　研究方法

教学内容仍为教学大纲内容，普通班仍然按照传统的内科消化系统内容进行授课；而实验班则按照 CPPT 教学模式进行消化系统疾病的教学；授课前消化内科临床教师与病理和病理生理学教师共同备课，按照以往大班授课教学反馈意见，对于教学难点进行改进并共同改进教案。首先临床教师讲授消化系统总论部分，使学生对整个消化系统有一个初步的认识。讲解具体疾病时请同学们提前预习，大课上由病理老师首先讲解疾病的发病机制、病理变化及临床病理联系，而后临床教师讲解此种疾病的临床表现、实验室检查、诊断和鉴别诊断、治疗及预防，对疾病进行基础到临床的全面讲解。课程中老师与学生之间进行互动，学生可以随时提问，先让其他同学进行解答，老师进行相关补充，从而在课堂上达到对疾病的掌握。实践课主要在临床科室进行相关学习，每次实践课 25 人，实践课分几个部分：第一，住院患者问诊体检与病历书写：临床老师选取住院中的不同疾病的典型病例，如消化道出血、消化道溃疡、结直肠癌、炎症性肠病等，征得患者同意后学生每 5 人一组对不同患者进行病史询问，每小组完成一份完整的住院大病历，组内讨论后得出诊断，阐述诊断依据，鉴别诊断及治疗方案，并对疾病的病理生理知识进行相关解释。组内整理好后在小班实践讨论课时以 PPT 形式与其他同学进行分享，讨论中对疾病有更加直观深刻的认识，同时逐渐培养学生与患者沟通的能力。第二，典型病例病理分析：临床带教老师选取既往典型病例，引导学生进行相关提问，与病理科医生合作提供相关病理图片，并让学生们在实验室显微镜下自己观察病理切片，描述镜下所见并提出问题，病理科医生协助回答并准备典型切片随机检测同学们对病理切片的掌握情况，老师当场对照病理切片将病理学生理学知识概括讲解以加深同学印象。第三，用药方案讲解：实践课上同学可针对具体病人的药用方案询问管床医生，使同学们深入直观地了解到具体药物的具体作用以及不同用药方案对应不同的病程阶段的原因，结合具体病例的治疗方案与治疗效果，讲解各种治疗方案的利弊与优化选择。

1.3 统计学处理

考试成绩结果采用 SPSS 17.0 统计软件处理，组间均数采用 t 检验，$P<0.05$ 有统计学差异。

2 结果

CPPT 课程在师生的共同努力下得以顺利开展，并取得了一定的成绩，其结果如下。

(1)实验班学生考试成绩有所提高，在课程结束之后，实验班和普通班都采用了题库中的部分消化系统疾病的试题进行考试，结果显示实验班的平均成绩为(73.3 ± 13.6)分，高于普通班的平均成绩(67.7 ± 13.1)分($t=3.98$，$P<0.05$)，提示 CPPT 教学模式对提高学生的考试成绩有所帮助。

(2)CPPT 教学模式得到学生的普遍认可。课程结束之后，老师给同学发放问卷调查以搜集同学们对 CPPT 教学课程的意见，从问卷调查的反馈结果可以看出学生对 CPPT 课程的整体评价很高。而整个课程中最受学生们好评的莫过于理论与实践的紧密衔接，在消化系统疾病的理论部分结束后随即进入消化科接触临床病例，加深了同学们对理论知识的理解和掌握，提高了同学们对临床工作的积极性，同时提高了同学们的临床技能。学生们普遍反映实践课上不仅可以对临床病人进行问诊和体检，并且在病史采集过程中，锻炼了沟通能力，对以后的实习及工作都有帮助。跟随带教医生参观胃镜检查等临床操作，可在病历上查看病人检查结果并得到带教医生的分析讲解，再加上病理科医生对消化系统典型病理切片的讲解与学生自己的操作，进一步加强了学生对消化系统疾病的理解与掌握。老师备课时注重课件的中英结合，使得学生对于一些专业英语有了初步的掌握，对以后阅读文献等都有帮助。而略显不足的还是在教材选择上，部分学生反映因为目前没有配套的 CPPT 教材，在一定程度上增加了学生学习的时间和难度，并且因为课程目前累积经验不是很充足，学生觉得有些地方各个学科的衔接仍需加强以及课程讲授内容安排可以由浅入深合理优化。实践课上学生建议临床科室可每个小组安排一个带教研究生，全程可带领学生完成实验课，方便同学在实践过程遇到的问题更快得到解决。

3 讨论

近年来随着医药事业的发展和人民生活水平的提高，对于高素质高能力医生的需求也越来越大，随之而来的便是对医学教育的要求越来越高，这就意味着医学教育改革势在必行，需要提高教学效率，增强学生对专业知识和临床技能的掌握[3]。目前我国的医学高等教育主要采取大班授课式，学生主要以单纯听课为主，难以对疾病有深刻的认识及了解，因此医学教育改革就显得尤为重要[4]。2009 年始，武汉大学医学部借鉴芝加哥大学医学院教育经验，成立实验班探索中国医学教育改革，CPPT 课程为其中的核心[5]。

CPPT 课程的设立可以节省学生的学习负担，提出以往基础课程与临床课程的重复部分，并增加更多的师生互动及学生与学生相互合作交流的机会，在探讨交流中发现问题拓展思维；将理论知识与临床病例充分结合，可增强学生对知识的理解与应用能力，同时在对病例的分析与观察中加深对理论知识的记忆，更有助于培养学生的综合素质与创新能力。

从CPPT教学模式的初步应用情况来看，在CPPT教学模式下，学生可以更好地掌握理论知识，提高考试成绩，同时更早地接触临床；各种互动讨论环节有助于激发学生的批判性思维和创造性思维，为今后医疗事业的发展与医疗技术的进步打下良好的基础。当然，适合国情的CPPT教材的编写、教师们教学水平的标准化评判等都是需要进一步完善的。

总之，CPPT教学模式在初始应用中取得了良好的效果，存在的一些问题也在不断解决和改善中。我们希望CPPT教学模式通过不断地累积经验，能够在中国探索出一条既符合中国国情又能适应时代变化需要的医学教育改革之路。

◎ 参考文献

[1] 于双成，金祥雷，佘雅琴．美国医学教育改革三次浪潮的文化背景及本质特征[J]．医学与哲学，2011，32(12)：11-14.

[2] 周琦，张蔚，陈娇，等．妇产科教学中CPPT模式初步探索[J]．中国高等医学教育，2010(3)：45-46.

[3] 耿景海，文民刚，周增桓．医学教育改革热点及发展趋势[J]．医学研究与教育，2012，29(4)：86-91.

[4] 冯友梅，佘祥庭，于保平，等．中美合作培养高水平医学人才的思考与实践[J]．医学教育管理，2015，1(2)：91-95.

[5] 樊利芳，王颜，田素芳，等．芝加哥大学医学教育改革模式中病理教学改革探索与思考[J]．中国高等医学教育，2015(4)：117-118.

·高等医学教育改革·

“以疾病为中心”的基础医学课程整合模式的设想与实践

郭益民

(温州医科大学　基础医学院，浙江　温州　325035)

摘　要：临床医学教育改革的一个难点就是如何将基础医学课程与临床课程的内容进行融合，目前，整合课程已成为医学课程模式改革的主要方向。本文在比较“以学科为中心”和“以器官-系统为中心”课程模式优缺点的基础上，介绍了“以疾病为中心”的基础医学课程整合模式的创建过程与目标，通过举例，详细阐述了每个创建阶段的教学改革思路与目的，指出这种课程整合模式可有效地解决“以器官-系统为中心”课程模式存在的缺点。

关键词：疾病；基础医学；课程整合

Design and Practice on Integration Pattern of the “Disease-Centered” Basic Medical Curriculum

Guo Yimin

(School of Basic Medical Sciences, Wenzhou Medical University, Wenzhou, Zhejiang, 325035)

Abstract: How to integrate the basic medical curriculum with the content of clinical curriculum is one of the difficulties in the reform of clinical medical education. At present, the integrated curriculum has become the main direction of the medical curriculum reform. On the basis of comparing advantages and disadvantages of “subject-centered” and “organ-system-centered” curriculum models, this paper introduces the process and objective of establishing a “disease-centered” basic medical curriculum integration model. This paper elaborates the thought and purpose of teaching reform in each stage of creation, and points out that this curriculum integration mode can effectively solve the shortcomings of the organ-system-centered curriculum model.

Key words: Disease; Basic medicine; Curriculum integration

自从1952年美国西余大学建立整合医学教育课程模式以来，美国医学院校医学整合课程的主流模式就是“以器官-系统为中心”，即按某一器官系统把相关的解剖、生理、病理、疾病的临床表现，乃至诊断

收稿日期：2017-05-12

基金项目：浙江省教育厅基金资助项目(kg2013561)。

作者简介：郭益民(1964—　)，男，浙江温岭人，教授，医学学士，主要从事心血管生理学和医学课程整合方面研究。

和治疗原则综合起来组织课程[1,2]。目前，这种课程整合模式已成为医学课程模式改革的主要方向，并成为“世界医学教育高峰会议”重点推荐的模式之一，是一种以提高学生综合能力为核心的素质教育模式。

1 “以学科为中心”和“以器官-系统为中心”的课程模式的比较

1.1 “以学科为中心”的课程模式

目前国内的大多数医学院校依然选择“以学科为中心”的课程模式，将医学生的整个培养过程分成三个阶段，分别为基础课、临床专业课与临床实习，基础医学各门课程和(或)临床医学各门课程相互独立。这种课程模式重视对学生未来潜力的培养，其系统性和完整性较强，由于是循序渐进式教学，容易实施，且在教学实施过程中便于管理和节省财力。但是，“以学科为中心”的课程模式的弊端也是非常明显的：①知识割裂造成诸多重复。②基础与临床脱节严重。③学生负担过重。④忽视人文素质教育[3]。

1.2 “以器官-系统为中心”的整合课程模式

由于“以学科为中心”的课程模式已逐渐不能适应现代医学的发展，而基础医学各门课程是临床医学教育的基础，“以器官-系统为中心”的整合课程模式打破了原有的学科界限，将各器官与系统中具有关联性的课程内容整合在一起，实现了多门学科的综合。这种整合课程模式具有以下优点：①打破了基础科学和(或)临床学科的横向和纵向的明确界限。②提高教学与学习效率。③培养出来的学生更符合未来对执业医师的要求。④整合课程可使医学生具有宽泛的人文社科知识。

当然，“以器官-系统为中心”的整合课程模式并非十全十美，在实施过程中会遇到如下问题：①授课老师要博学、全才。②因这种整合课程不按学科来授课，教学组织的难度大。③这种课程模式一个学期可能只能上两三个系统，这很容易导致讲授高血压时无法介绍利尿药这类现象的出现，容易造成知识碎片化，整体性欠缺。如果再加上各模块知识体系的融合度不够、教师对课程整合的理解和执行不统一，如何解决知识点的衔接又是一大难点。

2 “以疾病为中心”的基础医学课程整合模式的创建与目标

课程整合的主要目的就是通过将多门相对独立的学科融为整体，实现学科知识的融通，提高学生的综合和应用能力。“以疾病为中心”的基础医学课程整合模式的创建已经经历了“案例生理学”、“基础医学综合”和“基础医学与临床”三个阶段。

2.1 “案例生理学”阶段

临床医学教育改革的一个难点就是如何将基础课程与临床课程的内容进行融合。对于还未学过相关临床课程的学生、对于招生数较多的高等医学院校、对于仍维持旧教学体系的学校来说，其难度不言而喻。2009年上半年，我们以收集的临床病案为基础编写了一本简单的讲义，试行以案例为基础的生理学教学，给临床医学专业学生开设了选修课——“案例生理学”。

“案例生理学”是一门以疾病为中心、以案例为基础的教改课程，在这门课程的教学过程中，教师通过借助临床病例提出生理学问题，以帮助学生复习和巩固生理学知识，更重要的是培养学生应用生理学知识解决实际问题的能力，使生理学这门联系基础和临床的“桥梁”学科能真正起到桥梁作用。学生通过解决一个个与临床实际案例有关的问题，练习做决定与解决问题，这有助于学习者获得情境知识，提早培养其临床思维，并为学习后续课程打下良好的基础。

该课程教学的基本流程为：①复习相关生理学知识。通过复习，让学生知道哪些生理学知识在临床上是有用的，是教学的重点。②给出病例。③提出问题：给出的这些问题应该是需要用生理学知识来解释的，避免将这门课上成病理生理学或内外妇儿等临床课。④讨论。每次授课均留些时间给学生讨论；对于复杂的问题，在学生讨论的过程中，老师要适时加以引导、提示。⑤提问。通过提问的方式，了解学生讨论的结果，了解学生对生理学知识的应用能力。⑥总结。通过总结，让学生知道这些相关的生理学知识在临床上有何用、怎样用。譬如生理学讨论的各种影响人体功能的因素通常是指一个因素改变而其他因素不变时的情况，但临床上病人某功能的影响因素通常是多因素的，这个观点的确立对学生学习后续课程大有好处。

2.2 “基础医学综合”阶段

全科医学是一个整合了临床、预防、康复医学和人文、社会学科相关内容于一体的面向社区与家庭的综合性医学专业学科，该专业的培养更需要对课程进行整合，更需要将基础医学知识与临床医学知识进行紧密的结合。

随着我校全科医学专业招生量的逐渐增加，再加上国家执业医师考试的改革方向已逐渐明确，原有课程模式的缺点也更清楚地显现。为此，从 2014 年开始，在全科医学专业的大学第五学期增开了“医学基础综合”这门课程。“医学基础综合”是以常见病为导向，涉及机能学各门课程和(或)形态学各门课程之间的综合，也包括了在整体水平上对各器官、系统之间的综合。规定其教学流程是：①基础知识准备。对已学过的医学基础知识进行概括性的总结。②临床案例。对相应疾病的临床部分进行粗浅的了解。③讨论。主要讨论医学基础知识的临床应用、讨论疾病的发病机制或诊疗的新进展。开设这门课程的初衷并不是为了讲述临床课程的内容，而是希望其起到桥梁学科的作用，使学生在学习临床课程和见习前对医学基础知识进行复习、强化和总结，特别要教学生如何将学过的基础知识用于临床，加强理论对临床实践的指导作用，为新的执业医师考试打好基础。例如，医学生普遍存在的问题就是在讨论一些医学问题时，总觉得答案应该很明确，即非一即二，但实际上很多临床问题的答案往往是均有可能。譬如，血管紧张素Ⅱ主要收缩出球小动脉，那么，这种物质对肾小球滤过率有何影响？实际上，一方面，由于出球小动脉的收缩，肾血流量减少，肾小球滤过率降低；另一方面，出球小动脉阻力增大，肾小球毛细血管血压升高，而这可增加肾小球滤过率。通过课堂讨论，使学生明确，出球小动脉轻度收缩可使肾小球滤过率增大，但过度收缩则降低肾小球滤过率；据此，还可以进一步讨论为何肾血管性高血压患者应慎用血管紧张素转换酶抑制剂或 AT_1受体拮抗剂。

在课程开设之初，我们组织了解剖学、生理学、生物化学、微生物学、免疫学、病理学、药理学等教师编写教材。由于各位教师对课程整合的理解不同、要求不同，针锋相对的观点碰撞经常发生，所以当时对教材的编写没有硬性要求，只规定基本框架，至于内容的选择、编写风格等各参编人员可以根据自己的理解去发挥，且每个疾病的编写内容只由一个老师负责。经过三年的教学实践，通过对学生反馈信息的分析，在各授课老师对整合方式的理解逐渐趋同的同时，教材的缺点也逐渐暴露，这就迫切需要编写一本更符合医学教育规律的教材，因此也就顺理成章地进入第三阶段，即“以疾病为中心的基础医学课程整合模式”的雏形——“基础医学与临床”阶段。

2.3 “基础医学与临床”阶段

由于《医学基础综合》编写方式的先天不足，每一个疾病的编写内容往往局限于某一门或几门医学基础课，如高血压一章主要包括生理学、病理生理学和药理学的内容，解剖学、组织学和病理学等内容就没有出现，因此，编写《基础医学与临床》教材的时候，要求与该疾病有关的所有基础医学的内容均要涉及，且对所有内容按临床课程的教学思路进行有机整合。例如血栓性疾病一节，因为血栓的形成与血小板、血液凝固和纤维蛋白溶解等基础医学知识密切相关，所以，这一节的内容安排是先介绍血小板、血液凝固和纤维蛋白溶解的组织学与生理学的内容；在此基础上介绍病理学血栓的形成条件与危害，最后介绍药理学的溶栓药物及溶栓机制，这样一环紧扣一环的内容安排，能使学生迅速掌握临床上各种血栓性疾病的可能发病机制、诊断与治疗原则等，更有利于学生学以致用。

另外，还要求以临床需要为原则选取编写内容。因此，许多原先基础医学课程中不做要求的内容也编入了教材。例如食管下括约肌，原先生理学是不介绍的，但消化内科有那么多的胃食管反流病患者，必须编入教材；再如高血压一节，这一定会涉及平滑肌、动脉血压的长期调节、高血压的发病机制等内容，而这些内容原先也是非重点内容。

我们认为，“基础医学与临床”较好地解决了基础医学与临床脱节的问题。通过这样的整合，从细胞、器官和系统、整体水平阐述疾病的发生机制及诊疗原理，这有利于后续临床课程的教学；而且，这种课程整合形式可使学生很容易适应我国新的执业医师考试；通过这种医学基础知识与临床疾病的直接联系，还可激发学生学习的积极性和主动性，甚至可以倒逼临床医生努力提高自己的基础医学知识水平、以达到最终由临床医生来上基础医学整合课程的目的。《基础医学与临床》于 2017 年 8 月由人民卫生出版社正式出版。

2.4 “以疾病为中心”的基础医学课程整合模式阶段

“以器官-系统为中心”的整合课程模式目前暂无统一的框架，且国内大部分医学院校只在小范围内试行这种教学模式，因为还存在不少的问题，如课程整合不够彻底，基础与临床结合不紧密、与后续课程的衔接缺乏连贯性，临床案例太少，基础医学各门学科的界限太过明显、各器官-系统的界限太过明显等，而“以疾病为中心”的基础医学课程整合模式基本上可以避免这些问题的出现。

“以疾病为中心”的基础医学课程整合模式是根据临床的需要，在结构上以系统为单位，按器官-系统来组织教学内容；在教学内容上以疾病为基础，将基础医学各学科的内容进行有机融合，精简教学内容，实现基础医学各学科间的横向融合以及基础医学与临床医学学科间的纵向融合，通过遵循从形态到机能、从宏观到微观、从正常到异常、从生理到病理、从基础到临床等原则，实现基础医学与临床的彻底整合，用基础医学的知识解释临床疾病的病因或诱因、发病机制、临床表现、辅助检查、诊断与鉴别诊断、治疗及其预防，重点培养学生利用基础医学知识解决实际问题的能力。

我们准备根据“基础医学与临床”的编写原则，编写一套囊括大部分基础医学内容的教材，并选取一个专业，真正按“以疾病为中心”的基础医学课程整合模式对学生进行培养，探索一条适合我国的医学教育的新模式。

◎ 参考文献

[1] 乔敏，郭立，贺加，等．国外医学课程改革的发展趋势及特点[J]．医学教育，2001(6)：19-22.

[2] 梅人朗．自 1965 年到 1990 年代北美医学课程的改革[J]．国外医学·医学教育分册，1999(4)：12-15.

[3] 孙宝志．世界医学课程模式改革百年历程与借鉴[J]．中华医学教育杂志，2012(32)：1-7.

·教育调查·

高校实践育人状况的调查报告

朱 华[1] 司文超[2] 王 丹[2] 储 锐[2]

(1. 武汉大学 附属学校,湖北 武汉 430072;2. 武汉大学 研究生工作部,湖北 武汉 430072)

摘 要:本文通过对我国高校实践育人现状问卷调查和访谈,了解和掌握高校实践育人的基本现状、存在的问题及其影响因素,并对调查数据的定性与定量分析,探究高校实践育人协同机制的构建以及实践路径的选择,为推进高校实践育人工作的制度化、规范化提供了有益的参考。

关键词:高校;实践育人;调查报告

An Investigation Report on the Practice of Education in Colleges and Universities

Zhu Hua[1], Si Wenchao[2], Wang Dan[2], Chu Rui[2]

(1. Affiliated School, Wuhan University, Wuhan, Hubei, 430072;

2. Graduate Work Department, Wuhan University, Wuhan, Hubei, 430072)

Abstract: This article masters the current situation, problems and influencing factors of the practice of educating people, based on questionnaires and interviews about the current situation of collegeseducation in our country. Qualitative and quantitative analysis of survey data probes into the construction of cooperative mechanism of practical education in colleges and universities and the path of practice, which will provide a useful reference to promoting the institutionalization and standardization of practical education in colleges and universities.

Key words: Colleges and universities; Practice of educating people; Investigation report

实践育人是高校提升人才培养质量的重要举措,是加强和改进大学生思想政治教育的重要途径,也是全面深化高等教育综合改革的重要任务。为了解当前我国高校实践育人现状,本课题组对高校实践育

收稿日期:2017-09-12

基金项目:本文为2015年教育部人文社会科学研究专项任务(高校思想政治工作)"高校实践育人的协同机制及实践路径"(项目编号15JDSZ2053)阶段成果。

作者简介:朱华(1968—),男,武汉大学附属学校党委书记,副研究员,管理学博士,主要从事学校教育管理及人力资源管理研究。司文超(1979—),男,武汉大学研究生工作部党建与思想政治教育办公室主任,法学硕士。主要从事大学生思想政治教育管理研究。王丹(1979—),女,研究生工作部学术科技与实践育人办公室主任,文学博士。主要从事大学生思想政治教育管理研究。储锐(1982—),男,河南濮阳人,法律硕士,武汉大学研究生工作部副主任,研究方向:研究生思想政治教育。

人工作进行了抽样调查。调研报告重点围绕高校学生对实践育人工作的认知、参与情况、工作评价、存在问题以及影响因素等方面进行定性与定量分析，从操作层面探究实践育人协同机制的构建以及实践路径的选择，为高校实践育人工作的制度化、规范化提供有益的参考。

一、问卷调查概况

(一)问卷设计

课题组根据实际工作需要，在文献研究和访谈基础上自行编制调查问卷。问卷由个人基本信息、调查对象对高校实践育人工作的"主观认知"和"客观行为"等两部分组成。个人基本信息主要是了解调查对象的性别、学历背景、隶属专业、学校类别等情况。"主观认知"主要考察调查对象对实践育人工作的认知深度、了解程度以及对实践育人的工作评价；"客观行为"主要了解大学生参与实践育人活动的现状、高校开展实践育人工作的状况等。问卷共设计了25道题，其中封闭式问题24个，开放式问题1个。

(二)问卷调查

课题组选择了武汉大学、华中师范大学、湖北中医药大学、山东大学、西南大学、华南理工大学6所高校进行了抽样调查。样本抽样考虑高校类型和分部，部属高校、省属高校；涵盖本科生、学术型硕士研究生、专业学位型硕士研究生、博士研究生；覆盖人文学科、社会学科、理科、工科、医科等。共发放调查问卷1500份，回收有效问卷1459份，回收率为97.27%。

(三)样本特征

(1)性别。男性占46.8%($N=683$)，女性占53.2%($N=776$)。

(2)学历。本科生占43.0%($N=627$)，学术型硕士研究生占37.3%($N=544$)，专业学位型硕士研究生占14.8%($N=217$)，博士研究生占4.8%($N=71$)。

(3)学科类型。人文科学类学生占20.0%($N=292$)，社会科学类学生占24.5%($N=358$)，理工类学生占47.1%($N=687$)，医学及其他学科类学生占8.4%($N=122$)。

(4)学校类别。"985工程"高校学生占65.7%($N=958$)，非"985工程"高校学生占34.3%($N=501$)。

二、数据统计与分析

(一)大学生对实践育人工作的认知状况

1. 大学生对学校实践育人工作的了解情况

调查显示(见表1)，仅有3.4%的调查对象表示对学校实践育人工作非常了解，有22.4%的调查对象表示对该项工作不清楚，表示对该项工作有些了解的调查对象有74.2%。近八成调查对象对学校实践育人工作只是停留在有所了解的阶段，并没有全面、深入的认识，表明大学生对高校实践育人工作仍停留在肤浅的认知层面上。

调查进一步分析发现，不同性别的大学生对学校实践育人工作的了解情况存在显著性差异($x^2=8.2$，$P=0.042$，$P<0.05$)。调查数据显示(见表2)，男生中非常了解学校实践育人工作的有4%，女生有2.8%的同学非常了解学校实践育人工作；而男生中有40.40%的同学对实践育人工作了解一些，高于女生(34.9%)。近四成的女生对学校实践育人工作了解一般，1/3的男生对学校实践育人工作了解一般。

表 1　对学校实践育人工作的了解程度(%)

		频率	百分比	有效百分比	累积百分比
有效	非常了解	49	3.4	3.4	3.4
	了解一些	543	37.2	37.5	40.9
	一般	532	36.5	36.7	77.6
	不清楚	324	22.2	22.4	
	合计	1448	99.3	100.0	100

表 2　不同性别大学生对学校实践育人工作的了解情况(%)

	非常了解	了解一些	一般	不清楚
男	4	40.40	33.40	22.30
女	2.80	34.90	39.70	22.50

2. 大学生了解学校实践育人活动的主要渠道

调查数据显示(见表 3)，大学生了解高校实践育人有关活动的主要渠道依次为院系老师组织动员(24%)、学校相关部门通知宣传(21.6%)、同学朋友推荐(18.8%)、团学组织推荐(15.4%)、网络媒体宣传(13.8%)、社会机构招聘(6.4%)。可见，同学们了解实习实践活动的主要渠道还是来自于高校，包括学校相关部门、老师和同学以及团学组织，其他社会渠道还有待发展完善。

表 3　了解实践育人有关活动的主要渠道(%)

主要渠道	有效百分比
(1)团学组织推荐	15.4
(2)同学朋友推荐	18.8
(3)院系老师组织动员	24.0
(4)学校相关部门通知宣传	21.6
(5)社会机构招聘	6.4
(6)网络媒体宣传	13.8
(7)其他	0.0

3. 大学生参加学校实践育人活动的原因

课题组对大学生参加社会实践或挂职锻炼的主要原因进行了调查，调查数据显示(见图 1)，居于首位的是锻炼提升自己(30.2%)，其次为个人兴趣(22.1%)，再次为专业相关(18.2%)，再次为学分要求(14.2%)。可见，大学生参加社会实践或挂职锻炼的最主要原因是基于自身发展的需要，而不是其他诸如奖励、学分等外在因素。

进一步数据分析发现(见表 4)，男性大学生首选的原因是锻炼提升自己(63.5%)，其次为个人兴趣(44.5%)，再次为专业相关(42.6%)；女性大学生首选的原因是锻炼提升自己(69.7%)，其次为个人兴趣(52.8%)，再次为专业相关(38.1%)。第一和第二个主要原因的比例方面，女性大学生高于男性大学生，而专业相关性方面，男性大学生的选择比例要高于女性大学生，但是两者相差均未超过 10%。

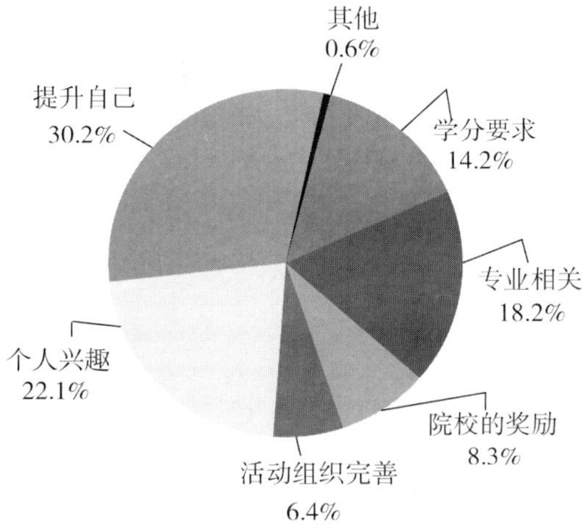

图 1　参加社会实践或挂职锻炼活动的主要原因(%)

表 4　**不同性别大学生参加社会实践或挂职锻炼活动的主要原因(%)**

主要原因	男	女
学分要求	30. 0	32. 5
专业相关	42. 6	38. 1
院校的奖励	22. 3	14. 6
活动组织完善	12. 1	16. 2
个人兴趣	44. 5	52. 8
锻炼提升自己	63. 5	69. 7
其他	1. 2	1. 8

不同学历层次大学生参加社会实践或挂职锻炼活动的主要原因方面存在差异性(见表 5)，受学分要求因素影响最大的是本科生，40. 2%的本科生因学分要求选择参加社会实践或挂职锻炼活动；受专业因素影响最大的是专业学位型硕士研究生，有 47. 3%的专业学位型硕士研究生受专业相关因素影响参加社会实践或挂职锻炼活动；73. 2%的博士研究生的原因是为了锻炼提升自己，其次是专业学位型硕士研究生(69. 6%)，再次为学术型硕士研究生(66. 3%)，本科生虽在四个学历层次中选择率最低，但也达到了 65. 4%。这一因素是所有七个列举项中选择率最高的。

表 5　**不同学历层次大学生参加社会实践或挂职锻炼活动的主要原因(%)**

主要原因	本科生	学术型硕士研究生	专业学位型硕士研究生	博士研究生
学分要求	40. 2	27. 5	22. 2	9. 9
专业相关	38. 2	40. 6	47. 3	33. 8
院校的奖励	19. 9	14. 9	25. 1	9. 9
活动组织完善	17. 2	12. 0	11. 6	14. 1
个人兴趣	53. 4	47. 6	41. 1	43. 7
锻炼提升自己	65. 4	66. 3	69. 6	73. 2
其他	2. 5	0. 2	1. 9	1. 4

4. 大学生参加学校实践育人活动的影响因素

调查数据显示(见图2)，大学生参加学校实践活动的诸多影响因素中，个人发展是居于首位的影响因素(51.8%)，其次是社会需求或要求(22.9%)，再次为导师或辅导员等(13.9%)。可见，影响大学生参加挂职锻炼或实习实践的最大因素是个人发展的需要，再次证明内因是首要原因。其他诸如社会需要、导师、朋友影响等外因所占比例均远远低于内因。

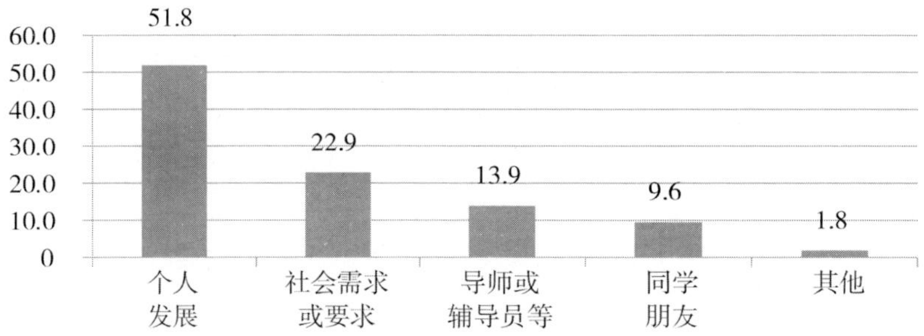

图2　参加挂职锻炼或实习实践最大影响因素(%)

进一步分析发现，不同性别的大学生参加挂职锻炼或实习实践的影响因素存在显著性差异(χ^2 = 13.551，P=0.009，P<0.01)。调查数据显示(见表6)，女性大学生选择个人发展这一因素的比例要高于男性大学生约10个百分点，但是男性大学生选择社会需求或要求、导师或辅导员、同学朋友这些因素的比例均大于女性大学生。可见，女性大学生更注重自身发展需要，而男性大学生在考虑自身需要的同时，受外在因素的影响要大于女性大学生。

表6　**不同性别大学生参加挂职锻炼或实习实践的影响因素(%)**

影响因素	男	女
个人发展	46.8	56.7
社会需求或要求	23.1	22.6
导师或辅导员等	16.5	11.4
同学朋友	11.9	7.3
其他	1.8	1.9

不同学历层次的大学生参加挂职锻炼或实习实践的影响因素存在显著性差异(χ^2 = 37.766，P=0.00，P<0.001)。调查数据显示(见表7)，本科生参加挂职锻炼或实习实践的影响因素中首要的因素是个人发展(51.8%)，其次为社会需求或要求(20.1%)，再次为同学朋友(13.9%)；学术型硕士研究生参加挂职锻炼或实习实践的影响因素中首要的是个人发展(54.8%)，其次为社会需求或要求(24%)，再次为导师或辅导员(12.7%)；专业学位型硕士研究生参加挂职锻炼或实习实践的影响因素首要的是个人发展(44.8%)，其次为社会需求或要求(30.3%)，再次为导师或辅导员(20.7%)；博士研究生参加挂职锻炼或实习实践的影响因素首要因素是个人发展(51%)，其次为导师或辅导员(21.6%)，再次为同学朋友(13.7%)；可见，本科生、硕士研究生和博士研究生受影响的最重要因素都是个人发展，其首要因素和再次因素有些微区别。

表 7　　不同学历层次大学生参加挂职锻炼或实习实践的影响因素(%)

影响因素	本科生	学术型硕士研究生	专业学位型硕士研究生	博士研究生
个人发展	51.8	54.8	44.8	51.0
社会需求或要求	20.1	24.0	30.3	11.8
导师或辅导员等	11.4	12.7	20.7	21.6
同学朋友	13.9	7.2	3.4	13.7
其他	2.8	1.4	0.7	2.0

不同学科背景大学生参加挂职锻炼或实习实践的影响因素存在显著性差异($\chi^2=70.371$，$P=0.007$，$P<0.01$)。调查数据显示(见表 8)，哲学学科的大学生首选因素是个人发展，高达 71.4%，导师辅导员和其他因素排在其次，各占 14.3%；文学学科的大学生首选因素也是个人发展，高达 72.6%，其他因素所占比例均未超过 10%；所有学科背景的大学生都将个人发展作为参加挂职锻炼或实习实践的首要影响因素，所占比例最高的是文学，其次为哲学，再次为历史学，比例超过 60%，最低的是艺术学，比例为 33.3%。

表 8　　不同学科背景大学生参加挂职锻炼或实习实践的影响因素(%)

影响因素	哲学	经济学	法学	教育学	文学	历史学	理学	工学	医学	管理学	艺术学	其他
个人发展	71.4	49.5	47.8	54.3	72.6	61.5	53.5	44.9	52.2	56.6	33.3	50.0
社会需求	0.0	30.5	30.4	28.6	9.5	20.0	20.8	24.9	19.6	17.0	22.2	33.3
导师等	14.3	10.5	15.2	14.3	7.1	9.2	13.9	17.5	10.9	13.2	22.2	16.7
同学朋友	0.0	8.6	6.5	2.9	8.3	4.6	10.9	11.6	8.7	11.3	22.2	0.0
其他	14.3	1.0	0.0	0.0	2.4	4.6	1.0	1.1	8.7	1.9	0.0	0.0

5. 大学生对实践育人活动岗位选择的意愿

调查数据显示(见图 3)，最吸引高校大学生的挂职锻炼或社会实践岗位居于首位的是与专业学习相结合(27.2%)，其次为专业契合度高(24.8%)，再次为与就业创业相结合(21.2%)。可见，与大学生专业学习相关挂职锻炼或社会实践岗位最具吸引力。

调查数据显示(见表 9)，不同学历层次大学生认为挂职锻炼或社会实践岗位最吸引人的因素存在差异。本科生认为挂职锻炼或社会实践岗位最吸引人的因素首选是与专业契合度高(64.7%)，其次为与专业学习相结合(63.9%)，再次为与就业创业相结合(53.3%)；学术型硕士研究生认为挂职锻炼或社会实践岗位最吸引人的因素首选与专业学习相结合(67%)，其次为与专业契合度高(57.1%)，再次是与就业创业相结合(50.7%)；专业学位型硕士研究生认为挂职锻炼或社会实践岗位最吸引人的因素首选与专业学习相结合(67%)，其次为与专业契合度高(54.7%)，与就业创业相结合(52.7%)；博士研究生认为挂职锻炼或社会实践岗位最吸引人的因素首选与专业契合度高和与专业学习相结合，均为 59.2%，其次为与就业创业相结合、实习实践地点是未来就业城市，均为 33.8%，再次是实习实践地点有导师项目(25.4%)。对本科生来说，与专业契合度的因素要高于与专业学习相结合的因素，而博士研究生则认为

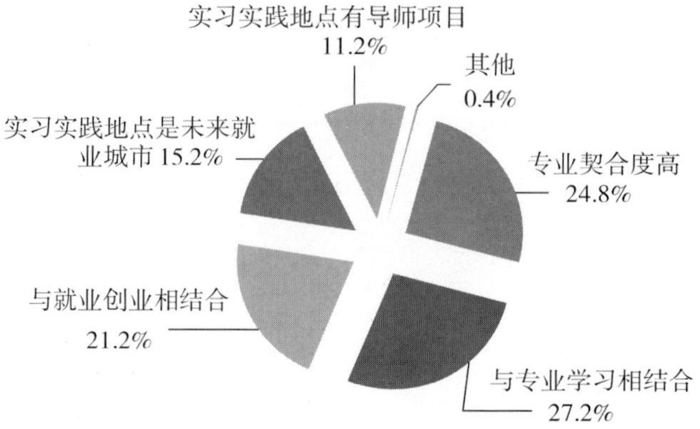

图 3　挂职锻炼或社会实践岗位吸引因素

与专业契合度高以及与专业学习相结合同等重要，选择率相同；与就业创业相结合的选择率明显低于其他学历层次的大学生，显示博士研究生学业压力更大，对通过挂职锻炼或社会实践实现就业创业期望值不高。

表 9　　**不同学历层次大学生认为挂职锻炼或社会实践岗位最吸引人的因素(%)**

吸引因素	本科生	学术型硕士研究生	专业学位型硕士研究生	博士研究生
与专业契合度高	64. 7	57. 1	54. 7	59. 2
与专业学习相结合	63. 9	67. 0	67. 0	59. 2
与就业创业相结合	53. 3	50. 7	52. 7	33. 8
实习实践地点是未来就业城市	40. 0	32. 6	38. 9	33. 8
实习实践地点有导师项目	27. 8	25. 4	29. 6	25. 4
其他	1. 0	0. 8	0. 0	0. 0

6. 大学生对实践育人活动行业选择的意愿

调查数据显示(见图 4)：39. 8%的大学生参加学校实践育人活动首选的是行业企业，其次是事业单位(23. 8%)，再次为科研院所(15%)，仅有 7. 9%的大学生选择基层社区。可见，大学生愿意到社会基层锻炼的意愿不强。

不同高校类型大学生对实践单位类型的选择存在显著差异性($\chi^2=21.959$，$P=0.001$，$P<0.05$)。调查数据显示(见表 10)，非“985 工程”高校大学生对实践单位类型的选择首选是行业企业(32. 4%)，其次为事业单位(25. 4%)，再次为科研院所(16. 4%)；“985 工程”高校大学生首选是行业企业(43. 4%)，其次为事业单位(23. 1%)，再次为科研院所(14. 3%)；非“985 工程”高校大学生和“985 工程”高校大学生对实践单位的选择排序是一致的，但是“985 工程”高校大学生对行业企业的选择率高出非“985 工程”高校大学生 10 个百分点，非“985 工程”高校大学生去基层社区的意愿高出“985 工程”高校大学生约 7 个百分点。可见，扎根基层的思想政治教育和政策引导在“985 工程”高校仍存在较大工作空间。

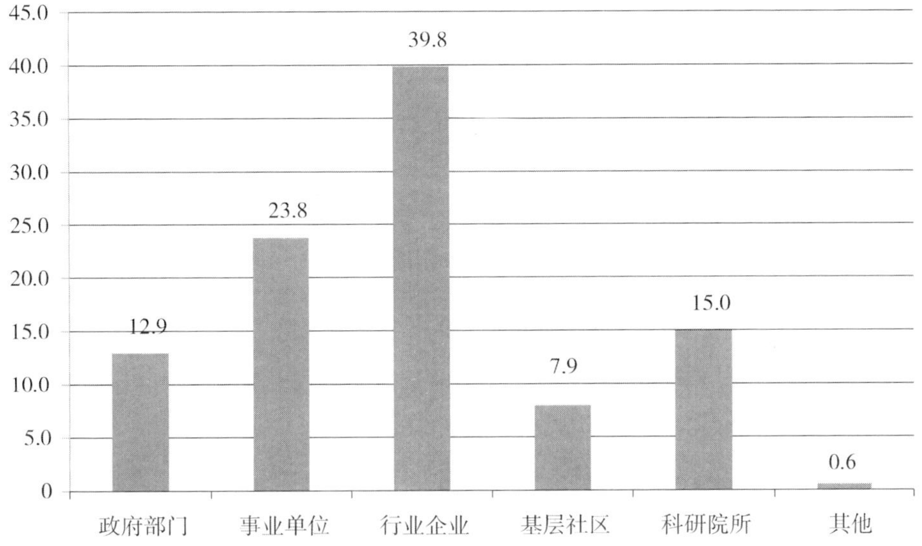

图 4　大学生参加实践活动，更愿意选择的行业类型(%)

表 10　　不同高校类型大学生对实践单位类型的选择(%)

选择单位类型	非“985 工程”高校	“985 工程”高校
政府部门	12. 9	13. 0
事业单位	25. 4	23. 1
行业企业	32. 4	43. 4
基层社区	12. 9	5. 6
科研院所	16. 4	14. 3
其他	0. 0	0. 7

(二)大学生参与学校实践育人活动的行为现状

1. 从整体上看，大学生实践育人活动类型多样，活动内容丰富、方式灵活

调查数据显示(见图 5)，57. 9%的被调查对象选择了志愿服务，也是唯一一项参与比例过半的类型。其他依次是社会调查(47. 6%)、勤工俭学(39. 5%)、实践教学(39. 4%)、公益活动(38. 7%)、军事训练(35. 9%)、生产劳动(17. 7%)、科技发明(7. 9%)和挂职锻炼(7. 9%)。

不同学历层次的大学生对实践育人活动类型的参与情况显示出了不同的表现。调查数据显示(见图 6)，在实践教学、科技发明、挂职锻炼等具有高含金量、新形式、更多的需要脑力劳动的实践活动项目上，博士研究生的参与率较高。在军事训练、社会调查、生产劳动、志愿服务、公益活动等方面，本科生的参与率较高。在勤工俭学、生产劳动等两方面，硕士研究生则具有高参与率。

2. 大学生对不同类型实践活动的参与情况

“社会调查”实践活动的参与情况。调查数据显示(见图 7)，每年参加一次“社会调查”实践活动，研究生的参与比例要高于本科生，其中，硕士研究生要高出本科生 10 个百分点，学术型硕士研究生的参与比例最高，达到了 47. 5%；每学期参加一次“社会调查”实践活动，本科生的参与比例为 39. 2%，要高出研究生十多个百分点；每月参加一次“社会调查”实践活动，本科生和研究生参与的比例都比较低。由此

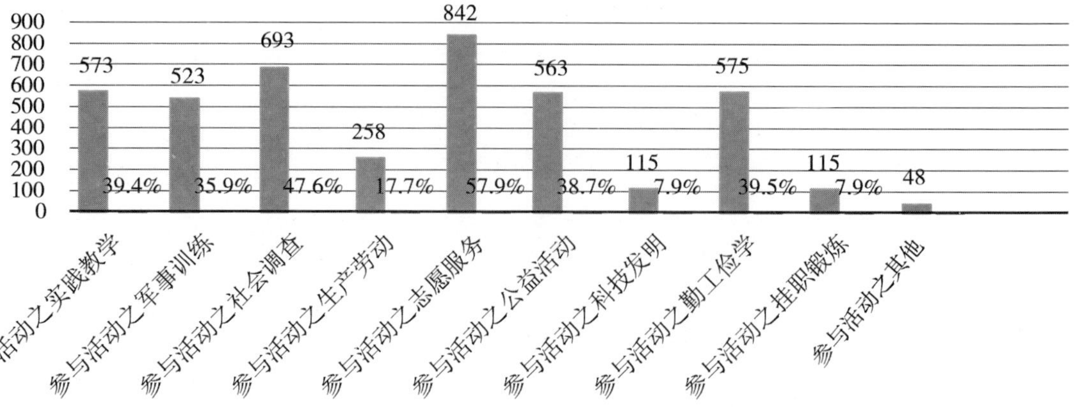

图 5　大学生参与的实践育人活动类型

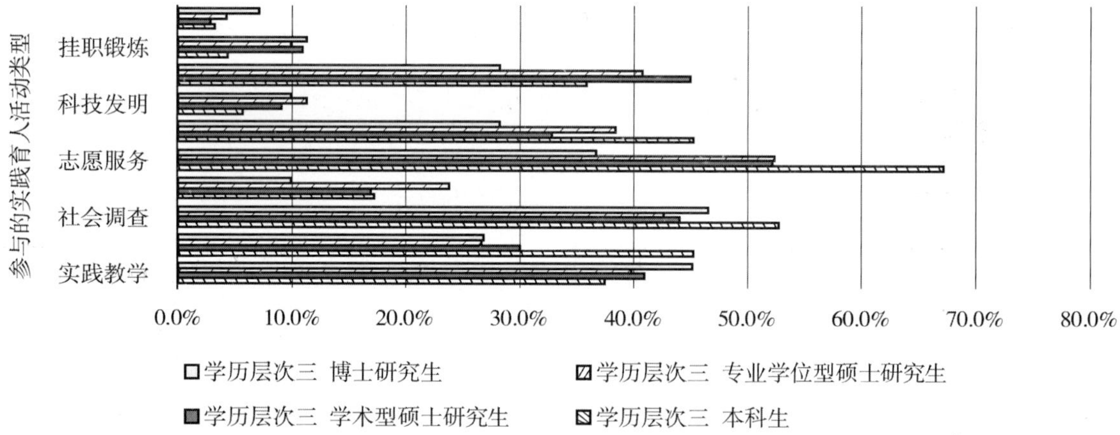

图 6　不同学历层次的大学生对各类型实践育人活动参与情况

可见，大学生参与“社会调查”实践活动的频率集中在“每年一次”和“每学期一次”。

“生产劳动”实践活动的参与情况。不同性别的大学生对“生产劳动”实践活动的参与度存在显著性差异($\chi^2=24.555$，$P=0.000$，$P<0.05$)。调查数据显示(见图 8)，大学生参与“生产劳动”实践活动的比例都不高，女生“从没参加”的比例高达 53.7%；在“每年 1 次”、“每学期 1 次”，“每月 1 次”频率方面，男生的参与度都均高于女生。

不同高校类别的大学生对“生产劳动”实践活动的参与度存在显著性差异($\chi^2=29.635$，$P=0.000$，$P<0.05$)。调查数据显示(见表 11)，大学生参与“生产劳动”实践活动的比例都不高，非“985 工程”高校大学生“从未参加”人数比例高达 52.6%，“985 工程”高校的比例达 44.6%；在“每年 1 次”频率方面，“985 工程”高校参与人数比非“985 工程”高校比例高出 13 个百分点。

表 11　**不同高校类别大学生生产劳动参与度情况(%)**

高校类别	每年 1 次	每学期 1 次	每月 1 次	每周 1 次	从未参加
非“985 工程”高校	14.6	21	8	3.9	52.6
“985 工程”高校	27.9	18.3	6.6	2.6	44.6

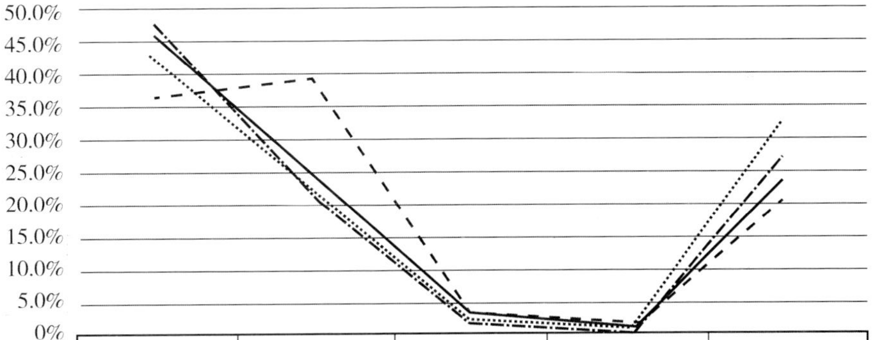

	每年1次	每学期1次	每月1次	每周1次	从未参加
本科生	36.6%	39.2%	2.5%	0.7%	21.1%
学术型硕士研究生	47.5%	22.0%	2.6%	0.4%	27.5%
专业学位型硕士研究生	46.1%	26.5%	3.9%	0.0%	23.5%
博士研究生	42.6%	22.1%	2.9%	0.0%	32.4%

图 7　不同学历层次大学生社会调查参与度情况

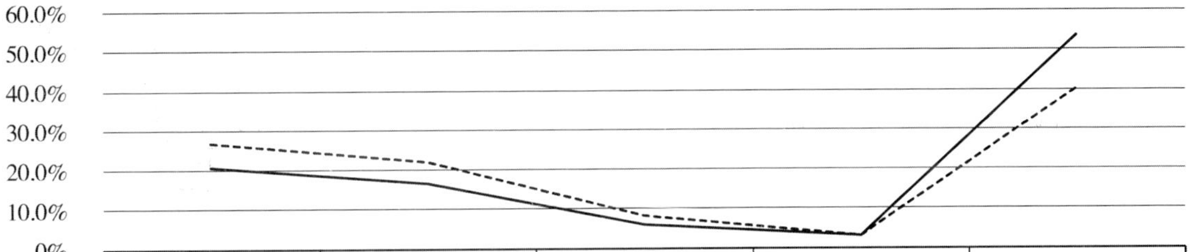

	每年 1次	每学期 1次	每月 1次	每周 1次	从未参加
男	26.6%	22.0%	8.2%	3.0%	40.2%
女	20.7%	16.5%	6.0%	3.0%	53.7%

图 8　不同性别大学生生产劳动参与度情况

"志愿服务"实践活动的参与情况。不同性别的大学生参加"志愿服务"实践活动的参与度存在显著性差异($\chi^2=10.246$，$P=0.0036$，$P<0.05$)。调查数据显示(见图 9)，女生参与的积极性要明显高于男大学生，女生参与"志愿服务"实践活动的比例高达 83.8%；但在"每年一次"参与的比例上，男生参与的比例高出女生近 5 个百分点；两者在"从未参加"的选项上比例不足 20%，也就表明两者在"志愿服务"实践活动的参与比例都超过 80%。

不同学历层次的大学生在"志愿服务"实践活动参与度也存在显著性差异($\chi^2=104.576$，$P=0.000$，$P<0.05$)。调查数据显示(见图 10)，30.3%的博士研究生从未参加"志愿服务"实践活动，处于最高值，本科生的比例为 13.7%，处于最低值；在"每学期一次"、"每月 1 次"和"每周 1 次"的志愿服务实践活动参与上，本科生积极性最高，参与比例为 62.8%；研究生比较集中在"每年 1 次"志愿服务实践活动，其中，博士研究生参与的比例高达 50%。

"公益活动"的参与情况。不同学历层次的大学生在"公益活动"参与度存在显著性差异($x^2=40.519$，$P=0.000$，$P<0.05$)。调查数据显示(见图 11)，42.9%的博士研究生"从未参加"公益活动，接近参与调查博士生人数的二分之一；研究生参加"公益活动"主要集中在"每年 1 次"和"每学期 1 次"，参与比例在 5 成以上；本科生在"每学期 1 次"、"每月 1 次"和"每周 1 次"参与比例相对较高。

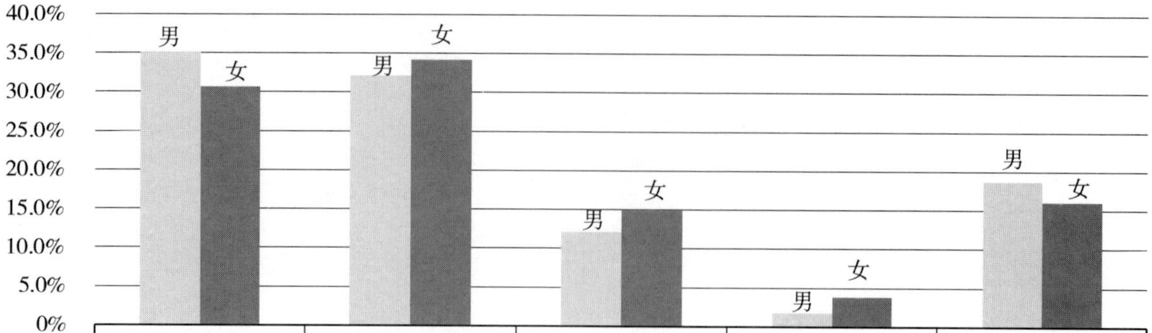

每年 1次	每学期 1次	每月 1次	每周 1次	从未参加
35.1%	32.1%	12.2%	1.9%	18.7%
30.7%	34.3%	15.0%	3.8%	16.2%

图 9 不同性别大学生志愿服务参与度情况(%)

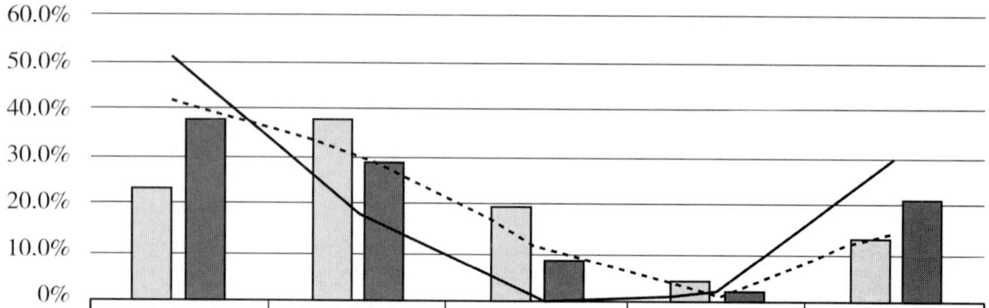

	每年1次	每学期1次	每月1次	每周1次	从未参加
本科生	23.5%	38.5%	19.9%	4.4%	13.7%
学术型硕士研究生	38.1%	29.8%	8.7%	2.0%	21.3%
专业学位型硕士研究生	41.9%	31.0%	11.3%	1.0%	14.8%
博士研究生	50.0%	18.2%	0.0%	1.5%	30.3%

图 10 不同学历层次大学生志愿服务参与度情况(%)

不同高校类别的大学生在“公益活动”参与度上存在显著性差异($\chi^2=15.532$，$P=0.004$，$P<0.05$)。总体来看，在公益活动的参与度上，“985 工程”高校大学生的积极性要高于非“985 工程”高校大学生。调查数据显示(见图 12)，32.3%的非“985 工程”高校大学生“从未参加”公益活动；非“985 工程”高校大学生在“每月 1 次”和“每周 1 次”参加公益活动的比例上略高于“985 工程”高校大学生，但在“每年 1 次”和“每学期 1 次”参与公益活动的比例上，非“985 工程”高校大学生略低于“985 工程”高校大学生。

“科技发明”实践活动的参与情况。不同性别的大学生在“科技发明”实践活动参与度存在显著性差异($\chi^2=30.672$，$P=0.000$，$P<0.05$)。调查数据显示(见表 12)，男女大学生参加“科技发明”实践活动的积极性均不高。分别有 61.5%的男生和 75.7%的女生“从未参加”科技发明实践活动；但相对来讲，男生参与“科技发明”实践活动的比例和频率两方面都明显高于女生。

表 12 **不同性别大学生科技发明参与度情况(%)**

性别	每年 1 次	每学期 1 次	每月 1 次	每周 1 次	从未参加
男	21.4	10.8	4.0	2.3	61.5
女	13.3	7.0	2.8	1.3	75.7

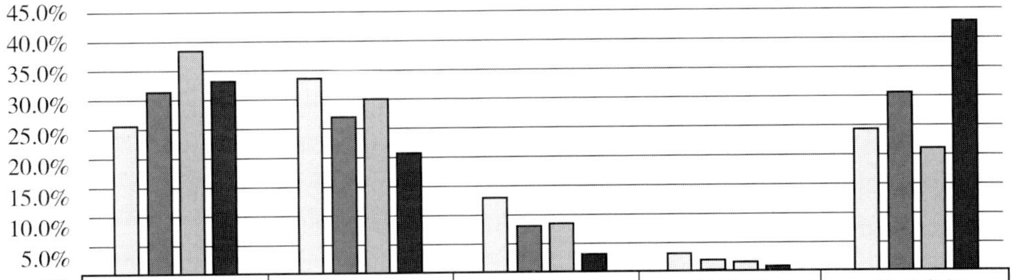

	每年1次	每学期1次	每月1次	每周1次	从未参加
□ 本科生	25.8%	33.7%	13.1%	2.9%	24.5%
■ 学术型硕士研究生	31.5%	27.1%	8.1%	2.3%	30.9%
■ 专业学位型硕士研究生	38.6%	30.2%	8.4%	1.5%	21.3%
■ 博士研究生	33.3%	20.6%	3.2%	0%	42.9%

图 11　不同学历层次大学生公益活动参与度情况(%)

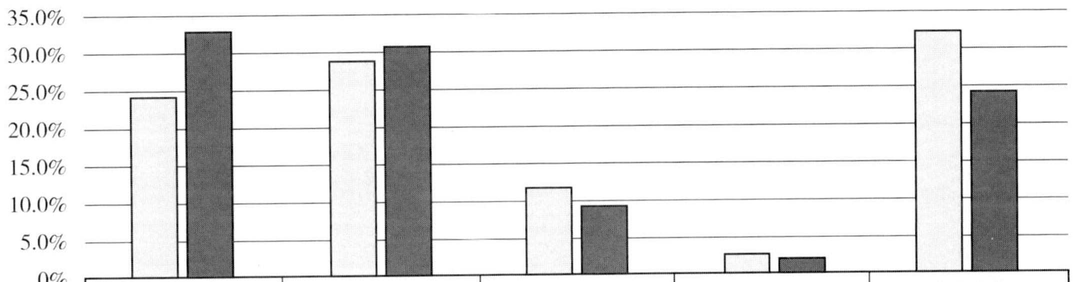

	每年1次	每学期1次	每月1次	每周1次	从未参加
□ 非985高校	24.2%	29.4%	11.4%	2.7%	32.3%
■ 985高校	33.0%	30.6%	9.5%	2.1%	24.8%

图 12　不同高校类别大学生公益活动参与度情况(%)

不同高校类别的大学生在“科技发明”实践活动参与度存在显著性差异($\chi^2 = 16.974$，$P = 0.002$，$P < 0.05$)。调查数据显示(见图 13)，“985 工程”高校大学生和非“985 工程”高校大学生在“科技发明”实践活动的参与度都不高，66.6%的“985 工程”高校大学生“从未参加”科技发明实践活动，非“985 工程”高校大学生的这一比例高达 73.6%。但在“每学期 1 次”、“每月 1 次”及“每周 1 次”参加科技发明实践活动比例上，非“985 工程”高校大学生略高于“985 工程”高校大学生；而在“每年一次”参与率上，“985 工程”高校大学生则高出了 8.8 个百分点。

“勤工俭学”实践活动的参与情况。不同学历层次的大学生在“勤工俭学”实践活动参与度存在显著性差异($\chi^2 = 35.697$，$P = 0.000$，$P < 0.05$)。调查数据显示(见图 14)，从整体来看，硕士研究生参加“勤工俭学”实践活动比例最高(63.8%)，依次是本科生(55.2%)和博士研究生(46.8%)。从“每年 1 次”、“每学期 1 次”、“每月 1 次”及“每周 1 次”参与频率上看，硕士研究生参加活动的频率也较高。研究生参加“勤工俭学”实践活动比例高，可能与研究生在生活方面承受的经济压力有关系。

“挂职锻炼”实践活动的参与情况。总体来看，在所列举的实践活动类型中，大学生参加“挂职锻炼”实践活动参与比例最低。调查数据显示(见表 13)，72.4%的男生“从未参加”挂职锻炼实践活动，女生的这一比例高达 79.2%。相对而言，男生“挂职锻炼”实践活动的比例和频率均高于女生。

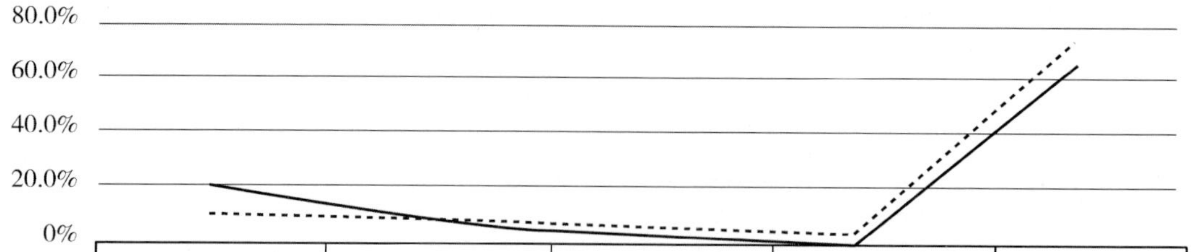

	每年1次	每学期1次	每月1次	每周1次	从未参加
非985高校	11.3%	9.0%	3.8%	2.3%	73.6%
985高校	20.1%	8.7%	3.1%	1.5%	66.6%

图 13　不同高校类别大学生科技发明参与度情况(%)

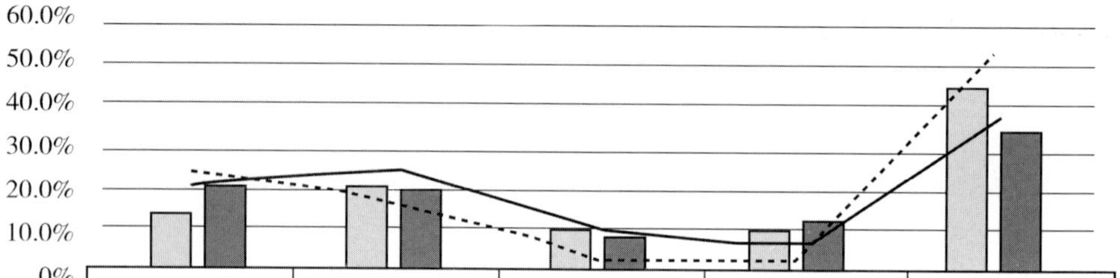

	每年1次	每学期1次	每月1次	每周1次	从未参加
本科生	13.5%	20.9%	10.8%	10.0%	44.8%
学术型硕士研究生	21.1%	20.5%	10.8%	12.6%	35.0%
专业学位型硕士研究生	21.4%	24.3%	10.2%	6.8%	37.4%
博士研究生	24.2%	17.7%	3.2%	1.6%	53.2%

图 14　不同学历层次大学生勤工俭学参与度情况(%)

表 13　**不同性别大学生挂职锻炼参与度情况(%)**

性别	每年 1 次	每学期 1 次	每月 1 次	每周 1 次	从未参加
男	15. 2	7. 1	3. 2	2. 1	72. 4
女	11. 5	5. 2	2. 2	1. 9	79. 2

调查数据显示(见图 15)，80. 0%的本科生“从未参加”挂职锻炼实践活动，研究生的这一比例也超过了 70. 0%。相对而言，研究生参加“挂职锻炼”实践活动的比例高于本科生，其中，博士研究生的参与人数比例最高，为 29. 5%，其次为硕士研究生(27. 5%)和本科生(20. 0%)。基于挂职单位对学历层次需求、挂职时间要求以及研究生自身的理论知识、经验等因素，研究生参加“挂职锻炼”实践活动略显优势。

(三)大学生对学校实践育人工作的评价情况

1. 大学生对学校实践育人工作的总体评价

调查数据显示(见图 16)，52. 5%大学生认为学校实践育人工作“非常好”或“较好”，评价为“一般”的比例为 42. 8%，仅 4. 7%的大学生认为“较差”或“非常差”。由此可见，大部分大学生认可学校实践育人工作，但评价为“一般”的比例占四成，这说明学校实践育人工作还需要进一步加强和改进。

进一步数据分析表明，不同高校类别大学生对实践育人工作的评价存在显著性差异(χ^2 = 27. 237，P<

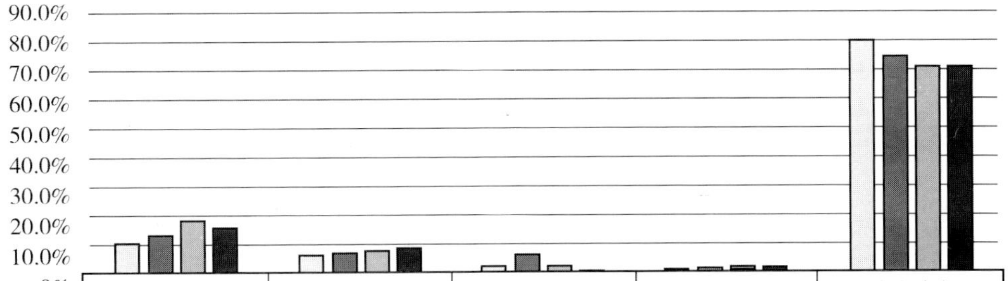

	每年1次	每学期1次	每月1次	每周1次	从未参加
□ 本科生	10.4%	5.9%	1.4%	2.3%	80.0%
■ 学术型硕士研究生	14.5%	5.3%	4.9%	1.7%	73.6%
■ 专业学位型硕士研究生	17.6%	7.5%	2.0%	1.5%	71.4%
■ 博士研究生	16.4%	9.8%	0%	3.3%	70.5%

图 15　不同学历层次大学生挂职锻炼参与度情况(%)

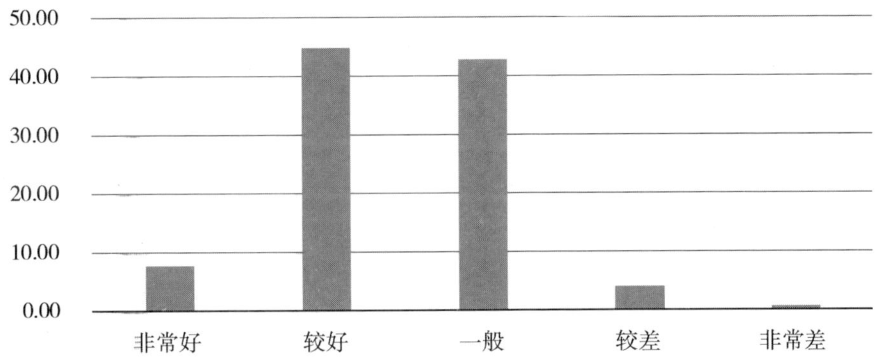

图 16　大学生对学校实践育人工作的整体评价(%)

0.001)。调查数据显示(见表 14),“985 工程”高校大学生对学校实践育人工作的评价为“非常好”或“较好”的比例为 55.8%,而非“985 工程”高校大学生的评价比例为 45.2%。可见,“985 工程”高校大学生对学校实践育人工作的评价要好于非“985 工程”高校。

表 14　**不同高校类别的大学生对学校实践育人工作的整体评价(%)**

高校类别	对实践育人整体工作的评价				
	非常好	较好	一般	较差	非常差
“985 工程”高校	8.9	46.9	38.7	4.6	0.9
非“985 工程”高校	4.9	40.3	51.9	3.0	0.0

不同学科背景的大学生对学校实践育人工作的评价存在显著性差异($\chi^2=77.105$, $P<0.01$)。调查数据显示(见表 15),学科背景为历史学、理学、工学、文学的大学生对实践育人工作的评价,“非常好”或“较好”的比例分别为 62.4%、57.9%、56.8%、56.7%;学科背景为艺术学、管理学、哲学的大学生对实践育人工作的评价,“非常好”或“较好”的比例分别为 35.0%、34.7%、30.0%。

表 15　　　　　　　　**不同学科背景的大学生对学校实践育人工作的总体评价(%)**

学科背景	对实践育人整体工作的评价				
	非常好	较好	一般	较差	非常差
哲学	20.0	10.0	60.0	0.0	10.0
经济学	6.9	37.1	49.1	4.4	2.5
法学	4.3	41.4	50.0	4.3	0.0
教育学	1.9	44.4	46.3	7.4	0.0
文学	7.4	49.3	37.2	6.1	0.0
历史学	7.9	54.5	35.6	2.0	0.0
理学	8.9	49.0	37.6	3.8	0.6
工学	9.1	47.7	38.9	3.9	0.4
医学	4.4	39.6	50.5	4.4	1.1
管理学	9.7	25.0	63.9	1.4	0.0
艺术学	0.0	35.0	60.0	5.0	0.0
其他	6.7	46.7	40.0	6.7	0.0

2. 大学生对学校实践育人具体工作的评价情况

"实践教学"工作的评价。调查数据显示(见图 17)，大学生对学校"实践教学"工作评价为"非常好"或"较好"的比例为 55.4%，评价为"一般"的比例为 40.8%，仅 3.8%的大学生对学校"实践教学"工作评价为"较差"或"非常差"。总体上看，大学生对学校"实践教学"工作的评价要好于对学校"总体工作"评价。但有四成大学生对学校"实践教学"工作评价为"一般"，表明"实践教学"工作依然是高校人才培养中的薄弱环节，需要进一步加强和改进。

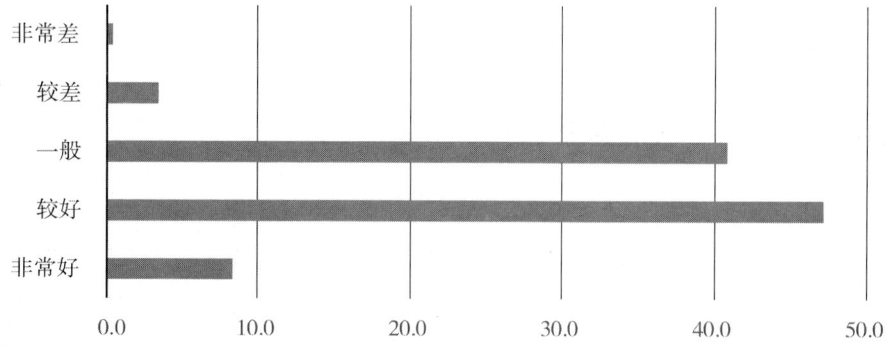

图 17　大学生对学校实践教学工作的评价(%)

"社会实践"工作的评价。调查数据显示(见图 18)，大学生对学校"社会实践"工作评价为"非常好"或"较好"的比例为 47.3%，评价为"一般"的比例为 48.7%，仅 4.0%的大学生学校"社会实践"工作评价为"较差"或"非常差"。表明学校对大学生"社会实践"工作还需要进一步增强。

进一步数据分析表明，不同性别的大学生对实践教学工作的评价存在显著性差异($\chi^2 = 13.407$，$P< 0.01$)。调查数据显示(见表 16)，57.2%的男生对学校"实践教学"工作评价为"非常好"或"比较好"，高于女生的比例(53.9%)；42.7%的女生对学校"实践教学"工作评价为"一般"，高于男生的比例(38.6%)；

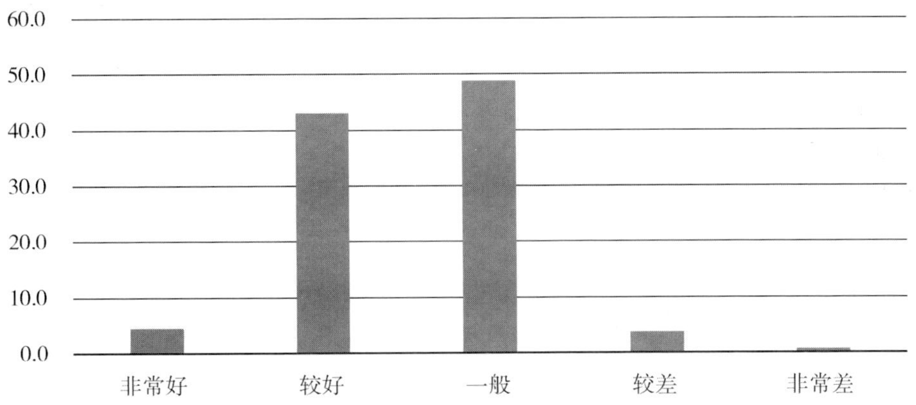

图 18　大学生对社会实践工作的评价(%)

而男生对学校“实践教学”工作评价为“较差”或“非常差”的比例(4.3%)高于女生(3.3%)。

表 16　**不同性别大学生对实践教学工作的评价情况(%)**

性别	对实践教学工作的评价				
	非常好	较好	一般	较差	非常差
男	10.4	46.8	38.6	3.5	0.8
女	6.5	47.4	42.7	3.3	0.0

不同高校类别大学生对学校“实践教学工作”的评价存在显著性差异($\chi^2=16.165$，$P<0.01$)。调查数据显示(见表 17)，58.5% 的“985 工程”高校大学生对学校“实践教学”工作的评价为“非常好”和“较好”，非“985 工程”高校大学生对学校“实践教学”工作评价的比例为 49.1%。

表 17　**不同高校类别的大学生对实践教学工作的评价(%)**

高校类别	对实践教学工作的评价				
	非常好	较好	一般	较差	非常差
“985 工程”高校	9.0	49.5	37.4	3.6	0.5
非“985 工程”高校	6.9	42.2	47.8	3.0	0.1

不同高校类别的大学生对学校“社会实践”工作评价存在显著性差异($\chi^2=41.403$，$P<0.001$)。调查数据显示(见表 18)，“985 工程”高校大学生对学校“社会实践”工作评价为“非常好”和“较好”比例为 51.4%；而非“985 工程”高校大学生的比例为 33.3%。

表 18　**不同高校类别的大学生对社会实践工作的评价(%)**

高校类别	对社会实践工作的评价				
	非常好	较好	一般	较差	非常差
“985 工程”高校	5.0	46.4	43.8	4.1	0.6
非“985 工程”高校	2.1	31.2	64.9	1.8	0.0

“实践学分”规定的评价。为了鼓励大学生积极参加实践育人活动，根据教育部相关文件规定，学校对大学生参加实习实践活动计算一定学分。调查数据显示(见图 19)，64.9%的大学生认为学校计算实践学分的做法“合适”和“较合适”，认为“不合适”的比例为 16.1%，还有 19.0% 的大学生表示“不关心”和“并不知道学校有此规定”。这说明学校对“实践学分”相关规定需要进一步论证调整，并要在大学生中加强宣传教育和引导。

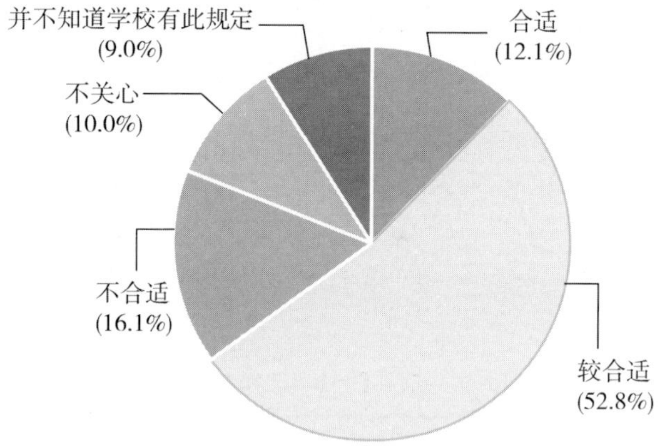

图 19　大学生对学校实践学分的计算相关规定的评价(%)

进一步数据分析表明，不同性别的大学生对学校“实践学分”计算的相关规定评价存在显著性差异($\chi^2=12.865$，$P<0.05$)。调查数据显示(见表 19)，61.7%男生认为学校“实践学分”计算的相关规定“合适”和“较合适”，而女生的比例高达 68.0%。男生对学校“实践学分”计算的相关规定的满意度相对较低。

表 19　**不同性别大学生对学校实践学分计算相关规定的评价(%)**

性别	对实习实践计算学分的相关规定的评价				
	合适	较合适	不合适	不关心	不知晓
男	12.2	49.5	17.2	12.7	8.5
女	12.1	55.9	14.8	7.6	9.6

不同学历层次的大学生对学校“实践学分”计算的相关规定评价存在显著性差异($\chi^2=30.665$，$P<0.01$)。调查数据显示(见表 20)，本科生、学术型硕士研究生、专业学位型硕士研究生、博士研究生对学校“实践学分”计算的相关规定评价为“合适”和“较合适”的比例依次为 62.4%、67%、70.5%、52.8%。可见，硕士研究生对学校“实践学分”计算的相关规定持正面评价的比例高于本科生和博士研究生；而本科生对学校“实践学分”计算的相关规定持负面评价的比例高于研究生。

不同学科背景的大学生对学校“实践学分”计算的相关规定评价存在显著性差异($\chi^2=$，$P<0.01$)。调查数据显示(见表 21)，学科背景为历史学、文学、法学、理学的大学生对学校“实践学分”计算的相关规定评价为“合适”和“较合适”的比例分别为 71.4%、71.0%、70.6%、69.8%；学科背景为哲学、艺术学、管理学、经济学的大学生对学校“实践学分”计算的相关规定评价为“合适”和“较合适”的比例分别为 50.0%、52.6%、56.9%、57.2%。

表 20　　不同学历层次的大学生对学校实践学分计算相关规定的评价(%)

学历层次	对实习实践计算学分的相关规定的评价				
	合适	较合适	不合适	不关心	不知晓
本科生	11.4	51.0	17.5	9.9	10.1
学术型硕士研究生	14.5	52.5	16.4	10.1	6.5
专业学位型硕士研究生	10.1	60.4	11.6	10.1	7.7
博士研究生	7.1	45.7	15.7	8.6	22.9

表 21　　不同学科背景的大学生对学校实践学分计算相关规定的评价(%)

学科背景	对实习实践计算学分的相关规定的评价				
	合适	较合适	不合适	不关心	不知晓
哲学	10.0	40.0	40.0	10.0	0.0
经济学	8.8	48.4	21.4	13.8	7.5
法学	15.7	54.9	11.8	7.8	9.8
教育学	6.4	57.4	25.5	8.5	2.1
文学	9.4	61.6	13.2	9.4	6.3
历史学	17.6	53.8	13.2	12.1	3.3
理学	16.7	53.1	14.8	5.6	9.9
工学	13.9	50.3	14.5	10.7	10.5
医学	4.6	58.5	12.3	12.3	12.3
管理学	6.9	50.0	19.4	8.3	15.3
艺术学	15.8	36.8	26.3	5.3	15.8
其他	0.0	57.1	28.6	7.1	7.1

(四) 大学生对学校实践育人工作相关问题的反映

1. 实践活动组织方面存在的问题

调查对象普遍认为，学校实践育人工作存在的问题主要表现在活动的宣传、组织、选题、形式以及时间安排等多个方面。调查数据显示(见图 20)，大学生认为学校实践育人活动宣传不足、组织不完善、选题不新颖、形式不活泼、创新性不足等的比例分别为 51.7%、48.1%、42.9%、42.3%、42.7%。这说明大学生对当前高校实践育人工作存在问题的认识具有普遍性。

2. 实践内容等方面存在的问题

调查数据显示(见图 21)，65.3%的大学生认为学校实践活动内容与专业联系不紧密、针对性不强，排在问题的首位；其次是反映学校在实践活动宣传引导方面不到位，比例高达 49%；然后依次是学校实践育人考核评估机制不完善、实效性不高(42.4%)、学校相关部门沟通协调不畅(41%)、学校重视不够(35.1%)，此外，还有实践育人活动的经费不足、岗位不多、时间有限等。

3. 通过武汉大学研究生实践育人案例访谈发现的问题

一是实践育人的参与各方在利益获得和目标价值取向方面存在偏差。武汉大学开展研究生实践育人

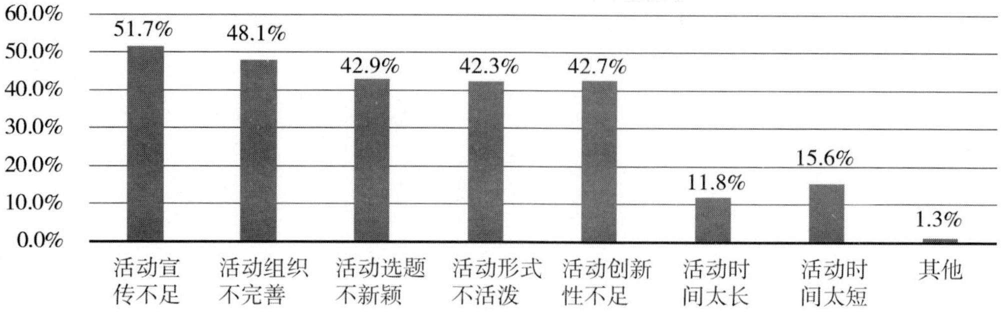

图 20　大学生对社会实践活动现存问题的认识(%)

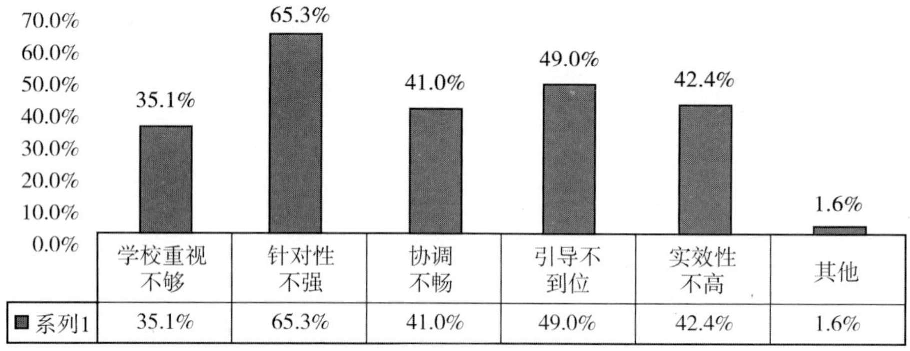

图 21　大学生对学校实践育人工作现存问题的认识(%)

工作已有 15 个年头，现在全国 8 省市自治区建立了 18 个研究生实践育人基地。但实践育人的参与各方在利益获得和目标价值取向方面存在偏差。研究生希望社会实践与本人的专业学习、科研结合起来，与他们的职业选择、职业发展结合起来。通过实践活动锻炼自己，丰富经历，增强实践能力；实践单位希望研究生能履行本单位职责，解决实际问题，同时希望实践活动保持长期性、稳定性和实效性；研究生导师认为实践活动应与研究生的学科研究和论文选题紧密结合，提升研究生创新能力和实践能力，不愿意研究生参加实践内容简单、形式单一重复劳动。从近五年武汉大学研究生实践育人的需求数据来看，一方面，解决工作实际难题、见成效快的用人思路导致地方用人的实际需求主要集中在理工类，尤其以工科为主，地方理工类用人需求占了总用人需求的 76%。理工类研究生基于学业繁忙、毕业压力、科研压力，无法抽出时间投入实践，参与实践难以得到导师的批准。另一方面，学校人文社科类研究生报名参与意愿较强，但是地方实际岗位需求少，导致了学校在组织方面面临“双重困难”，其一是“有需求，无人去”，其二是“扎堆报，无处去”。

二是实践育人基地建设缺乏长效机制。稳固的实践基地是实践活动持久、健康开展的前提。在实践育人基地的建设上，政府部门把实践育人基地建设视作“政绩”工程，工作开展中出现“政府一头热、单位方面冷”的局面。大学生到实践单位后，没有真正的工作可以做，影响大学生参加实践活动的积极性。其次是实践育人基地建设受制于领导个人因素，“领导”重视此项目，实践育人基地工作就会有快速持续健康的发展。反之，如果领导工作思路变换，基地建设就岌岌可危，基地建设缺乏政策和制度支持和保障。此外，用人单位出于工作的连续性考虑，不愿意把技术方面工作交给研究生，研究生实践获得感下降，就会对实践活动产生抵触情绪。实践育人基地面临着建设易、维持难、均衡化发展更难的困局。

三是高校实践育人工作重视程度不够。从思想认识上看，从社会、高校到教师都存在着对社会实践重视不够的问题。众多高校的教学始终存在着重理论轻实践、重知识传授轻能力培养的问题，把实践活动等看作可有可无的事情。学校没有从人才培养规律和实践教育规律方面整体系统设计和规划大学生实践课程。高校大学生实践育人工作自成体系、条块分割，大学生实践内容和形式与大学生的需求严重脱节，导致大学生在社会实践活动中获得感难以满足。此外，实践育人工作还要面临社会支持体系不完备，缺乏政府政策支持，学校对实践育人的经费投入不足等问题。

三、原因分析及工作建议

从实践主体大学生的视角，分析影响高校实践育人成效的有关因素，对于增强实践育人工作的针对性实效性、提高实践育人的质量和水平，推动提升人才培养质量具有重要意义。通过交互分析、相关分析等方法去了解大学生对影响实践育人质量和水平的因素的看法，以便研究把握不同因素影响高校实践育人成效的特点。

1. 大学生对影响学校实践育人工作因素的总体分析情况

课题组将影响实践育人成效的因素分为“政策、资金的帮扶力度不够”、“政府部门、企事业单位、基层社区等参与度不高”、“指导服务体系建设不足”、“创业基地建设不足”、“学校人才培养方案不够完善”、“其他”六个方面，通过多重响应的分析方法，得出大学生对影响实践育人成效因素看法的调查结果。调查数据显示(见图 22)，影响实践育人成效的因素，按照选择相应选项的大学生比例从高到低排序，依次为：政府部门、企事业单位、基层社区等参与度不高(64.5%)、政策、资金的帮扶力度不够(53.0%)、指导服务体系建设不足(45.3%)、创业基地建设不足(43.8%)、学校人才培养方案不够完善(43.1%)、其他(2.2%)。在选择“其他”因素的大学生中，提到部分实践育人活动“不接地气”、“一刀切”、“形式不够灵活，让部分学生觉得收获不大”等。超过一半的大学生认为，造成实践育人工作存在薄弱环节和突出问题的主要因素是政府部门、企事业单位、基层社区等参与度不高和政策、资金的帮扶力度不够。提高实践育人工作质量和水平，需要着力构建实践育人共同体，提高政府部门、企事业单位、基层社区的参与度，加大政策、资金的帮扶力度。

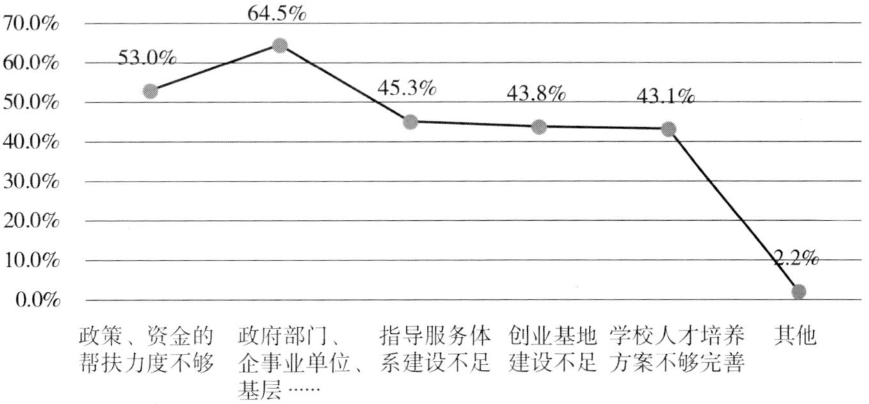

图 22 大学生认为影响实践育人成效的因素(%)

2. 不同类型大学生对影响实践育人因素的看法

不同性别的大学生，对影响实践育人因素的认识存在差异。调查数据显示(见表 22)，分别有 53.4%、44.1%的男生认为“政策、资金的帮扶力度不够”、“创业基地建设不足”是影响实践育人成效的因素，男生在这两方面的比例均分别高于女生的比例。分别有 64.4%、42.9%、41.0%的男生认为“政府部门、企事业单位、基层社区等参与度不高”、“指导服务体系建设不足”、“学校人才培养方案不够完善”是影响思想政治教育成效的因素，男生在这三方面的比例均分别低于女生的比例。

表 22　　**不同性别大学生对影响实践育人成效因素的认知情况(%)**

性别	实践育人成效的影响因素					
	政策、资金的帮扶力度不够	政府部门、企事业单位、基层社区等参与度不高	指导服务体系建设不足	创业基地建设不足	学校人才培养方案不够完善	其他
男	53.4	64.4	42.9	44.1	41.0	2.5
女	52.7	64.6	47.5	43.5	45.0	2.0

“985 工程”高校大学生和非“985 工程”高校的大学生，对影响实践育人成效因素的认识存在差异。调查数据显示(见表 23)，分别有 46.0%、44.6%的“985 工程”高校大学生认为“指导服务体系建设不足”、“创业基地建设不足”是影响实践育人成效的因素，“985 工程”高校大学生的在这两方面比例均高于非“985 工程”高校的大学生。这说明，“985 工程”高校需要持续加强指导服务体系建设和创业基地建设，满足大学生成长成才需求。分别有 57.2%、66.5%、47.4%的非“985 工程”高校的大学生认为“政策、资金的帮扶力度不够”、“政府部门、企事业单位、基层社区等参与度不高”、“学校人才培养方案不够完善”是影响实践育人成效的因素，非“985 工程”高校大学生的在这三方面比例均高于“985 工程”高校的大学生。这充分说明，非“985 工程”高校的实践育人工作相对“985 工程”高校来说，急需在多方面进一步加强和改进。

表 23　　**不同高校类别大学生对影响实践育人成效因素的认知情况(%)**

高校类别	实践育人成效的影响因素					
	政策、资金的帮扶力度不够	政府部门、企事业单位、基层社区等参与度不高	指导服务体系建设不足	创业基地建设不足	学校人才培养方案不够完善	其他
“985 工程”高校	51.1	63.6	46.0	44.6	41.1	1.7
非“985 工程”高校	57.2	66.5	43.7	42.3	47.4	3.3

不同学历层次的大学生，对影响实践育人成效因素的认识存在差异。调查数据显示(见表 24)，分别有 59.1%、53.0%、47.7%、48.6%的本科生认为“政策、资金的帮扶力度不够”、“指导服务体系建设不足”、“创业基地建设不足”、“学校人才培养方案不够完善”是影响实践育人成效的因素。本科生在这四个方面的比例均高于研究生。68.1%的专业学位型硕士研究生认为“政府部门、企事业单位、基层社区等参与度不高”是影响实践育人成效的因素，专业学位型硕士研究生的这一比例均高于本科生、学术型硕士研究生和博士研究生。55.7%、37.1%、24.3%、35.7%的博士研究生认为“政府部门、企事业单位、基层社区等参与度不高”、“指导服务体系建设不足”、“创业基地建设不足”、“学校人才培养方案不够完善”是影响实践育人成效的因素，博士研究生在这四方面的比例均低于本科生和研究生。同时，有接近三分之二的大学生认为“政府部门、企事业单位、基层社区等参与度不高”是影响实践育人成效的因素。

表 24　　　　　**不同学历层次大学生对影响实践育人成效因素的认知情况(%)**

学历层次	实践育人成效的影响因素					
	政策、资金的帮扶力度不够	政府部门、企事业单位、基层社区等参与度不高	指导服务体系建设不足	创业基地建设不足	学校人才培养方案不够完善	其他
本科生	59.1	65.5	53.0	47.7	48.6	3.3
学术型硕士研究生	51.2	63.2	40.3	41.1	38.6	1.4
专业学位型硕士研究生	44.4	68.1	40.1	47.3	41.5	2.4
博士研究生	45.7	55.7	37.1	24.3	35.7	0.0

不同学科背景的大学生，对影响实践育人成效因素的认识存在差异。调查数据显示(见表 25)，学科背景为教育学的大学生认为影响实践育人成效的因素为"政策、资金的帮扶力度不够"的比例为 70.6%，这一比例在 11 个学科背景中为最高。学科背景为哲学、教育学、艺术学的大学生中，分别有 100%、72.5%、70.0%的比例认为影响实践育人成效因素为"政府部门、企事业单位、基层社区等参与度不高"。学科背景为教育学、文学的大学生中，分别有 52.9%、56.7%的比例认为"指导服务体系建设不足"是影响实践育人成效的因素。学科背景为教育学、医学、艺术学的大学生中，分别有 54.9%、52.0%、65.0%的大学生认为"创业基地建设不足"是影响实践育人成效的因素。学科背景为哲学、医学、管理学、艺术学的大学生中，分别有 50.0%、55.1%、53.6%、55.0%的大学生认为"学校人才培养方案不够完善"是影响实践育人的因素。

表 25　　　　　**不同学科背景大学生对影响实践育人成效因素的认知情况(%)**

学科背景	实践育人成效的影响因素					
	政策、资金的帮扶力度不够	政府部门、企事业单位、基层社区等参与度不高	指导服务体系建设不足	创业基地建设不足	学校人才培养方案不够完善	其他
哲学	50.0	100.0	40.0	40.0	50.0	0.0
经济学	54.2	66.0	46.4	44.4	43.1	1.3
法学	63.5	65.1	38.1	41.3	31.7	3.2
教育学	70.6	72.5	52.9	54.9	49.0	0.0
文学	58.9	66.0	56.7	44.0	48.2	1.4
历史学	66.7	52.1	38.5	43.8	29.2	0.0
理学	59.7	64.2	44.7	42.8	39.0	2.5
工学	45.6	65.4	42.5	43.7	42.0	2.1
医学	50.0	65.3	48.0	52.0	55.1	8.2
管理学	39.1	62.3	47.8	27.5	53.6	0.0
艺术学	45.0	70.0	45.0	65.0	55.0	5.0
其他	53.3	40.0	46.7	26.7	40.0	6.7

3. 大学生对加强和改进学校实践育人工作的意见建议

(1)实践教学课时方面的意见建议。《教育部等部门关于进一步加强高校实践育人工作的若干意见》

(教思政[2012]1号)明确要求，确保人文社会科学类本科专业不少于总学分(学时)的15%、理工农医类本科专业不少于25%、专业学位硕士研究生不少于半年。调查数据显示(见图23)，分别有45.1%、54.4%的男生和女生认为应该增加专业领域的实践教学课时，而认为课时“恰到好处”的比例为40.5%和37.2%。进一步数据分析表明，不同性别的大学生对专业领域的实践教学课时的建议存在显著性差异($\chi^2=18.451$，$P<0.001$)。相对而言，女生对增加实践教学的课时需求更为显著。

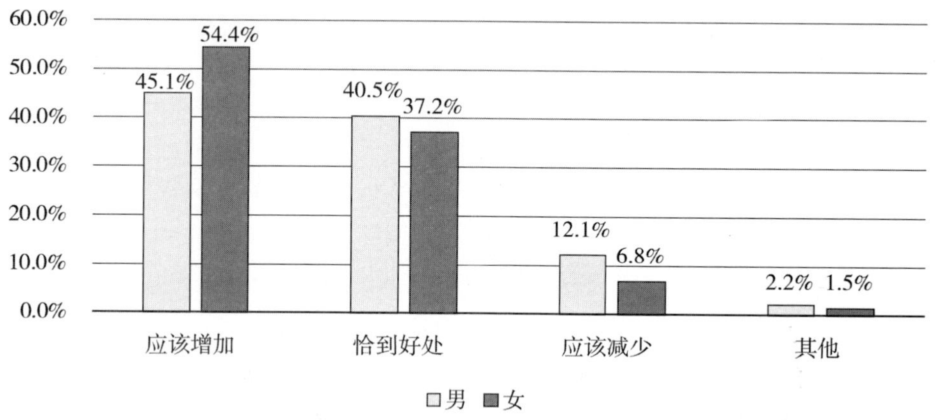

图23　大学生对专业领域的实践教学的课时建议(%)

(2)创新创业教育教学投入方面意见建议。《国务院办公厅关于深化高等学校创新创业教育改革的实施意见》(国办发〔2015〕36号)强调，各高校要优化经费支出结构，多渠道统筹安排资金，支持创新创业教育教学，资助学生创新创业项目。调查数据显示(见图24)，分别有52.1%、64.2%的男生和女生认为应该增加创新创业教育教学等方面投入，而认为课时“恰到好处”的比例为35.8%和30.6%。进一步数据分析表明，不同性别的大学生对创新创业教育投入的建议存在显著性差异($\chi^2=31.806$，$P<0.001$)。

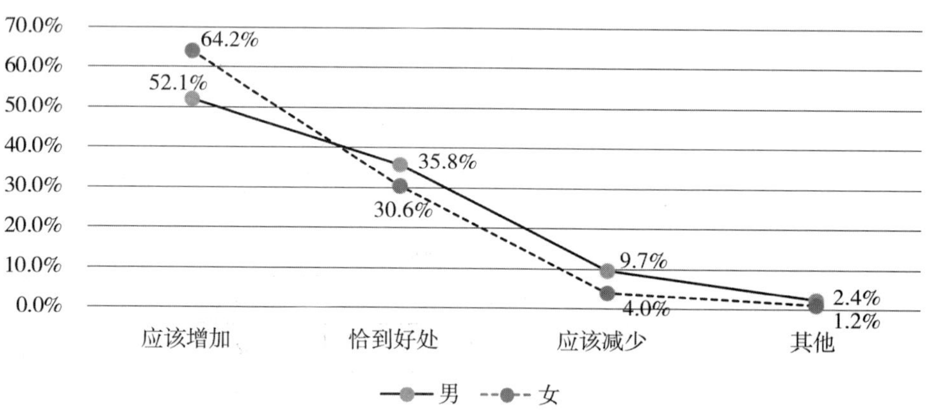

图24　大学生对创新创业教育等方面投入的建议(%)

(3)挂职锻炼时长方面的意见建议。挂职锻炼是学校人才培养的有效途径，也是高校发挥人才智力优势、服务社会的重要举措。目前在大学生挂职锻炼时间安排上，从1个月到1年，时长不等。调查数据显示(见图25)，分别有49.8%、54.8%的男生和女生认为挂职锻炼的时长应该在1—3月，总体上看，认为挂职锻炼在1个月到1年的，男生和女生的比例分别为97.7%和98.4%，也就是说绝大部分大学生认为挂职锻炼的时长为1个月到1年。进一步数据分析表明，不同性别的大学生对挂职锻炼时长的建议并未存在显著性差异($\chi^2=8.272$，$P>0.05$)。

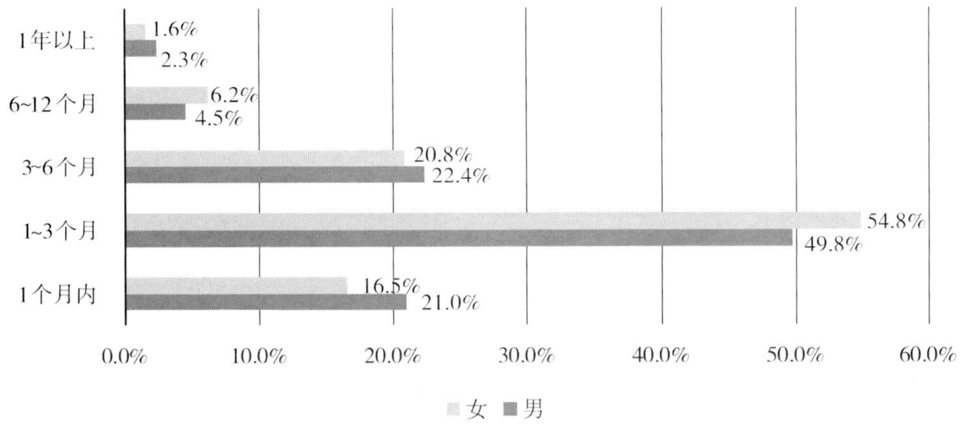

图25　大学生对挂职锻炼时长的建议(%)

(4)高校实践育人共同体建设资源支持方面的意见建议。近年来，一些地方和高校利用区位优势和资源优势，积极协同联动校，以校地、校所、校校共建实践育人共同体为抓手，推动高校实践育人工作取得良好效果。课题组将建立实践育人共同体建设资源的支持因素分为"高校组织部署"、"地方政府"、"行业企业"、"基层社区"、"科研院所"、"其他"六个方面。通过多重响应的分析方法，得出大学生对建立实践育人共同体资源支持因素看法的调查结果。调查数据显示(见图26)，大学生对建立实践育人共同体的资源支持选项的排序上，按照选择相应选项的比例依次为：行业企业(64.5%)、地方政府(55.8%)、高校组织部署(52.4%)、科研院所(43.4%)、基层社区(32.8%)、其他(1.0%)。也就是说，在资源选项的排序上，超过一半的大学生认为"行业企业"、"地方政府"、"高校组织部署"是建立实践育人共同应加强的资源支持对象，同时，将近三分之二的大学生希望行业企业积极担当社会育人责任，在实践育人工作中发挥重要作用。认为科研院所、基层社区应提供实践育人资源支持的大学生也有一定的比例。

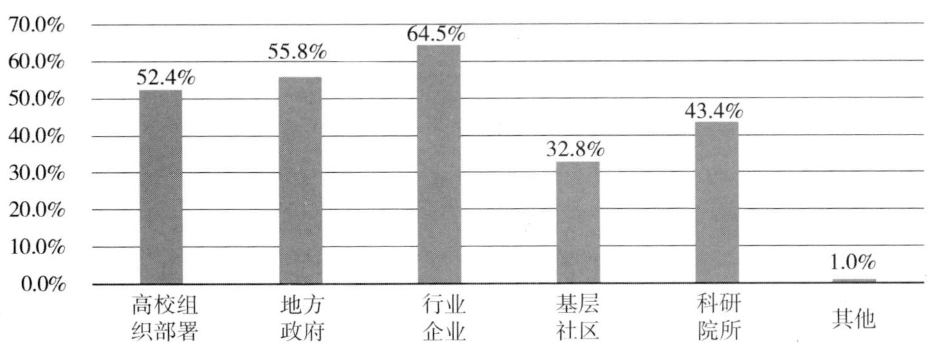

图26　大学生对建立实践育人共同体应加强的资源支持的建议(%)

进一步数据分析表明，不同性别的大学生对建立实践育人共同体应加强的资源支持的建议方面存在差异。调查数据显示(见图27)，分别有65.2%、63.9%的男生和女生认为建立高校实践育人共同体，应着力加强行业企业资源支持。分别有55.1%、56.3%的男生和女生认为建立高校实践育人共同体，应着力地方政府提供资源支持。分别有65.2%、33.2%的男生认为"行业企业"、"基层社区"是建立实践育人共同体应加强的资源支持因素，男生在这两方面的比例均分别高于女生的比例。分别有 56.8%、56.3%、45.2%的女生认为“高校组织部署”、“地方政府”、“科研院所”是建立实践育人共同体应加强的资源支持因素，女生在这三方面的比例均分别高于男生的比例。

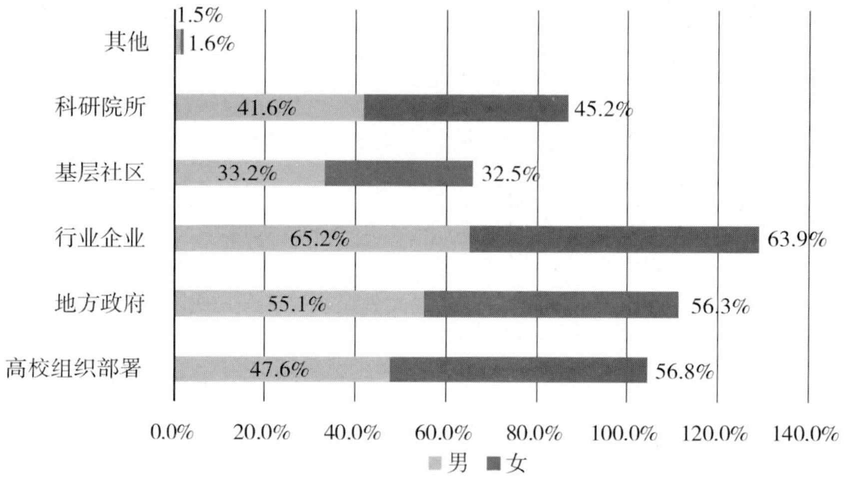

图 27　不同性别的大学生对建立实践育人共同体应加强的资源支持的建议(%)

四、关于高校实践育人工作研究的思考

结合调查数据分析和访谈座谈的情况，课题组就调研中发现的新情况新问题，研究提出了“一二三四五”的建议与对策，即坚持“一个中心”，观照“两个比度”，着力“三个维度”，发挥“四个主体”，打造“五化模式”，在高校实践育人工作中，通过培养认知观念内涵化、打造育人项目品牌化、坚持实践育人常态化、实现质量监测体系化、推动实践育人科学化。课题组在调研数据分析的基础上，尝试建构了“思想认知-行为实践-过程管理-监测评价-规范制度”结构方程模型。

(1)坚持“一个中心”。就是坚持以人才培养为中心。教育与生产劳动和社会实践相结合是党的教育方针的重要内容。高校贯彻党的教育方针，就是要落实立德树人的根本任务，通过着力深化实践育人，牢牢坚持实践为重，着力增强学生解决问题的实践能力，提高人才培养质量。

(2)关照“两个比度”。就是对经济社会发展的贡献度、对大学生能力素养的贡献度。从 20 世纪 80 年代至今，社会实践作为在高校广泛开展的一项教育活动，一直深受大学生的普遍欢迎和社会的有力支持，其根本原因在于它既符合教育发展规律和大学生成长成才规律，又契合经济社会发展的现实需要。近年来，高校将大学生实践育人工作同国家重大战略需求、地方经济社会发展相结合，不断开辟实践育人新渠道。要切实改变重理论轻实践、重知识轻能力的现状，高校实践育人工作要主动强化主动服务国家战略需求、主动服务行业企业需求的意识，创新高校与地方政府、科研院所、行业企业、基层社区联合培养人才的机制，提升学生的实践能力、创新能力和市场竞争力。

(3)着力“三个维度”。就是培养大学生的实践能力、创新精神、责任意识。从认知到认同，再到践行，这既是教育规律的体现，也是学生成长成才的必由之路。2015 年高校学生思想政治状况滚动调查表明，高校学生立志成才意愿强烈，更加注重社会责任感和综合能力的提升。“社会责任感”被学生列为学校最应加强培养的 11 个选项之首。在最希望学校加强培养的环节中，五成以上的学生选择了“学习、科研能力”、“实践能力”、“心理调适能力”、“创新创业能力”、“组织领导能力”、“团队协作能力”、“人际交往能力”。青年学生的成长成才不仅需要书本知识的积累，更需要经受社会实践的磨砺，在实践中受教育、作贡献、长才干，让知识通过实践的作用，外化为贡献和成就，内化为素质和能力。实践证明，加强实践育人环节，系统、规范、科学地开展接地气、聚人气、长才气的社会实践活动，对增强学生对国情社情民情的认识和理解，培养学生社会责任感、创新精神和实践能力有不可或缺的作用，是大学生培育和践行社会主义核心价值观，成长为德智体美全面发展的社会主义建设者和接班人的重要一课。因此，高校要通过开展实践育人工作，教育引导大学生把知识储备与社会实践结合起来，到基层和群众中丰富阅历、建功立业。

(4)发挥“四个主体”。就是发挥党委政府的部署推动作用、发挥行业企业参与作用、发挥高等院校主导作用、发挥科研院所的协同作用。要建立健全党委统一部署、政府大力推动、社会积极参与、学校必要主导的实践育人常态化长效化机制，形成目标共同、机制共建、资源共享、多方共赢的实践育人协同体系。从学校层面看，部分高校的人才培养理念中还存在重理论轻实践、重知识传授轻能力培养的问题，教育教学方案设计上对强化学生的实践能力的培养重视程度还不够，对学生的评价还存在“唯分数论”的偏颇现象；从社会层面看，政府、企业、社会提供实习实践的岗位、项目不够，人员、物力、经费投入还不足；一些部门和行业，出于对学生安全、知识产权保护等各方面的风险因素考虑，对建立大学生实践基地、整合实践育人平台的积极性还不够。要大力加强校地、校企、校所、校校合作等，建立教学与科研紧密结合、学校与社会密切合作的实践育人基地，推动学校阵地与社会基地、校内课程与校外实践、校内教师与校外导师之间的衔接互动，形成实践育人的全方位、全过程、全员参与格局。

(5)打造“五化模式”。一是思想上要高度重视，培养认知观念内涵化；二是过程上要加强管理，打造育人项目品牌化；三是对象上要分类指导，坚持实践育人常态化；四是反馈上要及时对接，实现质量监测体系化；五是制度上要注重规范，推动实践育人科学化。

一是思想上要高度重视，培养认知观念内涵化。在高校的发展规划、人才培养规划中，要把实践育人工作作为重点内容。切实把解决好学生实践能力、创新精神的问题作为党委常委会、校长办公会重要议题，学校的自我评估和内部考核要把这些方面作为重要指标。要把组织开展社会实践活动与组织课堂教学摆在同等重要的位置，与专业学习、就业创业等结合起来。要总结推广各地各高校的好经验好做法，发掘树立实践育人的先进典型和优秀事迹，弘扬当代大学生积极投身实践的正能量，以榜样力量激发学生成长成才。要发挥充分发挥学生在实践育人中的主体作用，教育引导广大青年学生积极深入地实践和服务，努力践行社会主义核心价值观，展现高度的社会责任感、良好的实践能力和无私的奉献精神，让实践创新的理念内化于心，外化于行。

二是过程上要加强管理，打造育人项目品牌化。深入开展实践育人工作，建设若干个全国高校实践育人创新创业基地，建设一批大学生社会实践活动示范品牌建设项目是重要举措，其中加强实践育人的过程管理是关键环节。2014 年高校学生思想政治状况滚动调查数据显示，94.2%的大学生参加过志愿服务活动。大学生志愿者在扶贫开发、社区服务、环境保护、抢险救灾等领域都作出了重要贡献，形成了一批品牌项目，涌现出了一批先进典型。目前的情况是志愿服务、社会实践的品牌项目较多，但科技发明、创新创业的还比较少。要通过打造实践育人活动品牌，强化项目的过程管理，积极发挥社会实践的育人功能和社会功能。

三是对象上要分类指导，坚持实践育人常态化。坚持“以人为本，分类指导”理念，针对实践育人工作中的薄弱环节，既要做好分类指导，又努力做到统筹兼顾。结合专业特点和人才培养要求，分类制定实习实训标准，增加实习实训比重，确保人文社会科学类本科专业不少于总学分(学时)的 15%、理工农医类本科专业不少于 25%、高职高专类专业不少于 50%。要结合少数民族大学生的专业特点和人才培养要求，着力加强实践教学工作。要加强实践教学管理，提高实验、实习、实践和毕业设计(论文)质量；

要支持学生参加企业技改、工艺创新等实践活动；要加强思想政治理论课所有课程的实践环节。特别是要在工程师、法律、医学、农林等实践性强的人才培养上，强化实习、见习、创新性实验等实践教学环节，培养学生创新精神和实践能力。

四是反馈上要及时对接，实现质量监测体系化。通过加强质量监测和评价，能够准确把握实践教育发展的规律，全面准确掌握大学生的认知状况，能够使实践育人的测评、督导工作有据、指导有方。因此，加强实践教育质量监测与评价，是加强和改进高校实践育人的基础性工作，尤其是当前实践教育质量监测与评价研究较为薄弱，特别是监测与评价指标体系尚未建立，不能及时反映高校实践育人的质量状况。因此，制定针对性实效性强的指标体系，对于开展高校实践育人的质量监测与评价、进一步提高高校实践育人的工作科学化水平，显得尤为迫切和必要。要开展实践育人的单项工作和综合工作监测评价，加强监督指导、监测评估和考评问责，引导各地各高校依法依规履行实践育人职责，推动提升实践育人质量全面提高。

五是制度上要注重规范，推动实践育人科学化。完善实践育人工作机制，必须加快推进实践育人制度化，以制度来保障实践育人工作的整体推进落实。要积极推动国家建立党政机关、城市社区、农村乡镇、企事业单位、社会服务机构等接收高校学生社会实践的立法制度、大学生自主创业税收减免制度、志愿服务工作条例等制度。要积极推动地方政府尽快出台志愿服务地方性法规、支持和促进大学生创业的税收减免政策等。要积极推动行业企业把支持大学生社会实践的具体措施写入行业企业发展规划、行业标准规范之中。高校要把加强实践育人工作的思想和理念集中体现到建立健全大学章程、教育事业发展规划、教育教学方案、教师职级晋升考核、学生评奖评优的全过程。要通过制度安排和政策保障，在企业、社区、农村等地加大力度建设一支校外实践育人导师队伍，不断指导学生提高社会实践和志愿服务的科学性和实效性。

课题组在构建实践育人“五化模式”的基础上，试图构建高校实践育人的运行机制模型：“思想认知-行为实践-过程管理-评价反馈-规范制度”。经相关分析发现，大学生的思想认知、行为实践、评价反馈、规范制度之间存在一定的相关关系。如图 28 所示，思想认知对评价反馈的影响最显著($r=0.353$)，对规范制度的影响最小($r=0.172$)；而思想认知和行为实践互相影响作用相对较小($r=0.182$)，由此可见，知行不一现象存在较为普遍。另外，评价反馈和规范制度之间的影响作用较大($r=0.333$)，由此可见，有效

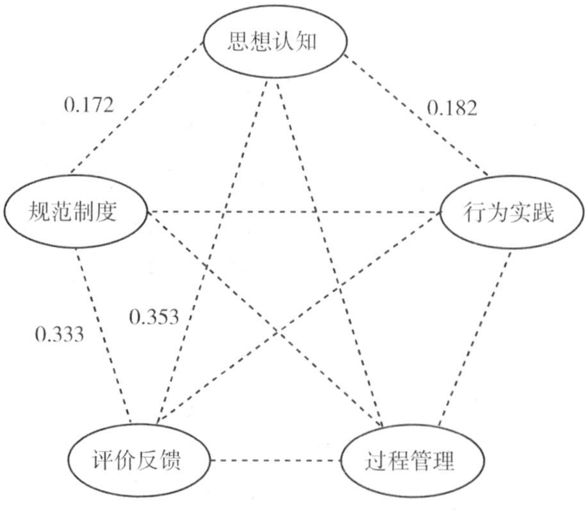

图 28　高校实践育人工作运行机制模型

的评价反馈有利于规范制度的健全。同时，模型也反映出此次问卷设计在行为实践-过程管理-评价反馈的环节上，没有进行合理有效的建构和“搭桥”，问卷质量还有一定的提升空间。

综上，高校实践育人工作是一项系统工程，需要全社会的共同努力，下一番笨、实工夫，才能努力营造实践育人的良好氛围。如果没有营造良好的社会环境，没有将社会大环境与学校小环境有机结合起来，也无法产生实践育人良好的效果。要营造良好的社会环境，努力构建高校、地方政府、行业企业、科研院所、基层社区“五位一体”的育人环境格局，促进实践育人社会环境的生态化，更好地发挥社会环境的教育功能。高校要充分发挥王导作用，调动多方力量，与其他育人主体之间做到协同联动、同轴共转、齐心共抓，切实营造实践育人的良好氛围。

·教育调查·

医科大学生专业学习意愿与学习成果关系实证研究

——以武汉大学临床医学五年制学生为例

王碧云[1] 曾德军[2] 董 行[1]

(1. 武汉大学 教育科学研究院,湖北 武汉 430072;2. 武汉大学 医学部,湖北 武汉 430071)

摘 要:高考志愿体现了考生的专业学习意愿,学习意愿影响学习行为,最终影响学习成果。本研究以武汉大学临床医学五年制学生为例,运用SPSS软件进行均值分析和非参数检验,发现入学初期学医意愿弱的学生学习基础好于学医意愿强的学生,但后续学习完成后,学医意愿强的学生平均学分绩点(GPA)、公共必修课、公共选修课、专业必修课、专业选修课学分绩点均值均高于学医意愿弱的学生。为此,需创新招生形式,吸引矢志学医从医的优秀学子就读医学专业。

关键词:医学教育;学习意愿;学习成果;实证研究

An Empirical Study on the Relationship between Professional Learning Will and Learning Achievement of Medical College Students

—Take Students of Five-year Program of Clinical Medicine in Wuhan University as Example

Wang Biyun[1], Zeng Dejun[2], Dong Hang[1]

(1. Research Institute of Educational Science, Wuhan University, Wuhan, Hubei, 430072;
2. Wuhan University School of Medicine, Wuhan, Hubei, 430071)

Abstract: College entrance examination voluntary reflects the students' professional learning will, and learning will influences learning behavior and ultimately influences learning achievement. In this study, students of five-year program of clinical medicine in Wuhan University were taken as example, and the SPSS software was used for mean analysis and non-parametric test. It is found that students who have a weak learning will to learn medicine at the beginning of the study have a better learning basis than those who have strong learning wills for medicine, but after the completion of the follow-up study, students who have strong learning wills for medicine are all higher in grade point average (GPA), public compulsory courses, public optional courses, specialized compulsory courses and specialized optional courses than those who have weak learning wills for medicine. Therefore, it is necessary to innovate the enrollment form and attract outstanding students who are resolute to take medicine as their major and career to study medicine.

Key words: Medical education; Learning will; Learning achievement; Empirical study

---

收稿日期:2017-09-20

作者简介:王碧云(1967—),男,湖北汉川人,武汉大学教育科学研究院副教授,博士,主要研究方向:教育评价学。曾德军(1972—),男,湖北京山人,武汉大学医学教育研究所副所长,硕士,主要研究方向:高等教育管理。董行(1993—),女,河南南阳人,武汉大学教育科学研究院硕士研究生,主要研究方向:高等教育学。

1 引言

高考是考生和高校“双向互选”的重要桥梁，考生希望通过志愿填报根据自己的学习情况选择适合自己的专业；高校希望录取到适合本校不同专业的学生。[1]考生填报志愿时会依据个人兴趣、专业就业前景和高校专业的竞争力择校及专业就读。进入高校后会根据专业课程设置、教学质量和水平调适学习动机，从而对自身的专业学习行为及学习成果产生较大影响。

考生的这种行为在教育心理学上表现为学习意愿，学习意愿在很大程度上决定了学习者在专业中的参与度以及他们学习的能力。学习者的意愿是专业成功的重要因素。类似于爱因斯坦的能量方程，医科学生专业学习意愿与学习表现关系如下：

$$o = m^2c^2c \tag{1}$$

其中，o = outcomes（学习成果）

m = motivation（学习意愿）

c = cultivation（培养环节）

从此方程(1)中可以看出，学习意愿对学生的学习成果提高有非常明显和突出的作用。表1显示了学习意愿与学习行为的关系。

表1　学习意愿与学习行为关系

没有情趣，没有参与	愿意参与课程(好的突破)	有一点兴趣和愿望学习	有情趣，看到了学习的价值	有改进的承诺
即使浏览课程也没有学习结果	只对有趣的内容有反应，而忽略其他内容	准备通过考试，但之后便忘记了	参与所有课程内容，而且对疑点和难点能够坚持完成	监督自己的学习进步，主动发现遗漏的内容，做必要的操练、练习、组织
没有行为改变	没有行为改变	没有行为改变	有部分行为改变	行为发生改变

表1显示，学习意愿支配着我们的感觉——看什么、听什么和体验什么。学习意愿又促使我们持之以恒地达成既定的目标。强烈的学习意愿对学习的持久性起着至关重要的作用。在高校特殊专业如医学专业的学习中，如果学习意愿很低，那么学习几乎不会发生；而如果学习意愿很高，那么即使培养环节存在瑕疵，学习依然会发生。

医学教育是一种精英教育，教学仪器设备投入高，回报慢，因而办学成本高，学制长、师生比高、实践性强也决定了医学教育的特殊性，因而高校希望招收到有志青年，而不因“拉郎配”以致部分学生因学习意愿学无所成，高校也因此而浪费宝贵的教育资源。

本研究的目的便是选取2007级至2012级临床医学类五年制学生为样本，实证分析其高考志愿与学习成果的关系，探讨吸引优质生源，提高医学教育质量的问题。

2 实证分析

意愿，通常指个人对事物所产生的看法或想法，及因此而产生的个人主观性思维。故意愿是个体最初的愿望是想要达到某个特定的目标和方向，促成其用尽自己的能力去达成那个目标和方向的心理特征。[2]意愿随着个体的活动会得到强化或抑制，对其行为产生较大的影响。

本研究中，考生择校和选择专业的行为体现在其高考志愿填报过程中，我们选取武汉大学临床医学五年制学生为研究对象，界定学生第一志愿填报“临床医学类”专业者为强志愿(意愿)学生，类别号为1，第一至第六志愿填报“临床医学类”专业者为弱志愿(意愿)学生，类别号为2，未填报“临床医学类”专业调剂进入本专业学习者为无志愿(意愿)学生，类别号为0。

学习意愿、专业学习意愿是一个十分复杂的心理概念，会通过多种心理行为表征出来。本研究选取高考志愿作为其指标。

学习成果指学习者学习、工作、劳动上的成效和成绩。主要是指学习者的学业(课程)成绩，广义的学习成果还包括学习者在德智体美劳等方面外化出的综合素质和能力，如医学类学生参与科研项目，竞赛获奖，评优评先，执医考试成绩等。本研究本着资料以获取性原则，主要选取学业(课程)成绩进行分析。

2.1 研究假设

本研究意在探讨医学类学生专业学习意愿和学习成果的关系。其假设如下：

假设1　医学类学生高考志愿与其学习成果有较大关系。

假设2　医学类学生专业学习基础没有显著差异。

假设3　不同强度专业学习意愿医学类学生学习成果有显著差异。

2.2 抽样方法及样本特征

武汉大学医学教育设有临床医学(五年制、“5+3”、八年制)、口腔医学(五年制、“5+3”、八年制)、预防医学、医学检验、药学、生物制药、护理学、全球健康、基础医学等招生专业。本着资料以获取性原则，选取2007级至2012级临床医学(五年制)学生为研究对象，分析其专业学习意愿与学习成果间的关系。

就招生形式而言，主要有自强计划、艺术特长生、香港澳门台湾免试生、少数民族预科班、贫困地区专项、内地新疆西藏班、定向西藏就业、高水平运动员统招、国防生、武汉市共建生等形式，由于对艺术特长生、香港澳门台湾免试生、少数民族预科班、内地新疆西藏班、定向西藏就业、高水平运动员统招等形式招进的学生有特殊要求，这类学生不作样本。最终选取样本数为1290个，其特征如表2所示。

表2　研究样本特征

年级	志愿分类	人数	占比
2007	0(无志愿)	57	30%
	1(强志愿)	90	48%
	2(弱志愿)	42	22%

续表

年级	志愿分类	人数	占比
2008	0	70	33%
	1	90	43%
	2	50	24%
2009	0	41	18%
	1	129	55%
	2	63	27%
2010	0	37	16%
	1	142	62%
	2	49	21%
2011	0	32	14%
	1	135	57%
	2	69	29%
2012	0	32	16%
	1	102	53%
	2	60	31%
合计	0	269	21%
	1	688	53%
	2	333	26%

2.3 假设检验过程

假设检验思路是，不同强度专业学习意愿医学类学生专业学习基础相近，而由于专业学习意愿强度不同，其专业课程学习及专业实践参与度不同，学习成果存在显著差异，最终证明总体假设成立。

2.3.1 假设2检验

在全国统一卷全国高等学校统一招生考试背景下，对于假设2医学类学生专业学习基础没有显著差异的检验可选用学生当年高考文化课成绩进行。2002年推行“新高考”后，高考命题从全国统一命题到各省全部或部分单独命题，高考成绩可比性不强。故我们选取大一开设的类似高考科目的4门课程“基础化学”、“大学物理”、“高等数学”和“大学英语1”成绩验证(见表3)。

表3 基础课程成绩数据库示例

学号	姓名	年级	志愿分类	基础化学	大学物理	高等数学	大学英语1
20073218×××0	官×	2007	1	91	93	99	80

续表

学号	姓名	年级	志愿分类	基础化学	大学物理	高等数学	大学英语 1
20073218×××1	王×	2007	1	85	90	74	78
20073218×××2	刘×	2007	1	71	73	67	72
20073218×××4	邢×	2007	0	90	87	88	69
20073218×××6	陆×	2007	0	72	86	52	78
20073218×××7	徐×	2007	2	87	73	95	76
20073218×××8	桂×	2007	0	62	75	20	62
20073218×××2	特×	2007	1	69	64	60	77
……	……	……	……	……	……	……	……

运用 SPSS20 均值过程计算一个或多个自变量类型中因变量的分组均值和相关的单变量统计。结果如图 1 所示。

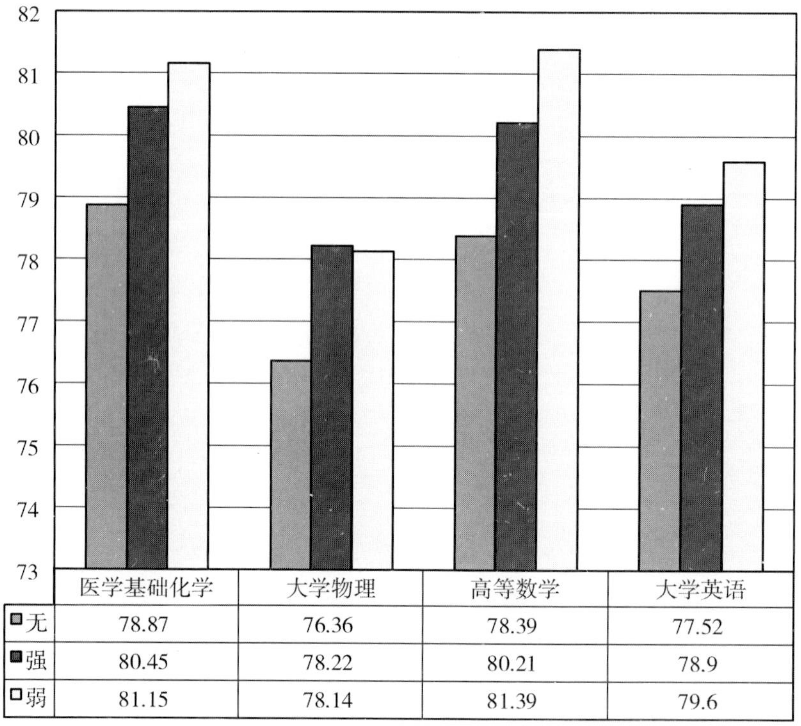

图 1　3 类志愿学生基础课程成绩均值比较

图 1 显示，“基础化学”、“高等数学”和“大学英语 1” 3 门课均值，由高到低排序均为弱(志愿)>强>无，“大学物理”强志愿学生均值最高，弱志愿学生次之，无志愿学生最低。

进一步运用 SPSS20 进行非参数检验之多独立样本检验，结果如下：

表 4 给出了 Kruskal Wallis H 检验相关的检验统计量。*P* 值分别为 0. 009、0. 043、0. 017、0. 024，小于显著性水平 0. 05。故拒绝原假设，说明三类学生学习基础存在显著差异。

表 4　　基础课程 Kruskal Wallis 检验统计量

	医学基础化学	大学物理 C	高等数学	大学英语 1
卡方	9. 463	6. 307	8. 195	7. 494
df	2	2	2	2
渐近显著性	0. 009	0. 043	0. 017	0. 024

Jonckheere-Terpstra 检验结果显示(见表 5)，“基础化学”、“高等数学”和“大学英语 1” 3 门课 *P* 值分别为 0. 004、0. 005、0. 007 存在显著差异。“大学物理”*P* 值为 0. 064，差异不显著。

表 5　　基础课程 Jonckheere-Terpstra 检验统计量

	医学基础化学	大学物理 C	高等数学	大学英语 1
志愿强弱中的水平数	3	3	3	3
N	1076	1076	1076	1076
J-T 观察统计量	188074. 500	182660. 500	187687. 500	187204. 000
J-T 统计量均值	172857. 500	172857. 500	172857. 500	172857. 500
J-T 统计量的标准差	5301. 443	5302. 129	5302. 078	5300. 293
标准 *J-T* 统计量	2. 870	1. 849	2. 797	2. 707
渐近显著性(双侧)	0. 004	0. 064	0. 005	0. 007

2. 3. 2　假设 3 检验

临床医学五年制学生正常情况需修习约 90 门课程，修满近 180 个学分才能满足毕业要求，这就要求学生具有较强的专业学习意愿，具有坚韧的毅力，付出艰辛的劳动才能圆满完成学业并取得较好的学习成果。研究组获取了 10 个字段 160189 条数据(见表 6)。

表 6　　成绩数据库示例

studentnum	studentnam	totalscore	scoretype	lessonnum	lessonname	year	term	credit	lessonhead
200830218×××2	彭×	95	公共必修	0500001	大学英语 1	2008	上	3	20081055474
200830218×××2	彭×	92	公共必修	1200005	军事理论	2008	上	1	20081041058
200830218×××2	彭×	88	公共必修	0500515	大学语文	2008	上	2	20081049008
200830218×××2	彭×	95	公共必修	0700034	计算机基础及应用 1	2008	上	2	20081047201
200830218×××2	彭×	97	公共必修	0700815	高等数学 J1	2008	上	3	20081056123
200830218×××2	彭×	91	专业必修	0700228	生物学基础	2008	上	4	20081013090
200830218×××2	彭×	89	公共必修	0300181	思想道德修养和法律基础	2008	上	3	20081058127

续表

studentnum	studentnam	totalscore	scoretype	lessonnum	lessonname	year	term	credit	lessonhead
200830218×××2	彭×	74	公共必修	0600120	中国近现代史纲要	2008	下	2	20082058066
200830218×××2	彭×	78	专业必修	0700049	有机化学	2008	下	3	20082059029
200830218×××2	彭×	89	专业必修	0700792	大学物理 A(上)	2008	下	4	20082057009
200830218×××2	彭×	85	公共选修	1521020	大学生专利设计与实践	2009	上	1	20091020001
……	……	……	……	……	……				

为直观简洁地评价学生学习成果，按国内外高校惯例采用平均学分绩点，即 GPA(Grade Point Average)，GPA 是以学分与绩点作为衡量学生学习的量与质的计算单位，以取得一定的学分和平均学分绩点作为毕业和获得学位的标准，实施多样的教育规格和较灵活的教学管理制度。

绩点是课程学习质的体现，它充分反映了学生掌握课程知识的程度，而不包括绩点的学分制是不完整的。因此，许多高校引入绩点制来进一步完善学分制，使课程学分与绩点相结合，成为课程学分绩点，通过计算平均学分绩点来区分学生的学习质量。绩点的计算，是将学生修过的每一门课程(包括重修的课程)的课程绩点乘以该门课程的学分，累加后再除以总学分。平均学分绩点可以作为学生学习能力与质量的综合评价指标之一。能方便地与美国的 GPA 制挂钩。

国内大部分高校通用的计算方法是：

$$\text{绩点}=\frac{\text{分数}}{10}-5 \tag{2}$$

$$\text{学分绩点}=\text{学分}\times\left(\frac{\text{分数}}{10}-5\right) \tag{3}$$

北京大学、武汉大学(见表 7)、中国石油大学(北京)等高校采用不同的计算方法——分段绩点法，强调按分数区分绩点层次。

表 7　**武汉大学百分制成绩区间段-绩点对应表**

成绩区间段	绩点
90~100	4
85~89	3.7
82~84	3.3
78~81	3
75~77	2.7
72~74	2.3
68~71	2.0
64~67	1.5
60~63	1
60 以下	0.0

使用 Visual FoxPro 6.0 软件撰写程式，将百分制成绩批量转换为学分绩点，结果如表 8 所示。

```
close all
use
brow
repl all gpa with 4.0 * credit for max_totals>=90
repl all gpa with 3.7 * credit for max_totals>=85. and. max_totals<90
repl all gpa with 3.3 * credit for max_totals>=82. and. max_totals<85
repl all gpa with 3.0 * credit for max_totals>=78. and. max_totals<82
repl all gpa with 2.7 * credit for max_totals>=75. and. max_totals<78
repl all gpa with 2.3 * credit for max_totals>=72. and. max_totals<75
repl all gpa with 2 * credit for max_totals>=68. and. max_totals<72
repl all gpa with 1.5 * credit for max_totals>=64. and. max_totals<68
repl all gpa with 1 * credit for max_totals>=60. and. max_totals<64
repl all gpa with 0 * credit for max_totals<60
brow
```

表 8　　**百分制成绩-学分绩点转换示例**

studentnum	studentnam	max_totals	scoretype	lessonnum	lessonname	year	term	credit	lessonhead	gpa
201230013×××6	阿×	61.0000	专业必修	1000001	病理生理学	2015	上	2.0	20151025019	2.00
201230013×××6	阿×	60.0000	专业必修	1000002	病理学	2014	上	3.5	20141025019	3.50
201230013×××6	阿×	60.0000	专业必修	1000003	病理学实验	2016	上	1.0	20161025147	1.00
201230013×××6	阿×	80.0000	专业选修	1000006	传染病学	2015	上	2.0	20151039021	6.00
201230013×××6	阿×	78.0000	专业必修	0700796	大学物理 C	2014	下	4.0	20142057085	12.00
201230013×××6	阿×	72.0000	专业必修	1000009	儿科学	2015	上	2.5	20151039023	5.75
201230013×××6	阿×	81.0000	专业选修	1000010	耳鼻喉科学	2014	下	1.5	20142039020	4.50
201230013×××6	阿×	71.0000	专业选修	1000012	法医学	2014	上	1.5	20141025028	3.00
……	……	……	……	……	……	……	……	……	……	……

运用 SPSS20 均值过程计算每名学生的 GPA：

$$平均学分绩点(GPA) = \frac{\sum 学分绩点}{\sum 学分} \tag{4}$$

根据研究需要，还可分别计算出公共必修、公共选修、专业必修、专业选修、公共课、专业课、必修课、选修课及各年的学分绩点以对学习成果进行深入分析(见表 9)。

表 9　　**总绩点及不同课类绩点计算结果示例**

学号	年级	姓名	志愿	总绩点	公共必修	公共选修	专业必修	专业选修
200930218×××1	2009		1	3.37	3.21	3.14	3.50	3.29
200930218×××2	2009		1	3.61	3.33	3.36	3.79	3.55

续表

学号	年级	姓名	志愿	总绩点	公共必修	公共选修	专业必修	专业选修
200930218×××3	2009		0	2.80	2.62	3.24	2.72	3.00
200930218×××4	2009		0	3.02	2.78	3.65	2.91	2.79
200930218×××6	2009		2	3.49	3.28	3.13	3.70	3.55
……	……	……	……	……	……	……	……	……

运用 SPSS20 均值过程计算出三类学生 Gpa 均值(见表 10)。

由表 10 可见，强(志愿)Gpa 均值高于弱(志愿)高于无(志愿)。

表 10　　三类学生 Gpa 均值比较报告

志愿	均值	标准差
0	2.9710	0.47038
1	3.1119	0.40439
2	3.0723	0.42351
总计	3.0723	0.42702

表 11 非参数检验 Kruskal-Wallis H 检验结果显示，*P* 值为 0.000，小于显著性水平。故拒绝原假设，说明三类学生专业学习存在显著差异。

表 11　　Gpa Kruskal Wallis 检验统计量

	总绩点
卡方	16.519
df	2
渐近显著性	0.000

中值检验，Jonckheere-Terpstra 检验结果，*P* 值分别为 0.14、0.038(见表 12，表 13)，小于显著性水平。故拒绝原假设，也说明三类学生专业学习总体表现存在显著差异。

表 12　　Gpa 中值检验统计量

	总绩点
N	1289
中值	3.1300
卡方	8.482[b]
df	2
渐近显著性	0.014

表 13　**Gpa Jonckheere-Terpstra 检验统计量**

	总绩点
志愿 12 中的水平数	3
N	1289
J-T 观察统计量	266104. 000
J-T 统计量均值	251575. 500
J-T 统计量的标准差	6997. 007
标准 *J-T* 统计量	2. 076
渐近显著性(双侧)	0. 038

按公共必修、公共选修、专业必修、专业选修 4 种课程类型进一步分析。运用 SPSS20 均值过程计算出三类学生 4 类课程平均学分绩点均值(见图 2)。

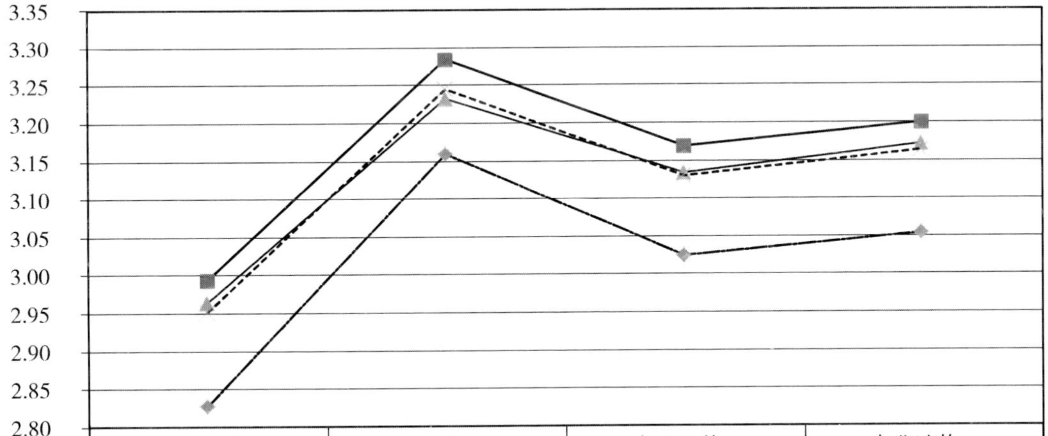

	公共必修	公共选修	专业必修	专业选修
0	2.83	3.16	3.02	3.05
1	2.99	3.28	3.17	3.20
2	2.96	3.23	3.13	3.17
总计	2.95	3.24	3.13	3.16

图 2　3 类志愿学生 4 类课程平均学分绩点均值比较

图 2 显示，4 类课程 3 类学生平均学分绩点均值大小关系呈现高度一致性，强(志愿)Gpa 均值高于弱(志愿)高于无(志愿)。公共必修、专业必修、专业选修 3 类课程，强(志愿)、弱(志愿)均值高于总体均值，无志愿者低于总体均值。公共选修课例外，强(志愿)均值高于总体均值，弱(志愿)、无志愿者均值低于总体均值。

表 14 中，非参数检验 Kruskal-Wallis H 检验结果显示，公共必修、公共选修、专业必修、专业选修 P 值均为 0. 000，小于显著性水平。故拒绝原假设，说明三类学生 4 类课程学习成绩均存在显著差异。

表 14　　**4 类课程 Kruskal Wallis 检验统计量**

	公共必修	公共选修	专业必修	专业选修
卡方	21. 019	19. 869	16. 498	17. 165
df	2	2	2	2
渐近显著性	0. 000	0. 000	0. 000	0. 000

表 15 中中值检验结果显示，公共必修、公共选修、专业必修、专业选修 *P* 值均依次为 0. 001、0. 000、0. 010 和 0. 009，小于显著性水平。故拒绝原假设，说明三类学生 4 类课程学习成绩均存在显著差异。

表 15　　**4 类课程中值检验统计量**

	公共必修	公共选修	专业必修	专业选修
N	1213	1213	1213	1213
中值	2. 9886	3. 2875	3. 1656	3. 2341
卡方	14. 597[b]	20. 305[b]	9. 260[b]	9. 440[b]
df	2	2	2	2
渐近显著性	0. 001	0. 000	0. 010	0. 009

表 16 中，Jonckheere-Terpstra 检验结果显示，公共必修、公共选修、专业必修、专业选修 *P* 值均依次为 0. 006、0. 026、0. 025 和 0. 009，小于显著性水平。故拒绝原假设，也说明三类学生 4 类课程学习成绩均存在显著差异。

表 16　　**4 类课程 Jonckheere-Terpstra 检验统计量**

	公共必修	公共选修	专业必修	专业选修
志愿中的水平数	3	3	3	3
N	1213	1213	1213	1213
J-T 观察统计量	240578. 000	237205. 500	237265. 000	239755. 500
J-T 统计量均值	222947. 000	222947. 000	222947. 000	222947. 000
J-T 统计量的标准差	6391. 025	6390. 884	6391. 035	6391. 033
标准 *J-T* 统计量	2. 759	2. 231	2. 240	2. 630
渐近显著性(双侧)	0. 006	0. 026	0. 025	0. 009

2. 4　假设检验结果

假设检验结果表明，假设 2 不能成立，3 类志愿学生学习文化基础有较大差异，具体表现为“基础化学”、“高等数学”和“大学英语 1”3 门课程均值，由高到低排序均为弱(志愿)>强(志愿)>无(志愿)，“大学物理”强志愿学生均分最高，弱志愿学生次之，无志愿学生最低。

假设 3 成立，3 类学生 GPA 均值存在较大差异，强(志愿)高于弱(志愿)高于无(志愿)。且在分课程类型上也表现出较强的共性，见图 3。

假设 2 不成立假设 3 成立反证了假设 1 成立，即虽然弱志愿学生文化基础强于强志愿学生，但强志愿学生由于具有较强专业学习意愿，他们在后续的医学专业课程学习过程中表现出强烈的求知欲望和积极的参与热情，因而学习成果高于其他 2 类学生。

3 对策建议

上述实证分析表明，对于医科类专业而言，学生具有强烈的医学专业学习意愿，对于他们顺利完成学业并取得优异成绩至关重要。因而殚精竭虑招收有志学医的莘莘学子入校学习，可能成为进一步提升武汉大学医学教育质量的良方。为此，宜采取以下对策措施。

3.1 深度发力练内功，争先进位“赚眼球”

有为才能有位，筑巢才能引凤。合校以来，武汉大学医学学科教育质量和水平得以快速提高，但还有较大的上升空间。[3]唯有进一步深化教育教学改革，提升教学、科研和社会服务水平，扩大国内外影响力，才能进一步吸引优秀青年前来就读。

3.2 加强招生宣传，创新招生形式

既往招生中的成功做法，要认真总结经验，并进一步完善。同时学习兄弟院校的成功经验，如试行武汉大学医学学科单独代码招生，扩大免试推荐生的名额，通过在优质生源学校“海选”，通过在高中学业成绩考核基础上进行面试和自主招生考试，让更多优秀学生了解医学，矢志学医。通过多种媒体特别是新媒体，加强招生宣传，使考生和家长明辨是非，增强他们对医学的理性认识，促使优秀青年踊跃学医从医。

3.3 优化培养方案，改进教学方法，提升学生医学专业学习意愿

医学专业学制长，学生学习投入多，成本高。医学类课程大多单调枯燥，如不能及时更新教学内容，创新教学方法，非但不能强化学生医学专业学习意愿，反而会起到抑制作用，因而必须深化医学教育改革，提升医学教育质量和水平，进而加强学生医学专业学习意愿，造就培养更多仁心医者。

◎ 参考文献

[1] 相秀芬，唐世星．影响大学生学习成绩的因素[J]．承德石油高等专科学校学报，2014(2)：72-74.

[2] 百度词条．意愿[EB/OL]．https：//baike. baidu. com/item/%E6%84%8F%E6%84%BF.

[3] 教育部学位与研究生教育发展中心．2012 年全国高校学科评估结果[EB/OL]．http：//www. cdgdc. edu. cn/xwyyjsjyxx/xxsbdxz/mtjjp/index. shtml.